D1611357

D'accord

LA PRONONCIATION DU FRANÇAIS INTERNATIONAL
ACQUISITION ET PERFECTIONNEMENT

SYLVIE CARDUNER
M. PETER HAGIWARA

The University of Michigan

John Wiley & Sons
New York • Chichester • Brisbane • Toronto

Library of Congress Cataloging in Publication Data:
Carduner, Sylvie.
    D'accord: la prononciation du français international,
acquisition et perfectionnement

    Includes index.
    1. French language—Pronunciation.
2. French. Language—Phonetics.
I. Hagiwara, Michio P.
II. Title.
PC2137.C24   448.3'421   82-13123
ISBN 0-471-09729-2
                        AACR2

Printed in the United States of America
12

PREFACE

"Mettez, pour me jouer, vos flûtes mieux d'accord."
                    Molière L'Etourdi, I.4

    D'accord is designed to teach French phonetics and pronunciation at the intermediate and advanced college levels. It can be used alone with the accompanying tape program as an introductory course in French phonetics or corrective phonetics, or in conjunction with a grammar text for supplementary work in pronunciation. The material in D'accord is based on many years of teaching experience in contrastive studies of French and English and remedial phonetics for speakers of American English. Each lesson is presented in such a way as to permit the student to proceed at his or her own pace, with a varying amount of assistance from the instructor.

    The principles of contrastive analysis are applied to the explanation of French articulation, explanation of typical pronunciation errors, and auditory discrimination exercises. Thus the student becomes aware, before beginning active oral work, of how he or she pronounces English, how French differs from English, and what elements cause pronunciation problems, and learns to differentiate between the sound systems of the two languages. The pronunciation exercises for active practice are carefully arranged from making minimal pair contrasts to giving the target item in all its phonological and basic syntactic positions. We stress not only the acquisition of a particular sound but also its practice in communicative contexts. Maximum use is made of derivational morphology and syntactic transformations, so that the student learns the item not in a vacuum but in environments in which its occurrence is natural in terms of morphology, syntax, and semantics. Thus the student utterances in most of the exercises are kept as meaningful as possible.

    In order to allow flexibility of use, we have included more exercises than are probably necessary for most instructional situations. This will enable the instructor to pinpoint the student's specific pronunciation problems and assign exercises that are most pertinent. Some exercises may be used in the language laboratory, others in the classroom, while still others may be omitted if the student does not need them. The tape program consists of 21 reels of approximately 30 minutes each, one for each lesson, recorded by native speakers of French under careful supervision. Approximately 50% of the exercises are recorded, and those available on tape are preceded by one or two asterisks before the exercise number.

The preliminary edition of <u>D'accord</u> was class-tested for two years at the University of Michigan and the French Summer School of Middlebury College. For their reading of the preliminary edition and comments, we would like to express our appreciation to Catherine A. Maley of the University of North Carolina, James S. Noblitt of Cornell University, and Yvonne Rochette-Ozzello of the University of Wisconsin-Madison.

The University of Michigan   S.C.
                                                               M.P.H.

TABLE OF CONTENTS

Preface   v

List of Charts   ix

To the Student   x

Preliminary Study   1

1. L'égalité syllabique
   La place de l'accent 14

2. Les enchaînements consonantiques
   Les liaisons obligatoires 24

3. Le e caduc /ə/ 35

4. L'intonation: montante et descendante 50

5. Les groupes rythmiques 63

6. La consonne /R/ 76

7. La tension des voyelles: /i/, /o/
   L'absence de diphtongaison 89

8. Les voyelles /u/ et /y/ 101

9. La voyelle nasale /ɛ̃/ 115

10. La voyelle nasale /ɑ̃/ 128

11. La voyelle nasale /õ/ 139

12. Les voyelles /e/ et /ɛ/ 152

13. Les voyelles /o/ et /ɔ/ 167

14. Les voyelles /ø/ et /œ/ 179

15. Les semi-consonnes /ɥ/ et /w/ 191

16. La semi-consonne /j/ (le yod) 203

17. La consonne latérale /l/ 217

18. Les consonnes /p/, /t/, /k/
    Les consonnes /t/, /d/, /n/ 227

19. Les consonnes /s/ et /z/
    /s/, /z/ suivis de /j/ 240

20. La détente consonantique
   Les géminées
   L'assimilation consonantique 251

21. L'allongement des voyelles accentuées
   Les enchaînements vocaliques 265

Appendix

A. List of Phonetic Symbols 281

B. Additional Notes on Sound-Symbol Relationship 284

Index 289

LIST OF CHARTS[1]

Chart 1: Vocal Cords in Open and Closed Positions   2

Chart 2: Vocal Organs   3

Chart 3: List of Basic English and French Consonants   5

Chart 4: Height of Tongue for French /i/, /u/, /ɛ/, /ɔ/   7

Chart 5: List of Basic English and French Vowels   8

Chart 6: English /r/ and French /R/   77

Chart 7: English /iʲ/, /I/ and French /i/   90

Chart 8: English /oʷ/, /ɔ/ and French /o/   91

Chart 9: English /uʷ/, /U/ and French /u/   101

Chart 10: French /u/ and /y/   103

Chart 11: French /ɛ/ and /ɛ̃/   115

Chart 12: French /ɲ/ and /nj/   118

Chart 13: French /ɑ/ and /ɑ̃/   128

Chart 14: French /a/ and /ɑ/   130

Chart 15: French /o/, /ɔ/, /õ/   139

Chart 16: English /I/, /eʲ/ and French /e/   153

Chart 17: French /o/ and /ɔ/   168

Chart 18: French /e/–/ø/–/o/   179

Chart 19: English /j/ and French /j/   204

Chart 20: English [l], [ɫ] and French /l/   218

Chart 21: English and French /t/, /d/, /n/, /l/   228

Chart 22: English /s/, /θ/ and French /s/   241

Chart 23: English /dʒ/ and French /ʃ/, /ʒ/   243

---

[1]These articulatory diagrams of English and French sounds present only approximate configurations of the vocal tract. A more precise illustration would require a three-dimensional chart, including the position of the larynx and the shape of the pharyngeal cavity.

TO THE STUDENT

Good pronunciation is an important aspect of oral communication. It is difficult for the listener to concentrate on a message being given if his or her attention is distracted by faulty pronunciation. A sentence, grammatically and semantically correct but uttered with a heavy foreign accent, may be only partially understood. D'Accord is designed to show you how International French is pronounced and how to attain accuracy in pronunciation as close to the native level as possible. International French is a variety of French that is understood and accepted in all the countries of the world where French is spoken. It is devoid of regional, social or national marks, or "accents." It is close in many ways to educated Parisian French.

Acquisition of good pronunciation is not reached by merely repeating words and phrases after a native speaker. Most errors made by speakers of English arise from the fact that they often tend to superpose the English sound system on that of French. They may thus pronounce words such as vu, tôt, pain, celle, quart like the English view, toe, pan, sell, car. Mistakes also occur because of the lack of a consistent sound-symbol relationship in French--which is true of most languages spoken today--so that students may not know what consonants and what vowels occur in words such as chaos, adéquat, ambiguë, il a eu, innocent. Our book will enable you to progress logically from theoretical knowledge to active practice in four distinctive stages.

The first stage in learning to pronounce a given French sound accurately is to know how it is pronounced. There are several steps to follow in this stage. First, you need to know how you pronounce similar English sounds so that you will not substitute them for French sounds. The second step is to understand how the French sounds must be pronounced. The third step is to learn how the particular sound is represented in orthography, including common idiosyncratic spellings. The last step is to become aware of typical pronunciation errors and why they arise. Thus, during the first stage, represented by the beginning sections in English of each lesson, entitled Profil, you become acquainted with phonetics, or the descriptive side of pronunciation.

After an introductory discussion of phonetics, you will engage in auditory discrimination exercises. You will hear the differences between English and French, or a particular French sound compared with other similar sounds in French. It is often the case that a person who cannot hear such differences cannot produce them in speaking. It is for this reason that in most of the lessons the actual work with pronunciation begins with Prise de conscience auditive, followed by Discrimination auditive. In the next stage, Prise de conscience articulatoire, you learn to concentrate on the sound in question and produce it as accurately as possible while being aware of how you are using your speech organs.

In the final stage, Exercices d'apprentissage, you practice the sound actively in all possible phonological contexts and typical syn-

tactic constructions in which it may occur. You will find numerous
exercises at this stage. Some are based on derivational morphology;
for example, converting a series of nouns to adjectives, or deriving
corresponding adverbs from adjectives. Many include grammatical trans-
formations, such as changing from the singular to the plural, from the
present to the passé composé, from the noun to the pronoun. In some
others, you will learn to integrate the sound in complete intonation
and rhythmic patterns. The majority of these exercises are designed to
be as meaningful as possible and are "contextualized," for a sound
practiced without any context is often mispronounced once meaning is
introduced, as it is in all communication situations. The final phase
of active practice consists of mini-dialogues in which the sound occurs
in natural and semantically appropriate contexts. All exercises avail-
able on tape are preceded by one or two asterisks, and you can practice
them repeatedly and on your own with a tape recorder. As for the others,
your instructor should be able to indicate which are to be done in class,
done in individual tutorial sessions, or omitted from recitation. The
following is a description of how to do the main types of exercises in
the Pratique of every lesson.

Prise de conscience auditive
Listen very closely, concentrating on the sound or prosodic feature
presented. Listen several times to each part until you become aware
of the articulatory features of the item in question. All these exercises are on tape.

Prise de conscience articulatoire
Follow the instructions carefully. You should physically feel what
you are doing, whether it pertains to rhythm, pitch, or positions of
your articulatory organs such as the tongue and lips. A new sensitivity
is developed at this time. All these exercises are on tape.

Discrimination auditive
Indicate your answers in the text as you listen to the test items.
Check your answers against the key (Clé) given at the end of the lesson.
Then listen to the tape again while looking at the key, with special
attention to the items where you made an error. All these tests are on
tape. You may want to do this discrimination exercise once more after
exercices d'apprentissage or later to see if your listening accuracy has
improved.

Exercices d'apprentissage
There is a wide variety of exercises designed to enable you to acquire correct pronunciation in all basic morphological and syntactic
patterns. Be sure to exaggerate the firmness of articulation. The
muscles of your speech organs should work vigorously, just as body muscles do in gymnastics. Approximately 50% of these exercises are on tape.
The basic types are described below.

1. In a repetition exercise (Répétez or Lisez après le modèle), you
    repeat each word, phrase, or sentence after the model. If the exer-
    cise is on tape, a pause is provided for your repetition, and no

confirmation is given. Note also that <u>modèle</u> in the directions always refers to the model voice.

2. In a reading exercise (<u>Lisez</u>), you look at the text and read each item. If it is on tape, you will hear a <u>bip</u> followed by a pause and confirmation. You read the item immediately after the <u>bip</u>, then compare what you have just said with the confirmation on tape in order to check the accuracy of your response.

3. Several types of substitution exercises occur. In all cases, you rephrase the basic sentence by inserting a substitution item in the appropriate slot of the sentence.

    a) In the case of a series of sentences that are identical, except for the words to be substituted in the appropriate slot, the entire sentence is usually not repeated in print. You say the whole sentense, not merely the cue (substitution) words.

    e.g. Lesson 1, ex. 18

you see printed	you say
J'en ai une.	J'en ai une.
21.	J'en ai vingt et un.
31.	J'en ai trente et un.
51.	J'en ai cinquante et un.

    b) In another type of substitution exercise, cue words alone may occur, printed horizontally, even though you say the entire phrase or sentence. If the exercise is on tape, the cues are recorded.

    e.g. Lesson 3, ex. 9a

you see printed	you say
stylo -- canif -- livre	Avec le stylo.
	Avec le canif.
	Avec le livre.

    c) In some exercises, the substitution slot is indicated by brackets [ ] in the model sentence.

    e.g. Lesson 3, ex. 10

you see printed and hear	you say
Qu'est-ce qu'il [dit]?'	
Il ne [dit] rien.	
Qu'est-ce qu'elle fait?	Elle ne fait rien.
Qu'est-ce qu'il boit?	Il ne boit rien.
Qu'est-ce qu'elle mange?	Elle ne mange rien.

    d) In some exercises, the cues are in parentheses. This indicates that if the exercise is on tape, you will not hear the cue.

    e.g. Lesson 4, ex. 14

you see printed	you say
Je dîne. (Où...?)	Où dînez-vous?
Je sors. (Pourquoi...?)	Pourquoi sortez-vous?
Je conduis. (Comment...?)	Comment conduisez-vous?

4. All transformation exercises begin with an example with <u>vous entendez</u>
    and <u>vous dites</u>, showing what kind of changes you are to make.
5. <u>Dialogues</u>, <u>lectures</u>, <u>poèmes</u>: All these exercises are on tape, with
    pauses at the end of each line. First, listen to the tape as you
    follow the text silently, paying close attention to rhythm and into-
    nation. Then, during the pause, repeat each line as accurately as you
    can. Don't hesitate to exaggerate the beat of syllables and the
    melodic line. Enunciate sounds with precision and firmness of muscles.
    Stop the tape and repeat as many times as necessary until you can say
    each line with the same fluency and smoothness as the model you hear.
    In class you will re-enact the dialogues with appropriate dramatisa-
    tion, that is, facial expressions and gestures.

    Recorded exercises are preceded by one or two asterisks.

 * A single asterisk is used for exercises that call for a repetition after
    the model voice; there is no confirmation. These exercises normally do
    not involve long sentences or complex intonation patterns.
** A double asterisk is used for exercises where you either listen to a
    statement or a question and then give your response, or read an item
    in the text. In both cases confirmation is on tape so that you can
    compare your response or reading with the correct version.
I* A single asterisk preceded by the letter <u>I</u> indicates an exercise with
    long sentences or complex intonation patterns. In such an exercise, you
    learn to integrate the sound or feature already practiced with simple
    words or phrases into longer, more life-like sentences. You listen to
    the question or the statement given by the model (<u>vous entendez</u>), then
    you listen carefully to the response on tape (<u>vous dites</u>), mentally
    following the intonation patterns. You repeat this response; no con-
    firmation is given. In class you will do the same exercise without
    the help of a model, and the accuracy and fluency of your delivery will
    be checked along with the correctness of the specific sound or feature
    learned in the lesson.

PRELIMINARY STUDY

ough - through
though
bough

0.1 Phonetic Symbols

1. In the discussion of phonetics it is customary to use phonetic
symbols to indicate the pronunciation of words and phrases. The reason
for this is fairly obvious: the basic orthography as used today in both
French and English dates back several centuries and, as a result, the
graphemes (the letters of the alphabet used to represent sound segments of spoken language) are inaccurate for transcribing sounds. Note,
for example, that the English diphthong /iJ/ is represented by as many
as seven different graphemes, as in sea, feet, believe, receive, people,
he, key, and that the grapheme ea stands for five different vowel sounds
and combination of vowel sounds, as in meat, create, great, heart,
Seattle. Likewise, the letter h stands for many different sounds; it may
stand alone as in hot or it may combine with other letters to form graphemes like ch, ph, sh, th. The sound-symbol relationship is no better
in French. Note, for instance, that the vowel sound /ɛ̃/ is represented
by eight graphemes, as in cinq, sein, sain, examen, impôt, essaim,
syntaxe, symbole, and that the grapheme en corresponds to /ɑ̃/, /ɛ̃/, /ɛn/,
/an/ in entier, benzine, spécimen, solennel.

2. In articulatory phonetics, sounds need to be transcribed as
accurately and consistently as possible, and there must be a one-to-one
correspondence between each sound segment and its symbol; that is, each
distinct sound must be represented by one separate symbol. Phonetic symbols are largely the work of the Association Phonétique Internationale,
founded by a group of foreign-language teachers in France in 1886. They
have undergone many modifications, and the symbols used today are based
on the Roman alphabet (p, t, k, f, a, e, o), graphemes from other languages (θ, β, ø, ʎ, œ), and invented signs (ɔ, ɲ, ɱ, ʃ, ʒ), supplemented
by various diacritical marks (a̓, ɚ, õ, ɳ, ę, ɛ̧). Sections 0.2 through
0.4 of this chapter will present the basic phonetic symbols used to
transcribe French and English sounds. They will be reintroduced with
additional details in subsequent chapters that deal with specific aspects
of French and English pronunciation.

0.2 Consonants

1. Speech is made up of sound segments that are called vowels, consonants, and semiconsonants, all normally produced as air is exhaled
from the vocal tract. In the production of vowels, the air stream does
not meet any obstacle as it passes through the speech organs. In the
production of consonants, however, the air stream is interrupted momentarily or it goes through various constrictions created by the speech
organs. Vowels are produced by modifying the shape of the vocal tract
through which the air passes, but without any obstruction. ·Consonants,
on the other hand, are produced by further modification of the vocal
tract, with obstacles created before, between, and after the vowels.

1

Open syllabification

As a result, vowels have much greater resonance and provide the nucleus or center of a syllable, while consonants usually do not. This is invariably the case in French. In English, on the other hand, certain consonants function as a syllabic unit. In words such as people, little, button, eaten, the final consonants /l/ and /n/ are considered syllabic, so that these words consist of two syllables rather than one.

In order to understand how sounds are articulated in English and French, it is necessary to know the role of various organs used in speech production. Our discussion will begin with consonants since they involve more speech organs and are distributed over a wider area in the vocal tract than vowels. Three distinctive criteria are applied to the description of any consonant: the activity of the vocal cords, the point of articulation, and the manner of articulation.

2. The Vocal Cords: they are cased in the cartilage of the larynx, which you can feel under the Adam's apple. Contrary to what the name implies, there are no string-like elements to be plucked in the vocal cords. Instead, there are two elastic membranes attached to the side of the larynx. The shape of the membrane is modified very rapidly during speech production. Loudness or softness and high or low pitch of the voice are determined by the thickness and tenseness of the membranes and the amount of air pressure directed against them. The membranes can also be wide apart, as when you blow warm air on cold hands, producing a very slight friction noise, similar to the /h/ of hot. They can be completely closed, as when you lift a heavy object and grunt, producing the so-called glottal stop. The most important role of the vocal cords is to set the membranes in vibration for certain sound segments. As a result, all the consonants are classified either as voiced (produced with the vibration of the membranes) or as voiceless (without vibration). Typical voiced consonants are /b/, /d/, /g/, /v/, /z/, and voiceless, /p/, /t/, /k/, /f/, /s/. You can feel the vibration of the membranes if you pinch your nose lightly, place your finger lightly against the Adam's apple, or close your ears with the palms of your hands, and say [sss...], [zzz...], [fff...], [vvv...]. Sounds that are either partially voiced or voiceless will be discussed in 0.2.5.

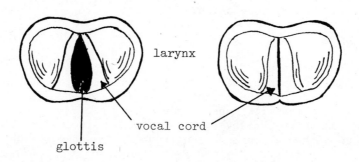

Chart 1: Vocal Cords in Open and Closed Positions

3. <u>Point of Articulation</u>: consonants are produced at various points in the oral cavity. If both lips are involved, the sound is called <u>bilabial</u>, as in the first sounds of <u>pat</u>, <u>bat</u>, <u>mat</u>. If the lower lip and upper incisors are involved, the sound is <u>labiodental</u>, as in <u>fat</u> and <u>vat</u>. If the tip of the tongue comes between the upper and lower incisors, the sound is <u>interdental</u>, as in the initial sounds of <u>thin</u> and <u>that</u>. If it makes contact with the back of the upper incisors, the sound is <u>postdental</u>, typical of the French consonants /t/, /d/, /n/, /l/ as in <u>tout</u>, <u>doux</u>, <u>nous</u>, <u>loup</u>. The initial consonants of English <u>toe</u>, <u>doe</u>, <u>no</u>, <u>low</u> are <u>alveolar</u>, produced by placing the tip of the tongue against the alveolae or the ridge behind the upper incisors. If the blade of the tongue is raised toward the hard palate, the sound is <u>palatal</u>, as in the

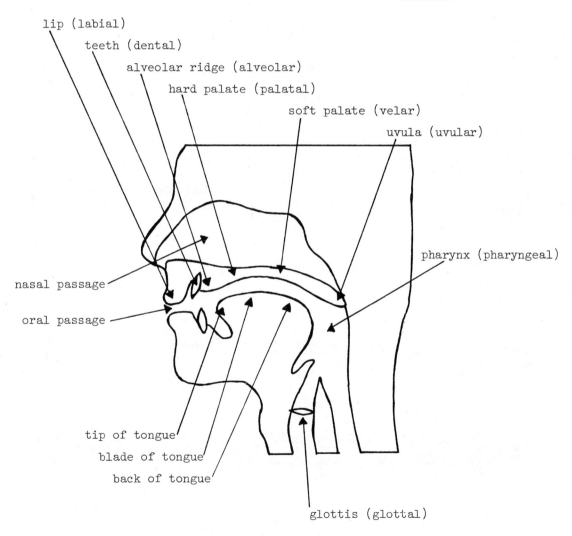

lip (labial)
teeth (dental)
alveolar ridge (alveolar)
hard palate (palatal)
soft palate (velar)
uvula (uvular)
pharynx (pharyngeal)
nasal passage
oral passage
tip of tongue
blade of tongue
back of tongue
glottis (glottal)

Chart 2: Vocal Organs

initial consonant sounds of English show, chew, Joe, and the final consonant sounds of French fiche, fige, signe. If the back of the tongue is raised toward the soft palate, the sound produced is velar, as in the initial consonant of English cot and got, and French coût and goût. A consonant that involves the area where the uvula is located is uvular, typical of the French r sound. A consonant produced by the glottis is glottal, as in the initial consonant sound of hot. Note that as you say Poe, foe, toe, chew, go, hoe, the point of articulation of the initial consonant sounds shifts from the bilabial position to the glottis. Chart 2 indicates the vocal organs and the point of articulation discussed in this section.

4. Manner of Articulation: the third important criterion for the classification of consonants is how the air stream meets various obstructions in the oral cavity. If it is stopped completely and released suddenly, as in the initial sounds of pill, bill, till, dill, kill, gill, the sound is called a stop or plosive. If the air stream is not stopped and escapes through a narrow, constricted passage between the upper side of the mouth and the surface of the tongue, as in the initial consonant sound of fat, vat, thin, that, sip, zip, ship, the sound is a fricative. If a sound begins with a stop, that is, with a momentary closure of the oral cavity, but ends with a fricative sound, it is called an affricate, as in the initial sounds of chill and Jill. If the tongue makes contact with the upper part of the mouth such as the alveolar ridge and the air is exhaled from both sides of the tongue, the resultant sound is a lateral, as in the initial consonant of love. A nasal consonant is produced by lowering the back of the velum, called velic valve, and allowing the air stream to escape through the nasal cavity, as in the final consonant sounds of seem, seen, sing. If the tip of the tongue or the uvula is vibrated rapidly, as in the regional pronunciation of the French r, a vibrant or trill is produced. Chart 3 classifies the basic French and English consonants according to the three criteria we have mentioned.

V = soft palate

5. Other Features of Consonants: the articulation of a consonant is often influenced by the phonetic environment in which it is found. In English, aspiration characterizes the word-initial voiceless stops, as in pin, tin, kin, because an extra puff of air accompanies their articulation (see 18.1). Some consonants are marked by labialization, that is, there is a simultaneous or near-simultaneous rounding of the lips during the articulation of a consonant when it precedes a labial semi-consonant, as in the initial consonants of twin, dwarf, quick, Guam (18.4). Palatalization occurs frequently in English, fusing an alveolar consonant and the following palatal consonant or semiconsonant, as in the rapid, colloquial pronunciation of words ending in t or d followed by you, in I bet you, won't you, did you, would you (16.1.4). Assimilation (20.4) can affect voicing, manner of articulation, and point of articulation. When a voiced and voiceless consonant are found next to each other, the voiced consonant may be pronounced with a stronger (less lax) muscular tension and become partly voiceless, as in the /b/

POINT OF ARTICULATION

MANNER	VOICING	bilabial	labio-dental	inter-dental	post-dental	alveolar	palatal	velar	uvular	glottal
STOPS	voiceless	/p/pool /p/poule			/t/tout	/t/tool		/k/cool /k/cou		
	voiced	/b/boo /b/bout			/d/doux	/d/do		/g/goo /g/goût		
FRICATIVES	voiceless		/f/fat /f/fade	/θ/thin	/s/si	/s/sip	/ʃ/shoe /ʃ/chou			/h/hat
	voiced		/v/vat /v/va	/ð/that	/z/zéro	/z/zip	/ʒ/vision /ʒ/joie		/R/roue	
AFFRICATES	voiceless						/tʃ/chin			
	voiced						/dʒ/gin			
LATERALS	voiced				/l/loup	/l/less				
NASALS	voiced	/m/map /m/mou			/n/nous	/n/nap	/ɲ/signe	/ŋ/sing		

Chart 3: List of Basic English and French Consonants

of <u>absent</u> (cf. <u>Abraham</u>), or the voiceless one may be pronounced with less strong muscular tension and sound partly voiced, as in the /t/ of <u>get going</u> (cf. <u>get set</u>). To see how the point of articulation shifts because of assimilation, say the words <u>converse</u>, <u>month</u>, <u>dent</u>, <u>sink</u> and observe how the pronunciation of the /n/ is moved to that of the following consonant: labiodental, interdental, alveolar, and velar.

0.3 Vowels

1. In the production of vowels, which are normally all voiced, the air stream is not interrupted or obstructed as it is expelled through the vocal tract, thus resulting in a much greater resonance in the oral cavity than for consonants. Vowels serve as the nucleus or center of a syllable, and their quality is determined by the shape of the oral cavity, which is modified for different sounds. There are three distinctive criteria for the description of vowels: the height of the tongue, the area in the oral cavity where a vowel is produced, and the shape of the lips ("lip formation"). Vowels are produced generally with greater muscular tension and clearer onset in French than in English.

2. <u>The Height of the Tongue</u>: say the words <u>beat</u>, <u>bit</u>, <u>bait</u>, <u>bet</u>, <u>bat</u>, and then <u>cool</u>, <u>cook</u>, <u>coal</u>, <u>caught</u>, <u>cot</u>, and note how your tongue is lowered gradually and your jaw drops down. There are three basic positions to describe the height of the tongue: <u>high</u>, <u>mid</u>, and <u>low</u>. The vowels in <u>beat</u> and <u>cool</u> are pronounced with the tongue raised high. Conversely, the jaw is lowered and the tongue is low, dropping down to the bottom of the mouth, in the vowels of <u>bat</u> and <u>cot</u>. The tongue is in a mid position in the vowels of <u>bet</u> and <u>coat</u>. In French, the vowels in <u>si</u>, <u>su</u>, <u>sous</u> are high, the one in <u>sa</u> is low, and those in <u>ses</u>, <u>sert</u>, <u>ceux</u>, <u>sœur</u>, <u>saut</u>, <u>sol</u> are mid vowels.

3. <u>The Area in the Oral Cavity</u>: some vowels are produced toward the front of the mouth, in the palatal area. The vowels in English <u>beat</u>, <u>bit</u>, <u>bait</u>, <u>bet</u> and those in French <u>mis</u>, <u>mes</u>, <u>même</u>, <u>ma</u>, <u>mu</u>, <u>meut</u>, <u>meurt</u> are <u>palatal</u> or <u>front</u> vowels. Those vowels produced toward the back of the mouth, with the back of the tongue raised toward the velum are called <u>velar</u> or <u>back</u> vowels, as in English <u>cool</u>, <u>cook</u>, <u>coal</u>, <u>caught</u>, <u>cot</u> and French <u>mou</u>, <u>mot</u>, <u>molle</u>, <u>mâle</u>. Chart 4 illustrates the relative positions of the tongue for the French front and back vowels in high and lower-mid height.

4. <u>The Lip Formation</u>: some vowels are pronounced with <u>rounded</u> lips, while others are characterized by <u>unrounded</u> lips. In English, all front vowels are unrounded, and nearly all back vowels are rounded, although the rounding becomes less prominent and the lips begin to assume a neutral position as the height of the tongue decreases to low. In French back vowels are pronounced with lips rounded. As for front vowels, there are two series: one in which the lips are unrounded and spread horizontally, as in <u>mis</u>, <u>mes</u>, <u>même</u>, <u>ma</u> and the other for which the lips are rounded and protruded the same as for the back vowels: <u>mu</u>, <u>meut</u>, <u>meurt</u>.

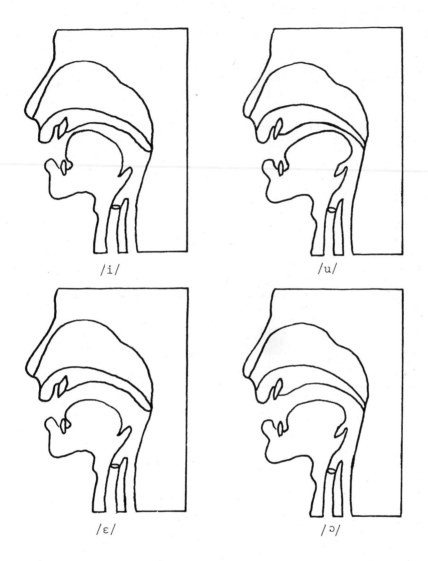

/i/

/u/

/ɛ/

/ɔ/

Chart 4: Height of Tongue for the French /i/, /u/, /ɛ/, /ɔ/

    5. Concomitant Features: vowels are modified in other ways during or immediately after their articulation. ✓Diphthongization (7.1) characterizes many English vowels. A diphthong is produced when, immediately after the production of the vowel, the tongue moves upward. For example, in the word say, the onset of the vowel is quite similar to that of set, but the tongue rises toward the palate and ends up in the position close to that of the initial sound of yes: [ɛ]→[e]→[j]. Likewise, the vowel in boot begins with a sound similar to that in book, but the back of the tongue rises toward the velum and ends up with a sound close to the in-

	FRONT		CENTRAL		BACK	
	unrounded	rounded	unrounded	rounded	unrounded	rounded
HIGH — high	/i/ <u>li</u>t, /iʲ/ <u>bea</u>t	/y/ l<u>u</u>				/u/ <u>loup</u>, /uʷ/ <u>boo</u>t
HIGH — lower high	/I/ b<u>i</u>t		[ɨ] dishe<u>s</u>			/U/ book
MID — higher mid	/e/ <u>parlé</u>, /eʲ/ <u>bai</u>t	/ø/ <u>eux</u>				/o/ <u>l'eau</u>, /õ/ <u>l'on</u>, /oʷ/ <u>boa</u>t
MID — mean mid		/ə/ <u>lis-le</u>	[ə] <u>a</u>bout	/ɝ/ <u>bird</u>		
MID — lower mid	/ɛ/ bet, /ɛ/ <u>laide</u>, /ɛ̃/ <u>lin</u>	/œ/ <u>leur</u>	[ɚ] bet<u>ter</u>	/ʌ/ b<u>u</u>t		
MID — higher low	/æ/ b<u>a</u>t					/ɔ/ <u>bough</u>t, /ɔ/ <u>l'or</u>
LOW — low	/a/ l<u>a</u>				/a/ h<u>o</u>t, /ɑ/ <u>bas</u>	/ɑ̃/ <u>l'an</u>

Chart 5: List of Basic English and French Vowels

itial sound of west: [U]→[u]→[w]. ✓Nasalization (9.1) results if the velum is lowered during the production of the vowel and air is exhaled through both the oral and nasal passages. In English, a vowel preceding a nasal consonant is automatically nasalized, as in loan, can, ring (cf. load, cat, rig). Nasal vowels occur in French normally without a pronounced nasal consonant, as in pain /pɛ̃/, pend /pɑ̃/, pont /põ/, except in liaison and a few other cases. Chart 5 is a summary of the basic English and French vowels.

0.4 Semiconsonants

There are vowel-like sounds that are articulated briefly and with an air passage much narrower and more constricted than for vowels, but much less than for consonants. They are called semiconsonants or semivowels, and, like consonants, they do not form the center of a syllable. The beginning sound of yes /jɛs/ is a palatal semiconsonant, and that of west /wɛst/ a velar semiconsonant. In French the initial sound of hier /jɛR/ and the final sound of fille /fij/ are a palatal semiconsonant. That of huit /ɥit/ is also a palatal semiconsonant, with an additional feature of lip rounding. The one at the beginning of ouest /wɛst/ is a velar semiconsonant. The semiconsonants are articulated with much greater muscular tension in French than in English.

0.5 Phonemic and Phonetic Differences

1. Human vocal organs are capable of producing an enormous variety of sounds in terms of the degree of voicing, points and manners of articulation, the height of the tongue, and so forth. Given the numerous sounds that we can utter, relatively few are utilized in any language. Among the sounds found in English and French, some are more important because they distinguish between meaning, while others are less important, regarded as positional variants, i.e., variations of the same sound selected by the phonological environment in which it is found. The basic units of sounds that form words and that can differentiate between meaning are called phonemes. The sounds /p/ and /t/, differing in point of articulation, are phonemes, contrasted in a pair of words like pin and tin. The sounds /ʃ/ and /tʃ/ in shin and chin are also phonemes, differing in manner of articulation. The final consonants /s/ and /z/ in rice and rise are also phonemes, and they differ from each other in the matter of voicing. In French, words such as peau and mot serve to identify the phonemes /p/ and /m/. The vowels /i/ and /y/, differing only in lip rounding, can be identified as separate phonemes in words like lit and lu. Pairs of words used for the identification of phonemes, as in the examples just cited, are called phonemic minimal pairs and are very useful in auditory discrimination and pronunciation exercises. Phonemic transcriptions are usually placed between two diagonal bars, as in pin /pin/ and tilt /tilt/.

2. There are phonemes that are above and beyond individual sound segments, called prosodic features or suprasegmental phonemes. As you will see in 1.1, stress is not phonemic in French, whereas it is phonemic

in English, because it can distinguish between meaning such as <u>differ</u> and <u>defer</u>, or <u>import</u> (noun) and <u>import</u> (verb). You will see in 4.1 that the pitch contour in intonation is phonemic in both languages. It can differentiate, for instance, between a normal declarative sentence and an interrogative in French, as in <u>Il est parti</u>. and <u>Il est parti?</u>

3. On the other hand, there are certain sounds that can be regarded as variants of the same phoneme, either in free variation or in predictable complementary distribution. In English, the phoneme /p/ has three variants, the aspirated [pʰ] in <u>pin</u>, the unaspirated [p] in <u>spin</u>, and the unreleased or imploded [p⁻] in <u>nip</u>. Likewise, there are several variants of /n/ differing in points of articulation, caused by assimilation: the labiodental [ɱ] in <u>converse</u>, the interdental [n̪] in <u>month</u>, the alveolar [n] in <u>dent</u>, and the velar [ŋ] in <u>sink</u>. There are two kinds of lateral consonants in English, the so-called light <u>l</u> [l] occurring at the beginning of a word as in <u>lead</u>, and dark <u>l</u> [ɫ] occurring at the end of a word as in <u>deal</u>. These variants are called <u>allophones</u>, and in the cases just cited, their distributions are predictable, hence complementary, and their occurrences are mutually exclusive in terms of phonetic environments. All native speakers of a language handle the articulation of these allophones automatically and subconsciously. You may also have noted that the substitution of one allophone for another does not result in a new word. You can pronounce the word-initial /p/ with the unaspirated [p], that is <u>pin</u> [pĨn] instead of [pʰĨn], or the word-final /l/ with the light <u>l</u>, <u>tool</u> [tʰuʷl] instead of [tʰuʷɫ]. The pronunciation will sound strange or definitely foreign, but the substitution does not serve to differentiate between words as phonemes do.

4. Phonetic transcriptions are usually enclosed in brackets and show much more detail than phonemic transcriptions. The phonetic transcription of <u>pin</u> /pin/ and <u>tilt</u> /tilt/ is [pʰĨn] and [tʰɪɫt⁻]. The former indicates the aspiration of the initial /p/ and the nasalization of the vowel /I/ before the nasal consonant /n/. The latter shows the aspiration of the initial /t/, the occurrence of the dark <u>l</u>, and the unreleased final /t/. Both systems of transcriptions are useful for corrective phonetics, depending on the particular sound feature being dealt with, as you will see in subsequent lessons.

0.6 Contrastive Analysis and "Foreign Accent"

1. The phonemic system varies from one dialect to another and, obviously, from one language to another. In the United States, for instance, there are "r-less" areas, such as Boston and parts of the South, where the postvocalic <u>r</u> as in <u>car</u> and <u>park</u> does not exist. Conversely, in the metropolitan New York area, some people pronounce word-final /ɔ/ as in <u>law</u> with "r-coloring." In some regions the vowels /ɔ/ and /ɑ/ as in <u>caught-cot</u>, <u>naught-not</u>, or /I/ and /ɛ/ as in <u>pin-pen</u>, <u>mint-meant</u> merge as a single phoneme and do not contrast. The vowel /uʷ/ is in free variation with /U/ in some words such as <u>room</u>, <u>mushroom</u>, <u>roof</u>, and <u>broom</u>. The pronunciation of the graphemes <u>ir</u> as in <u>bird</u>, <u>third</u>, <u>first</u> is notably different in Brooklyn as well as in parts of the South. Also in the South, the diphthong /ɑj/ is replaced by /a/ as in <u>I</u>, <u>mind</u>.

It is apparent, therefore, that the region from where the learner originates is an important consideration in the learning and teaching of the pronunciation of another language. All speakers of the same dialect share the same phonemic system--otherwise communication would be very difficult to achieve. This is also what enables people to imitate the Southern, Boston, German, French, or Japanese accent. The comparison of two phonemic systems often makes it possible to foresee some--but not all--of the articulatory problems a person will encounter in learning another language and helps explain why they occur.

2. Here are a few examples of the differences between the French and English phonemic systems. French has many vowel phonemes that do not exist in English, such as /i/, /e/, /y/, /u/, /o/. Conversely, English has diphthongs like /iʲ/, /eʲ/, /uʷ/, /oʷ/ that are unknown in French. As a result, an English or French speaker without systematic work in pronunciation will tend to substitute the vowel phonemes of his or her own language in speaking the other. Also, many speakers of American English will tend to nasalize the vowel before a pronounced nasal consonant as in américaine, européenne, viennent as [ɛ̃n], and attempt to insert a slight [n] after a nasal vowel in américain, européen, vient as [ɛ̃ⁿ], because nasalized vowels do not occur in English without a pronounced nasal consonant after them. As a result, many important morphological contrasts in French such as masculine-feminine, noun-verb, and singular-plural distinctions are lost in their speech.

There are some sounds that exist in both French and English but are distributed differently in the two languages. For example, the voiced palatal fricative /ʒ/ occurs initially, medially, and finally in French as in joue, séjour, nuage, while in English it is largely restricted to the medial position as in vision, leisure, replaced by the affricate /dʒ/ in initial and final positions. Consequently, an English speaker will tend to pronounce /ʒ/ as either /ʒ/ or /dʒ/ in French, depending on its position. We can also cite the three allophones of the English /p/, which occur in complementary distribution. French has an unaspirated and clearly released /p/ in all positions. The mere fact that an unaspirated [p] exists in English does not make the acquisition of the French /p/ any easier, because the English [p] occurs only after /s/ as in spin and nowhere else. Syllabic structure also differs in the two languages. For instance, French shows more latitude in combining certain consonants. The cluster /ps/ in English occurs in word-final and medial positions as in cups and upset, but not word-initially. On the other hand, French has forceps, apside, psychologue, where /ps/ occurs in all positions.

The foregoing discussion makes it clear that the so-called "foreign accent" is largely based on the superposition or substitution of the phonemic system of the native language for that of the target language. By comparing General American English and International French, we can see the areas where the two differ in one way or another and can foresee to an extent where speakers of American English will encounter pronunciation difficulties. When errors occur, we can also explain in most cases why they are made. This is the basis of contrastive analysis utilized throughout our book, from the explanation of a sound to the numerous exercises which present the sound in all phonetic environments and in typical grammatical constructions where pronunciation problems often exist.

3. Another source of errors may be considered more or less intra- rather than inter-language, that is, not due to interference from English but due to French itself. Mastering French sounds is obviously not sufficient for any student of French because French, like most European languages, does not have a one-to-one correspondence between its sounds and orthographic representations. Some learners pronounce innocent as *[ɛ̃nosɑ̃], automne as *[ɔtɔm], arome as *[aRɔm], gageure as *[gaʒœR], donnerai as *[dɔnɛRe], en hâte as *[ɑ̃nat], il a eu as *[ilaø], chaos as *[kaos] (incorrect pronunciation is indicated by the asterisk) because of gaps that exist in sound-symbol relationship. It is for this reason that we need to supplement our contrastive study with a discussion of French graphemes and exceptions.

0.7 Transcription System Used in "D'accord"

A book that deals with the teaching of pronunciation is at best a compromise between theory and practice. What is correct or appropriate in terms of theory is sometimes beyond what is called for in practical situations. Excessive concern with detailed or technical aspects of phonology can be counterproductive for some students whose primary goal is to acquire good pronunciation, even though, as we have mentioned, the system of sounds of a language must be grasped at the same time. We have made several adjustments in our book between phonology as theory and corrective phonetics as practice, as we explain below.

1. Phonetic transcriptions, as discussed in 0.5.3, indicate the shape of all the allophones in a given utterance. It is a more "precise" and "accurate" way of showing how a word is pronounced than phonemic transcriptions. Nevertheless, in the discussion of pronunciation for practical purposes, it often becomes cumbersome to indicate all the minute differences of every sound segments when only one segment needs to be highlighted. For example, in the discussion of aspiration (as in the initial consonant /t/ of tilt, phonetically transcribed as [tʰɪɫt˺]), the occurrence of the "dark" l before the word-final /t/ and the unreleased nature of the latter is rather irrelevant. For this reason, we use the phonemic bars, /tʰɪlt/, rather than [tʰɪɫt˺] (or /[tʰ]Ilt/), even though the transcription is phonetically appropriate only for the segment [tʰ]. We feel that this "simplified" version is less misleading than the use of brackets such as [tʰIlt] in terms of what phonetic and phonemic transcriptions stand for.

2. In theory, the English diphthongs as in feet, fate, food, foe can be represented phonemically by single symbols for each, /i/, /e/, /u/, /o/, since it is understood once they are described that they stand for [iʲ], [eʲ], [uʷ], [oʷ], respectively. We nonetheless prefer to use the digraphic symbols /iʲ/, /eʲ/, /uʷ/, /oʷ/ to remind you constantly that these sounds are diphthongs, followed by a glide, rather than a single sound (monophthong).

3. Some linguists consider the French mid vowels such as /e/ and /ɛ/ to be allophones of the same phoneme, because their occurrence is almost complementary: that is, in terms of positions, where /e/ occurs, /ɛ/ does not occur, and vice versa. Because the phonemic difference between the two is often neutralized, some linguists posit an archi-phoneme (a single phoneme that may replace two phonemes that are normally distinct but whose distinctions are neutralized in certain positions), /E/. Phonetically, however, it is possible to distinguish as many as four or more variants: a higher-mid [e] as in chanté, a somewhat more open [ẹ] as in étang, a lower-mid [ɛ] as in il reste, and a somewhat higher version [ɛ̣] as in mon buffet. In our book, we have chosen to indicate these four sounds separately, to remind you that the differences in articulation according to positions of the phonemes /e/ and /ɛ/ do exist.

4. In conjunction with typical pronunciation problems, we should point out that the section entitled Interferences (the sources of which are both inter- and intra-language) focuses by necessity exclusively on the very point being dealt with in a particular lesson, according to the principle we mentioned in (1) above. For example, télévision /telẹvizjõ/ might be pronounced by a learner as *[tʰɛɫvIzõn], which contains at least six pronunciation errors. But if the lesson focuses on the unaspirated initial voiceless stops /p/, /t/, /k/ in French, the transcription may appear as */tʰelẹvizjõ/, with all but the first segment being correct. If the lesson is on the clear and even pronunciation of all the unstressed vowels, the same word may appear as *tél(é)vision, showing that the second vowel is either erroneously deleted or turned into a neutral vowel /ə/. If the lesson deals with the palatalization and the semiconsonant /j/, the transcription may appear as */telẹvizõ/ to show how the learner may palatalize the sequence /zj/ as /ʒ/, again the rest of the transcription being correct. Finally, if the lesson is on /õ/, the transcription may be */telẹvizjõn/ indicating that the learner may tend to insert a slight [n] after the nasal vowel. Thus the principle of "selective focusing" is utilized throughout the sections where typical pronunciation errors are described.

1. L'EGALITE SYLLABIQUE
LA PLACE DE L'ACCENT

PROFIL

1.1 The Role of Stress in English and French

1. What is "stress" in phonetics? It refers to a feature that makes a syllable different from the others within a word or phrase. This syllable "stands out," as it were, from the rest because it is louder. It may also be longer, or pronounced on a higher pitch.

Stress is equated with intensity, or extra loudness, in English. Any word consisting of two or more syllables has one syllable that is pronounced louder than the others, and that syllable is called the stressed syllable. Notice that in the words lIberty, equAlity, and philosOphical, the extra loudness, shown by the capital letters, falls on the first, second, and third syllables respectively. Intensity-stress plays a very important role in English, since it is capable of distinguishing between many pairs of words that are otherwise identical: between nouns and verbs such as pErmit-permIt, Import-impOrt, and Object-objEct, and between adjectives and verbs such as frEquent-frequEnt and prEsent-presEnt.

2. In addition to the heavy intensity (called primary stress) as noted above, most polysyllabic words in English have a syllable that receives an intensity of less prominence (secondary stress), and syllables with no prominence of any kind (weak stress, or no stress). The alternation of primary, secondary, and weak stress makes up one of the characteristics of English rhythmic patterns. Examine the succession of syllables with varying intensity in the following words. Primary stress is shown by the symbol (´), secondary by (ˋ), and weak stress by (˘).

ĭnsínŭàte	phĭlòsóphĭcăl
díctiŏnàrў	cònstĭtútiŏn
prŏnùncĭátiŏn	prŏbăbílĭtў

3. In French, a "stressed" syllable is not necessarily louder or stronger than the others. In fact, in normal speech, all the syllables in a word or phrase receive approximately the same amount of intensity.[1] The term "stress," as applied to French, is not an extra intensity placed on a particular syllable as in English, but a predictable

---

[1] The so-called accent d'insistance or accent affectif that occurs in emphatic or exaggerated speech must not be confused with the "stress" being discussed here.

lengthening of the vowel, occurring in the last syllable of a phrase or a word pronounced in isolation. There is also a change in pitch level, which is probably more noticeable to a beginning student than the lengthening, as we will discuss in Lesson 5.3. Note, at any rate, the occurrence of lengthening, shown by the sign (ˉ), in the words photō, animāl, philosophīque, constitutionnēl. In words borrowed from English, the place of stress shifts from the original syllable to the end of the word: mEEting→meetīng, wEEkend→week-ēnd, pIpeline→pipelīne, fOOtball→footbāll, and in less obvious cases such as rIding coat→redingōte. Furthermore, secondary and weak stresses as discussed in 1.1.2 do not exist in French. so that all but the final syllable receive approximately equal length.

You know already that the "accent" marks in written French have nothing to do with either intensity-stress of lengthening-stress. They are orthographic ways of distinguishing between homonyms such as a-à, la-là, du-dû, sur-sûr, chanter-chanté, or of indicating the type of vowel that occurs in pronunciation in a given syllable, as in répète-répétez and élève-élevé.

1.2 Unstressed Syllables in English and French

1. In English, the vowels in many unaccentuated (weak) syllables become blurred or are dropped altogether in normal speech: an(i)mal, choc(o)late, int(e)rested, consid(e)rable. This "blurring" is what causes words like capital and capitol to be pronounced alike. Dropping of vowels causes words such as forecastle and boatswain to become fo'c's'l and bo's'n. Compare below the underlined stressed vowels in the first column with the corresponding unstressed vowels in the second column. You will note that the stressed vowels become quite indistinct when they become unstressed.

Atom	/æ/	atOmic	/ə/
pAlace	/æ/	palAtial	/ə/
mAson	/eʲ/	masOnic	/ə/
phOto	/oʷ/	photOgraphy	/ə/
JEAn	/iʲ/	JeannEtte	/ə/

2. As mentioned earlier, French does not have a phenomenon comparable to the secondary stress of English. Furthermore, unstressed vowels are not weaker, and they are neither blurred nor dropped. The lengthening of a vowel always occurs in the last syllable, and all other unstressed syllables are pronounced with more or less equal prominence and duration. In the words below, note the automatic shift of stress (lengthening) to the last vowel as more syllables are added to the original word. The deletion of the e caduc, shown by ¢, will be discussed in Lesson 3.

˘ -	métrō	photō
˘ ˘ -	métropōl¢	photogrāph¢
˘ ˘ ˘ -	métropolīt¢	photographīqu¢
˘ ˘ ˘ ˘ -	métropolitāin	photographiqu¢mēnt

3. We have given as examples only words that are pronounced in isolation. The same shift of lengthening to the last syllable also occurs in phrases. Compare the sentences and phrases on the left and those on the right below.

j'en ai $\overline{un}$	j'en ai vingt et $\overline{un}$
un amour$\overline{eux}$	un amoureux trans$\overline{i}$
tu d$\overline{an}$ses	tu dans$\overline{ais}$
il te compr$\overline{en}$d	il te comprendr$\overline{a}$

1.3 Syllabic Division in French

1. The syllable constitutes the smallest combination of sound segments and, as mentioned in the Preliminary Study (0.2.1, 0.3.1), a vowel provides its center. A syllable that ends in a consonant sound is called a closed syllable, and one that ends in a vowel sound is called an open syllable. Closed and open syllabifications give a very different rhythmic impression. For example, pronounce a sequence of syllables such as TATATATATA as TAT-AT-AT-AT-A (all but the last syllable are closed), and then TA-TA-TA-TA-TA (all syllables are open).

2. English and French differ in the way they link their consonants to vowels and form syllables. English tends to have many closed syllables whereas French prefers to have as many open syllables as possible. Compare the syllabification of the words city-cité, animal-animal, disorganized-désorganisé in the following transcriptions.

English	French
/sIt-iʲ/	/si-te/
/æn-ɨ-məl/	/a-ni-mal/
/dIs-ɔɚ-gən-ɑʲzd/	/dᵉ-zǫR-ga-ni-ze/

The general rule of syllable division in spoken French is as follows.

a) A single consonant between two vowels belongs to the second vowel.
   a-rri-ver, fi-nir, fi-dé-li-té
b) The combination of a consonant + /R/, /l/, or + a semiconsonant belongs to the following vowel.
   sou-ffrir, pa-trie, sa-bleux, a-ssem-blée
   i-ni-tier, tra-dui-sez, é-chouer
c) In other combinations of two consonants, the first consonant belongs to the preceding vowel, and the second to the following vowel.
   par-tir, ré-sul-ter, ac-cep-ter

1.4 Interferences[2]

One of the sources of pronunciation errors by native speakers of American English is due to their subconscious attempt to transfer the rhythmic, melodic, and articulatory habits of English to French. For correct pronunciation of French, articulate each vowel clearly, keeping it even in length and in muscular tension, except for the last syllable. In the last syllable, the vowel must be longer, but not louder than the others. Avoid typical pronunciation errors described below.

1. Transferring the stress system of English (extra loudness) to that of French (lengthening), resulting not only in misplaced stress but also in a heavy American accent: médicāl pronounced like mEdical, passiōn like pAssion, monumēnt like mOnument, éducatiōn like educAtion; vous parlēz as *vous parlEz, la voitūre as *la voitUre, j'en ai dēux as *j'en ai dEUx, il arrīve as *il arrIve.

2. Transferring the primary and secondary stress system of English to French, resulting in a "sing-song" pattern of stress alternation instead of a steady, staccato rhythm: civilisatiōn articulated as *cIvilisatiON, internationāl as *InternationAl, mélodramatīque as *mElodramatIque, à Aix-en Provēnce as *à AIx-en-ProvENce, en Normandīe as *en NOrmandIe.

3. Not articulating unstressed vowels with equal prominence and clarity, so that some of the vowels either become blurred or are dropped: continent as *cont(i)nent, télévision as *tél(é)vision, fatalité as *fatal(i)té, régiment as *rég(i)ment, exagération as *exag(é)ration. This kind of mispronunciation will often result in loss of distinction between pairs of words and phrases such as réciter-rester, je l'attends-je l'entends, il l'émet-il l'omet, il le permettait-il le promettait, elle les croit-elle la croit.

4. Dividing a word in such a way that open syllables becomes closed: *mal-a-droit instead of ma-la-droit, *mill-ionn-airé instead of mi-llio-nnairé, *dés-a-ccord instead of dé-sa-ccord, *dés-astré instead of dé-sastré.

---

[2]As mentioned earlier (pp.ii, 12), we list under Interferences typical cases of mispronunciation that are due not only to interference from English but also to inconsistency in the French orthographic or phonological system. The latter will become more evident when individual sound segments are discussed in later lessons.

Leçon 1
Egalité syllabique
Place de l'accent

PRATIQUE

Prise de conscience auditive

1. Ecoutez et comparez:

liberté	liberty	liberté
égalité	equality	égalité
fraternité	fraternity	fraternité

2. Ecoutez, et notez la place de l'accent: c'est-à-dire, quelle syllabe, dans chaque mot, est "en relief", plus forte, et/ou plus haute?

cité	city	cité
nation	nation	nation
local	local	local
tonique	tonic	tonique

    Vous remarquerez que, dans les mots français, c'est toujours la dernière syllabe qui est plus <u>haute</u> et plus <u>longue</u>; elle n'est pas plus forte que les autres.

3. Ecoutez et comparez: vous pouvez prévoir le rythme des mots français.

    <u>Mots de 3 syllabes</u>:

charity	charité
emotion	émotion
capital	capital
idyllic	idyllique

    <u>Mots de 4 syllabes</u>:

activity	activité
education	éducation
occidental	occidental
photographic	photographique

    Dans les mots français:
    --toutes les syllabes sont égales en force,
    --la dernière est plus haute et plus longue,
    --les autres sont égales en longueur et au même niveau.
    Ecoutez encore:

    <u>Mots de 5 syllabes</u>:

possibility	possibilité
civilization	civilisation
international	international
melodramatic	mélodramatique

    Note: dans une phrase, la dernière syllabe d'un mot qui est immédiatement avant un point ou un point-virgule n'est pas plus haute, mais plus basse que les autres.

Prise de conscience rythmique

** 4. Lisez cette liste de noms de quelques états américains, <u>comme un Français</u> le ferait; écoutez la confirmation, puis répétez d'après ce modèle en rectifiant votre rythme si c'est nécessaire.

3 syllabes: le Texas -- le Vermont -- la Floride -- la Louisiane --
l'Alaska

4 syllabes: le Michigan -- le Nevada -- la Virginie -- l'Oklahoma --
l'Alabama

5 syllabes: le Colorado -- le Minnesota -- le Mississippi --
la Pennsylvanie -- la Californie

Notez les genres: tous les états américains sont masculins, excepté
la Californie, les deux Carolines, la Floride, la Georgie, la Louisiane, la Pennsylvanie et la Virginie.

Exercices d'apprentissage

* 5. Ecoutez et répétez les mots suivants en respectant les coupes sylla-
biques. Attention: ces mots seront dits par <u>addition régressive</u>
('backward build-up').
<u>exemple</u>: cal -- na-cal -- mo-na-cal

<u>Mots en -al</u>		<u>Mots en -té</u>	
<u>2 syllabes</u>:	total	<u>3 syllabes</u>:	la cité
	mental		la beauté
<u>3 syllabes</u>:	médical	<u>4 syllabes</u>:	la majesté
	capital		la liberté
<u>4 syllabes</u>:	fondamental	<u>5 syllabes</u>:	la divinité
	sentimental		la simplicité
<u>5 syllabes</u>:	expérimental	<u>6 syllabes</u>:	la possibilité
	international		la générosité
		<u>7 syllabes</u>:	la responsabilité
			la divisibilité

* 6. Ecoutez et répétez. Maintenant, les mots qui suivent seront dits par
<u>addition progressive</u>.
<u>exemple</u>: ba -- ba-nal -- banal

<u>Mots en -al</u>		<u>Mots en -tion</u>	
<u>2 syllabes</u>:	banal	<u>3 syllabes</u>:	la nation
	final		la passion
<u>3 syllabes</u>:	conjugal	<u>4 syllabes</u>:	la profession
	nominal		la récession
<u>4 syllabes</u>:	monumental	<u>5 syllabes</u>:	la corporation
	grammatical		la révolution
<u>5 syllabes</u>:	architectural	<u>6 syllabes</u>:	la pacification
	transcontinental		la classification

* 7. Répétez les mots qui suivent; respectez l'égalité syllabique. Les
mots sont en progression, chacun a une syllabe de plus que le mot
qui précède.

Mots en -té	Mots en -ique
thé	pique
cité	hippique
unité	olympique
utilité	téléscopique
université	hydrothérapique
universalité	

* 8. Attention: dans les listes de mots qui suivent:
-les dernières syllabes ne sont plus identiques,
-le timbre de certaines voyelles change en passant d'un contexte
à un autre.
Imitez soigneusement le modèle.

métro	musique	écho /ekol/
métropole	musicaux	économe
métropolite	musicomane	économie
métropolitain	musicomanie	économiser

9. Adjectif → Nom. Pour faire le nom, ajoutez l'article la et la
terminaison -ité.
exemple:

    vous entendez: fatal
    vous dites: la fatalité

banal -- lucide -- fidèle -- fragile -- timide -- solide --
national -- sentimental

10. Nom → Adjectif. Pour faire l'adjectif, supprimez l'article et
ajoutez la terminaison -tal.
exemple:

    vous entendez: le continent
    vous dites: continental

l'occident -- le régiment -- l'instrument -- le gouvernement --
le département

Ici, ajoutez la terminaison -ique.

la bible -- le symbole -- la période -- le gastronome --
le téléphone -- le philosophe

11. Verbe → Nom. Pour faire le nom, remplacez on par l' et ajoutez la
terminaison -ation.
exemple:

    vous entendez: on agite
    vous dites: l'agitation

on accuse -- on éduque -- on imagine -- on assimile -- on alimente --
on exagère -- on administre

12. Adjectif féminin → Adverbe. Pour faire l'adverbe, ajoutez la terminaison -ment.
exemple:

vous entendez: longue
vous dites: longuement

fausse -- sage -- légale -- parfaite -- amicale -- malheureuse -- philosophique -- universelle

13. Première personne du singulier → Deuxième personne du pluriel. Remplacez je par vous et ajoutez la terminaison -ez.
exemple:
vous entendez: je chante
vous dites: vous chantez

je mange -- je danse -- je dessine -- je bavarde -- je communique -- je récapitule

14. Situation: une manifestation politique. Le chef du mouvement parle, vous répétez ce qu'il dit en utilisant nous à la place de je.
exemple:
vous entendez: je passe
vous dites: nous passons

je chante -- je défile -- je réclame -- je manifeste -- je revendique -- je généralise -- je systématise

* 15. Lisez les mots suivants en respectant l'égalité syllabique. Vérifiez le nombre des syllabes rapidement des yeux avant de lire chaque mot à haute voix. Répétez après le modèle.

un américain -- le champagne -- un cigare -- la radio -- un appartement -- l'avant-garde -- une multiplication -- le désert -- l'aspirine -- le Pacifique -- un artiste -- le garage -- la république -- un animal -- une cigarette -- mademoiselle -- une banane -- la phonétique

Extension du groupe rythmique

* 16. Mots composés. Répétez après le modèle le mot simple, puis le mot composé. Attention: la syllabe accentuée est toujours la dernière du groupe.

un ciel/un gratte-ciel -- un bas/un bas-bleu -- un sourd/un sourd-muet -- un cou/un casse-cou -- un pot/un cache-pot -- un porc/un porc épic -- un jour/un abat-jour -- un volant/un cerf-volant -- un oiseau/un oiseau-mouche

* 17. Adjectif + Nom. Situation: un roman passionnant. Quelle que soit la place de l'adjectif, la syllabe accentuée est toujours la dernière du groupe. Répétez après le modèle.

une intrigue, une intrigue policière,
uné blonde, une blonde incendiaire,
un amoureux, un amoureux transi,
un séducteur, un vil séducteur,
des robes, des robés dernier-cri,
un décor, un décor de rêve,
un hôtel, un hôtel de luxe,
uné voiture, uné voiture américaine,
uné poursuite, uné follé poursuite,
une passion, uné grandé passion,
des péripéties, de nombreuses péripéties,
et un dénouément, et un dénouément tragique.

18. Chiffres. Situation: les millionnaires. Lisez les réponses données
en respectant l'égalité syllabique et la place de l'accent.

Avez-vous une piscine?	J'en ai une. (3 syll.)
Avez-vous une robe?	21. (5 syll.)
	31. (5 syll.)
Avez-vous une perle?	J'en ai 51. (6 syll.)
	81. (6 syll.)
Avez-vous un château?	J'en ai un. (3 syll.)
Avez-vous un cheval?	41. (6 syll.)
	61. (6 syll.)
Avez-vous un diamant?	J'en ai deux. (3 syll.)
	32. (4 syll.)
	42. (5 syll.)
	92. (6 syll.)

I* 19. Dialogue: le coup de téléphone

Première partie

Dupont-- Bonjour, cher ami! Félicitations!

Lenoir-- Merci de ta cordialité.

Dupont-- J'ai appris ta nomination...

Lenoir-- Un avancement automatique...

Dupont-- ...à la direction départementale...

Lenoir-- Une lourde responsabilité.

Dupont-- ...des Postes et Télécommunications.

Deuxième partie

Lenoir-- Rapidité et efficacité: voilà ma mission.

Dupont-- J'ai voulu te téléphoner...

Lenoir-- Tu as eu des difficultés?

Dupont-- Des difficultés? Une impossibilité...totale!

Lenoir-- Fais une réclamation à l'administration.

Dupont-- Ma réclamation, la voilà!

(Il prend le téléphone, et en donne un coup à son ami.)

I* 20.   <u>Lecture</u>.   Extrait de la Constitution de la République française.

    Titre premier: de la souveraineté
    Article deux: La France est une République indivisible, laïque,
    démocratique et sociale.
      Elle assure l'égalité devant la loi
de tous les citoyens sans distinction d'origine,
de race ou de religion.
      Elle respecte toutes les croyances.
      L'emblème national est le drapeau tricolore,
bleu, blanc, rouge.
      L'hymne national est la "Marseillaise".
      La devise de la République est:
    "Liberté, Egalité, Fraternité".
      Son principe est: gouvernement du peuple,
par le peuple et pour le peuple.

2. LES ENCHAÎNEMENTS CONSONANTIQUES LES LIAISONS OBLIGATOIRES

PROFIL

2.1 Open and Closed Juncture

1. As we mentioned in 1.3, a syllable consists of a vowel as its nucleus with one or more consonants attached before and/or after the vowel. The transitional point between any two sound segments is called a juncture, and there are two types of juncture in English and French. One is called open juncture, and it refers to a situation where there is a slight pause or break between two contiguous sound segments, as between the /t/ and /r/ of eat right. The other, closed juncture, describes a situation where two segments are closely linked together without any pause, as between the /t/ and /r/ of trite. Examine the underlined consonant and vowel sounds in the following pairs of phrases. In the first phrase of each pair, there is a slight break between the two sound segments, shown by the open juncture sign (+). In the second, there is closed juncture and the two sound segments are smoothly linked together.

night rate /t+r/	nitrate /tr/
ice cream /s+k/	I scream /sk/
an aim /n+eʲ/	a name /neʲ/

2. In English, open juncture occurs commonly between words, and it helps preserve word boundaries within a phrase. On the other hand, open juncture occurs in French between phrases rather than between words. Within a phrase, all sound segments are linked together, i.e., closed juncture is used, so that word boundaries are no longer observed. As a result, words and phrases like the following are pronounced alike, and can be distinguished only in written language.

/lavwar/	lavoir, l'avoir, la voir
/kilɛkut/	qui l'écoute, qu'il écoute
/elɛgɑ̄/	élégant, et les gants

Closed juncture gives rise to many homonymous expressions in French. A number of riddles are based on this phenomenon, as we illustrate below.

De quelle couleur est le tiroir quand il n'est pas fermé?
--Il est tout vert. (Il est ouvert.)
Pourquoi les bœufs ne vont-ils pas à l'église?
--Parce qu'il ne sont pas des veaux. (...dévots)

Quelle est la fontaine qui donne la meilleure eau?
--La fontaine Dauphine. (...d'eau fine)

Closed juncture and the subsequent loss of word boundaries within a phrase is what makes French articulation sound "smooth"; yet that is precisely what makes the auditory comprehension of French so difficult for many beginning learners. A sentence like Paul adore Anne, where linking of pronounced consonants is shown by the sign (⌣), is pronounced something like Pau-la-do-r(∉)Ann∉ rather than Paul + ador∉ + Ann∉. Michel est ici is pronounced Mi-che-les-ti-ci rather than Michel + est + ici. Note in both of these examples that the syllabic divisions no longer coincide with word boundaries.

2.2 Liaisons Obligatoires

1. Closed juncture between two sound segments is called linking (enchaînement), as in il arrive, avec eux, fer à repasser. In French, word-final consonants are usually silent, except, in most cases, in "small" words ending in -c, -f, -l, -r (avec, sec, neuf, œuf, sel, seul, fer, mer). But within a phrase, final consonants that are normally silent may be pronounced when they are followed by a word beginning with a vowel sound. This phenomenon is called liaison (from the verb lier, 'to link'). A final consonant in liaison is pronounced as though it were the first sound of the next syllable, that is, with closed juncture: vous avez is pronounced /vu-za-ve/ rather than */vuz-a-ve/, and dans un hôtel is /dã-zɛ̃-nǫ-tɛl/ rather than */dãz-ɛ̃-ǫ-tɛl/. As you have noted in the examples in this section, liaison is indicated by (⌣), while linking is shown with (⌣). Compare the use of the two markers as shown below.

liaison	enchaînement
ils arrivent	il arrive
de vieux arbres	un vieil arbre
un grand ami	une grande amie

2. Consonants most frequently involved in liaison are /z/, /t/, and /n/.[1] The following pronunciation changes occur.

a) Orthographic -s and -x are pronounced /z/.
    les amis /le-za-mi/, deux amis /dø-za-mi/
b) Orthographic -d is pronounced /t/.
    grand hôtel /gRã-tǫ-tɛl/, attend-il? /a-tã-til/

---

[1]Other consonants are /R/ (premier étage) and /p/ (trop aimable). The orthographic -g is pronounced /k/ in formal speech (sang impur), although, in colloquial French, liaison with -g is avoided or pronounced /g/: long été /lõ-ǫ-te/, /lõ-gǫ-te/. The /f/ of neuf is pronounced /v/ in linking before ans and heures only: neuf ans /nœ-vã/, neuf heures /nœ-vœR/, but neuf élèves /nœ-ve-lɛv/, neuf enfants /nœ-fã-fã/.

c) Orthographic -n after a nasal vowel is pronounced /n/, and the nasal vowel becomes an oral vowel except in monosyllabic determiners,[2] adverbs, and prepositions.

ancien ami /ɛ̃-sje-na-mi/, bon ami /bɔ-na-mi/;
mon ami /mɔ̃-na-mi/, bien aimé /bjɛ̃-nɛ-me/, en avion /ɑ̃-na-vjɔ̃/

3. Liaison is a "fossilized" remnant of Old French, in which all final consonants were pronounced. Pronounced final consonants began to be dropped by the fifteenth century, except words that are in close syntactic link. The net result is that in Modern French, the final consonants are "preserved" only after determiners, pronouns, prenominal adjectives, and a few other cases. The observance of liaison cannot be entirely reduced to simple rules, for it often depends on the individual speaker and the style or level of speech. The general tendency of most speakers is to use more liaisons in formal situations and fewer liaisons in informal speech. On the whole, fewer liaisons are made today than twenty or thirty years ago.

Regardless of such individual and situational variations, there are liaisons that most speakers do maintain (liaisons obligatoires), and those that they never make (liaisons interdites). Here is a summary of cases where liaison is always made.

a) After a determiner
un enfant, des amis, les anciens facteurs
mon ami, ces autres livres, quels arbres
b) Before or after a pronoun
vous arrivez, je les ai, ils en ont
arrivent-ils?, allez-y, manges-en[3]
c) After a prenominal adjective
bon ami, grand hôtel, petits enfants, gros homme
d) After a monosyllabic preposition
en avion, dans un livre, chez elle, sous un arbre
e) After some monosyllabic adverbs[4]
très important, plus intéressant, bien avancé
f) After est[5]
il est étudiant, c'est impeccable, elle est ici

In terms of International French, you may consider it "safe" if you always observe liaison in the cases cited above and not use it in other syntactic positions. Liaisons interdites will be discussed in 21.3 (pp. 268-269).

---

[2]Determiners (déterminants) are the definite and indefinite articles, and possessive, interrogative, and demonstrative adjectives. They always precede the nouns they modify, and are mutually exclusive in use.
[3]Verbs whose infinitive ends in -er drop the -s of the tu form of the imperative except when it is followed by y or en: n'y pense pas, pense à cela, but penses-y; n'en mange pas, mange-les, but manges-en.
[4]Liaison is optional after pas, trop, fort.
[5]Liaison after other conjugated forms of être is optional.

2.3 Interferences

In order to improve listening comprehension and pronunciation, it is important for you to understand the tendency of French toward open syllabification and closed juncture within all the phrases. The net result of this phenomenon is that syllabic divisions of spoken French do not always match the word boundaries of written French. In fact, an illiterate person might not know where a word ends and another begins. Children may say /zwazo/ indiscriminately for oiseaux, even after quatre, cinq, sept, etc., because oiseaux is often preceded by words having /z/ in liaison: des, les, mes, vos, ces, quels, deux, trois, and so on. In pronouncing French, you must try to "push forward" any pronounced consonant to the beginning of the next vowel, and create as many open syllables as possible. Always observe the liaisons obligatoires. Avoid the following types of errors in doing the pronunciation exercises.

1. Attempting to preserve word boundaries within a phrase by in-serting a slight pause (open juncture) after each word: Paul est là as */pɔl+ɛ+la/ instead of /pɔ-lɛ-la/, quatre ans as */katR+ɑ̃/ instead of /ka-tRɑ̃/, avec elle as */avɛk+ɛl/ instead of /a-vɛ-kɛl/, une amie as */yn+ami/ instead of /y-na-mi/.

2. Making a similar attempt as above in liaison, resulting in wrong syllabic divisions: vous arrivez */vuz-a-Ri-ve/ instead of /vu-za-Ri-ve/, on en a */ŏn-ɑ̃n-a/ instead of /ŏ-nɑ̃-na/, c'est étonnant */sɛt-ɛ-tɔ-nɑ̃/ instead of /sɛ-tɛ-tɔ-nɑ̃/, en Italie */ɑ̃n-i-ta-li/ instead of /ɑ̃-ni-ta-li/.

3. Failing to observe the minimal liaison required in normal con-versation: en août */ɑ̃-u/ rather than /ɑ̃-nu/, mon ange */mŏ-ɑ̃ʒ/ rather than /mŏ-nɑ̃ʒ/, ils en ont */il-zɑ̃-ŏ/ rather than /il-zɑ̃-nŏ/, c'est étrange */sɛ-ɛ-tRɑ̃ʒ/ rather than /sɛ-tɛ-tRɑ̃ʒ/.

4. Confusing /s/ and /z/, the latter from liaison, as in ils s'allument /s/, ils allument /z/; elle s'ennuie /s/, elles ennuient /z/; nous savons /s/, nous avons /z/; il s'aime /s/, ils aiment /z/; ils cèdent /s/, ils aident /z/.

ils sont

ils ont

Leçon 2
Enchaînements consonantiques
Liaisons obligatoires   **PRATIQUE**

Prise de conscience auditive

1. Ecoutez et comparez:

> l'avion arrive: il arrive
> les avions arrivent: ils arrivent
> il arrive/ils arrivent
>
> l'hôtesse entre: elle entre
> les hôtesses entrent: elles entrent
> elle entre/elles entrent
>
> il arrive, elle arrive: enchaînement consonantique
> les avions, les hôtesses, ils arrivent, elles arrivent: liaison

2. Ecoutez et notez les enchaînements consonantiques et les liaisons là
    où ils ont lieu.

> Pierre écoute.   Il écoute.   L'étudiant écoute.
> Les étudiants écoutent.   Ils écoutent.
>
> Vous êtes aimable.   Vous êtes très aimable.
> Vous êtes bien aimable.   Vous n'êtes pas aimable.
>
> Nous avons un ami.   Nous avons une amie.   Nous avons des amis.
>
> C'est un ami.   C'est une grande amie.   C'est un grand ami.
> Ce sont de grands amis.
>
> Quand arriverez-vous?   Quand est-ce que vous arriverez?
> J'arriverai quand elle voudra.
>
> J'ai une orange.   J'ai deux bananes.   J'ai deux oranges.
> J'ai deux chats.   J'ai six enfants.
>
> Cet étudiant était absent.   Cette étudiante était absente.
> Ces étudiants étaient absents.

Clé: p.34

Prise de conscience articulatoire

* 3. Répétez les phrases suivantes en séparant nettement les syllabes;
    puis une deuxième fois de façon normale en imitant le modèle.
    La consonne de liaison ou d'enchaînement est dite au début de la
    syllabe qui suit.

> une amie -- un ami -- des amis
> elle écoute -- il écoute -- ils écoutent
> douze œufs -- deux œufs -- dix œufs
> pour Anne -- par Anne -- avec Anne -- sans Anne
> un avion -- des avions -- un petit avion -- un bel avion --
> neuf avions -- quatre avions

* 4.   Lisez chaque phrase par syllabes; puis redites-la de façon normale.

Un homme étrange arrive à Lille en avion.
Des hommes étranges arrivent à Lille en avion.

Exercices d'apprentissage

Première partie: groupe du verbe

** 5.   Vous répondrez aux questions en utilisant la forme polie vous.   N'oubliez pas la liaison.
   exemple:
   vous entendez: J'arrive?
   vous dites: Vous arrivez.

   J'accepte?   J'attends?   J'ouvre?   J'écoute?   J'entre?
   J'éternue?
                                 ouvrez

** 6.   Transformez les phrases négatives en phrases affirmatives.
   exemple:
   vous entendez: nous n'aimons pas
   vous dites: nous aimons

   nous n'entendons pas -- nous n'écrivons pas -- nous n'insistons pas
   -- nous n'espérons pas -- nous n'oublions pas -- nous n'hésitons pas

7.   Situation: le mal court.   Répétez la phrase modèle en utilisant les
   substitutions données.   Faites bien les liaisons et l'enchaînement
   consonantique.

   a) Ils ont faim.   b) Elles ont mal au cœur.
          soif.   au ventre.
          chaud.   au pied.
          froid.   à la tête.
          sommeil.   à la main.
          peur.   à la jambe.
          honte.   à l'œil.
          tort.   à l'oreille.
          raison.   à l'âme.

8.   Donnez le pluriel des verbes suivants en ajoutant par insertion, la
   consonne de liaison.
   exemple:
   vous entendez: il entre
   vous dites: ils entrent

   il arrive -- il écoute -- il hésite -- il espère -- il inspecte
   -- il exige
   elle enseigne -- elle avance -- elle ordonne -- elle achète
   -- elle invite -- elle insiste

** 9.   Lisez les phrases suivantes en faisant la liaison après on, puis
   relisez-les en ajoutant le pronom en.
   exemple:

vous entendez: on a
vous dites: on a, on en a

on attend -- on achète -- on apporte -- on équipe -- on utilise
-- on impose -- on entend -- on emporte

Enchaînement consonantique avec le pronom **en**

10. Situation: <u>des vies différentes</u>. Transformez les phrases en remplaçant le complément du verbe par le pronom <u>en</u>.

a) <u>Une vie dorée.</u>
vous entendez: Il joue du violon.
vous dites: Il en joue.

Il mange du caviar.   Il parle de son château.
Il vend des tableaux. Il fait des voyages.
Il boit du champagne. Il jouit de cette vie.

b) <u>Une vie difficile.</u>
vous entendez: Elle manque d'argent.
vous dites: Elle en manque.

Elle change d'emploi.   Elle doute de sa chance.
Elle demande des secours. Elle dépend de l'aide publique.
Elle rougit de sa misère. Elle souffre de cette vie.

Liaison après le verbe à l'impératif singulier

** 11. Répondez aux propositions suivantes par les phrases données.
exemple:
vous entendez: Des gants?
vous dites: Mets-en.

Du pain? Manges-en.   Du vin? Bois-en.   Des plaisirs?
Goûtes-en.   De l'aspirine? Prends-en. Du bistro? Sors-en.

exemple:
vous entendez: Dehors?
vous dites: Vas-y.

Chez toi? Cours-y.   Et là? Entres-y.   En bas? Descends-y.
En haut? Montes-y.   Au lit? Restes-y.

/s/-/z/

* 12. Répétez les paires de verbes qui suivent en distinguant bien la liaison /z/ de la consonne /s/.
exemple: ils sont/ils ont
          /s/   /z/

ils sont passés/ils ont passé -- vous sautez/vous ôtez --
nous savons/nous avons -- elles cèdent/elles aident --
vous serrez/vous errez -- nous salons/nous allons

ils s'allument/ils allument -- ils s'abritent/ils abritent --
ils s'ouvrent/ils ouvrent -- ils s'ennuient/ils ennuient --
ils s'agitent/ils agitent -- ils s'emportent/ils emportent

<u>Deuxième partie</u>: <u>groupe du nom</u>

* 13. Répétez les séries de noms qui suivent en faisant les changements indiqués.
<u>exemple</u>:   un ange -- mon ange -- des anges -- de beaux anges

      ami
      enfant
      oncle
      éléphant
      étudiant
      Américain

14. Voici une série de petits noms tendres. Lisez-les en faisant la liaison quand il le faut.

   mon chat -- mon ange -- mon chou -- mon étoile -- mon idole --
   mon oiseau -- mon lapin -- mon amour -- mon âme -- mon cœur

** 15. <u>Situation</u>: <u>je pars en voyage</u>. Répétez la phrase en faisant les substitutions données. Attention de bien articuler le R d'enchaînement.

   Je pars en voyage. Répétez.
      en France.
      en Russie.
      en Belgique.
      en Chine.
      au Pérou.
      au Chili.
      au Canada.
      au Sénégal.
      à Détroit.
      à Montréal.
      à Londres.
      à Paris.

16. <u>Situation</u>: <u>départ en vacances</u>. Répondez aux questions, en faisant la liaison après <u>en</u> lorsqu'elle est nécessaire.

a) Où irez-vous?   b) Quand?   c) Comment?
   En France.   En janvier.   En avion.
    Irlande.   mars.   train.
    Belgique.   avril.   bateau.
    Allemagne.   mai.   autobus.
    Espagne.   août.   bicyclette.
    Italie.   septembre.   moto.
    Pologne.   octobre.   autocar.

17. L'emploi de <u>très</u> et <u>tout à fait</u>.

**   a) Répétez les phrases suivantes et redites-les en insérant l'adverbe <u>très</u> avant l'adjectif.
   <u>exemple</u>:
    <u>vous entendez</u>: c'est aimable
    <u>vous dites</u>: c'est très aimable

c'est habile -- c'est utile -- c'est adroit -- c'est agréable --
c'est agaçant -- c'est ennuyeux -- c'est intelligent --
c'est important -- c'est intéressant -- c'est étrange

**   b) Avec les adjectifs suivants, on n'utilisera pas <u>très</u> mais <u>tout
à fait</u> et il n'y aura pas de liaison après <u>fait</u>.
<u>exemple</u>:
     <u>vous entendez</u>:   c'est idiot
     <u>vous dites</u>:   c'est tout à fait idiot

c'est admirable -- c'est adorable -- c'est étonnant --
c'est inutile -- c'est extraordinaire -- c'est impossible

/t/-/d/

* 18. Répétez les paires suivantes en distinguant bien la liaison en /t/
de la consonne d'enchaînement /d/.
<u>exemple</u>:   un grand ami/une grande amie
           /t/   /d/

un grand élève/une grande élève
un grand artiste/une grande artiste
un grand aîné/une grande aînée
un grand aide/une grande aide
un grand ours/une grande ourse
un grand égoïste/une grande égoïste
un grand ennemi/une grande ennemie

<u>Troisième partie</u>:   <u>phrases</u>

19. Répondez aux questions en suivant le modèle. Le pronom personnel sera
<u>elle</u>, <u>elles</u> ou <u>eux</u>. Faites bien les enchaînements.
     Avec qui fait-elle du tennis?
       Avec sa sœur?   Elle en fait avec elle.

       Avec sa cousine?
       Avec ses frères?
       Avec ses oncles?
       Avec ses tantes?
       Avec ses cousins?
       Avec sa nièce?
       Avec ses neveux?

**20. <u>Situation</u>: <u>quelle heure est-il?</u> Lisez les heures données ci-dessous
en faisant nettement les enchaînements et les liaisons. Surveillez
particulièrement la qualité des <u>R</u> qui doivent être bien articulés
et très audibles.

1h 1/4   Il est une heure et quart.
    1/2   et demie.
4h 1/4   Il est quatre heures et quart.
    1/2   et demie.
7h 1/4   Il est sept heures et quart.
    1/2   et demie.

9h 1/4   Il est neuf heures et quart.
/v/

1/2   et demie.

11h 1/4   Il est onze heures et quart.
1/2   et demie.

2h 1/4   Il est deux heures et quart.
1/2   et demie.

3h 1/4   Il est trois heures et quart.
1/2   et demie.

5h 1/4   Il est cinq heures et quart.
1/2   et demie.

6h 1/4   Il est six heures et quart.
1/2   /z/   et demie.

8h 1/4   Il est huit heures et quart.
1/2   et demie.

10h 1/4   Il est dix heures et quart.
1/2   /z/   et demie.

I* 21.   **Dialogue:**   __duo d'opéra, avec chœur__

Elle-- Mon ange, mon bel ange, mon cher ange...

Lui-- Mon enfant, ma douce enfant, ma tendre enfant...

Elle-- Je vous aime avec ardeur!

Lui-- Je vous adore avec exaltation!

Elle-- Sans amour, l'existence est amère...

Lui-- Sans espoir, on a peine à survivre...

Elle-- Ah! quel étrange amour, cet amour, notre amour!

Lui-- Oh! quelle aimable idylle, cette idylle, notre idylle!

Elle-- Nous nous aimons, mais le monde est hostile!

Le chœur-- Vous vous aimez: la ville est aux aguets.

Elle et lui-- Partons ensemble et pour toujours!

Le chœur-- Partez ensemble et pour toujours!

Elle et lui-- Pour une éternité!

Le chœur-- Pour une éternité! Adieu!

I* 22.   **Poème:**   __pour la bonne année__

Pour la bonne année,
Que donnerai-je à mon ami(e)?
       Quatre oranges.
       Sept œillets.
       Neuf anneaux d'or.
       Onze hirondelles.
       Douze arcs-en-ciel.
       Treize étoiles filantes.

Pour la bonne année,
Que me donnera mon ami(e)?
                    Deux oranges.
                    Trois oeillets.
                    Cinq anneaux d'or.
                    Dix hirondelles.
                    Huit arcs-en-ciel.
                    Vingt éléphants blancs.
            Et cent années de bonheur.

Clé

Pierre écoute.   Il écoute.   L'étudiant écoute.
Les étudiants écoutent.   Ils écoutent.

Vous êtes aimable.   Vous êtes très aimable.
Vous êtes bien aimable.   Vous n'êtes pas aimable.

Nous avons un ami.   Nous avons une amie.   Nous avons des amis.

C'est un ami.   C'est une grande amie.   C'est un grand ami.
Ce sont de grands amis.

Quand arriverez-vous?   Quand est-ce que vous arriverez?
J'arriverai quand elle voudra.

J'ai une orange.   J'ai deux bananes.   J'ai deux oranges.
J'ai deux chats.   J'ai six enfants.

Cet étudiant était absent.   Cette étudiante était absente.
Ces étudiants étaient absents.

3. LE E CADUC /ə/

PROFIL

3.1 Articulation

1. The vowel in the last word of <u>mangez-le</u> is represented by the phonetic symbol /ə/. As shown in Chart 5 of the Preliminary Study (p.8), phonetically it is a front rounded vowel, with a tongue height inter- mediate between /ø/ and /œ/; in other words, it is close to the vowel in <u>veut</u>, <u>deux</u>, or that in <u>jeune</u>, <u>seul</u>. Round your lips and protrude them as for the pronunciation of <u>veut</u>. The tip of the tongue is kept behind the lower incisors. Insufficient rounding of lips or excessive opening of the jaw will result in /e/ or /a/, from which /ə/ is very distinct, as in <u>le tour-la tour-les tours</u> and <u>le maire-la mer-les mères</u>. Do not place stress or lengthen the vowels in the articles of these words in an attempt to distinguish them; they are lengthened only if they are used as object pronouns and occur at the end of a rhythmic group, as in <u>mange-le</u>, <u>prends-la</u>, <u>achète-les</u>.

2. The French /ə/ may seem similar to the English vowel [ʌ] in <u>but</u>, <u>cut</u> or the unstressed vowel [ə] in <u>above</u>, <u>support</u>, <u>sofa</u>. You will see in Chart 5 that these English vowels are central, pronounced in the area between the palate and the velum. They are allophones of the same pho- neme, [ʌ] occurring in stressed syllables and [ə] in unstressed ones. The French /ə/ must be pronounced firmly with the tongue in front, the lips rounded, protruding slightly, and the muscles tense. It should be just as long and clear as the surrounding unstressed vowels.

3.2 Orthographic Representation

The usual spelling for /ə/ is <u>e</u>:
e   <u>pe</u>ser, <u>pre</u>nons, donnez-l<u>e</u>
In some exceptional cases /ə/ is represented by other graphemes:
ai   in two-syllable forms of the verb <u>faire</u>: f<u>ai</u>sait, f<u>ai</u>sions
on   in <u>monsieur</u> /məsjø/

3.3 The "Law of Three Consonants"

1. The vowel /ə/ is called <u>e caduc</u>, <u>e instable</u>, <u>e muet</u>. The first two terms are more descriptive (<u>caduc</u> applied to plants means 'decidu- ous'); because /ə/ may or may not be pronounced in the same word, de- pending on the context. Study the phrases below, in which the pronounced /ə/ is underlined (<u>e</u>), and the deleted /ə/ is crossed out (e̸).

la pǿtitǿ chaisǿ, cettǿ petitǿ chaisǿ
la fǿnêtrǿ, la grandǿ fenêtrǿ

In general, the e caduc is retained if its deletion would cause three or
more consonants to come together. This general rule is called "la loi des
trois consonnes." In the examples above, petite and fenêtre after la are
pronounced /ptit/ and /fnɛtR/, because the deletion of /ə/ causes only
two consonants to come together: /pt/ and /fn/. On the other hand, in
the second phrase of each pair, the /ə/ is kept in order to avoid a sequence of three consonants, /tpt/ and /ɑnf/.[1] The application of the
"law of three consonants" is further illustrated in the examples below.
The transcription indicates which consonants are grouped together without /ə/, or separated with /ə/.

pansǿment	/sm/	sacrement	/kRəm/
samǿdi	/md/	vendredi	/dRəd/
donnǿrons	/nR/	donnerions	/nəRj/
facilǿment	/lm/	âprement	/pRəm/

2. The deletion or retention of the e caduc is more complicated
than the "law" above indicates. It depends on the level, style, and
rapidity of speech, stylistic emphasis, and the type of consonants that
precede or follow the e caduc. The application of the "law" and exceptions are discussed in the next section.

3.4 The Deletion and Retention of /ə/

In normal speed

1. Phrase-final e caduc is always dropped, except in the direct
object pronoun le in the affirmative imperative.

il arrivǿ, voilà la portǿ, es-tu librǿ?
lisez-le, donnǿ-le à ta sœur

foot syllable of sentence

2. Phrase-initially, the e caduc following a single consonant is
usually retained.[2]

Regardez (but Vous rǿgardez, On la rǿgardǿ)
Venez (but Vous vǿnez, Nous en vǿnons)
De quoi? (but Il sait dǿ quoi tu parlais)
Que ditǿs-vous? (but On dit quǿ Paul est là)

---

[1]The "law of three consonants" obviously does not apply to words
where there are already several consonants in succession without e
caduc: splendide /spl/, expression /kspR/, scrupule /skR/. On the other
hand, /ə/ may appear between two words if there are several consonants
even when there is no orthographic e: ours blanc /Rsəbl/.
[2]In fast colloquial French, the phrase-initial e caduc is usually
dropped as long as the initial consonant is not a stop such as /p/, /t/,
/k/, /d/.

Le cahier est là (but Où est l∅ cahier?)
T∅ dit-il ça? (but On t∅ dit ça)

However, the e caduc in je is often deleted in this position
except before /ʒ/ and /ʃ/. The consonant /ʒ/ is fully voiced before a
voiced consonant, but it becomes voiceless, /ʃ/, before a voiceless
consonant because of assimilation.

/ʒə/: Je joue, Je joins, Je cherche, Je change
/ʒ/: J∅ mange, J∅ dors, J∅ bois, J∅ vais
/ʃ/: J∅ parle, J∅ sais, J∅ tousse, J∅ fais, Je suis /ʃɥi/

3. Within a word or phrase, the e caduc is always dropped if it
is preceded by a single consonant and, as a result, its deletion causes
only two consonants to come together.

rapid∅ment, lent∅ment, env∅loppe, sauv∅tage
sous l∅ bureau, sans l∅ cahier, chez l∅ docteur
prends l∅ thé, il a d∅ bons copains, voilà sa d∅mand∅

If, however, there are two consonants preceding the e caduc, it
is retained so as not to allow three consonants to come together.

simplement, pauvrement, mercredi, gouvernement
sur le bureau, avec le cahier, pour le docteur
il me connaît, il se trouv∅, Paul ne dit rien

The e caduc of determiners, nouns, and verb endings is dropped.
If it is followed by another e caduc, the latter must be pronounced in
order to avoid a succession of three consonants.

un∅ semaine, cett∅ fenêtre, rob∅ de soie
mang∅ le gâteau, pass∅ le sucr∅, achèt∅ ce cahier

4. If the e caduc comes before a syllable beginning with a consonant + yod (/j/) combination, it must be retained.

nous serions (but nous s∅rons)
vous donneriez (but vous donn∅rez)
nous appelions (but j'app∅lais)
l'atelier (but l'att∅ler)

5. The e caduc is dropped, permitting a sequence of three consonants, if it is preceded by a single consonant and the remaining two
constitute a consonant cluster.

un r∅proch∅, un r∅frain, la r∅prise
on s∅ trouv∅, tu l∅ prends, vous r∅grett∅rez
dans c∅ train, pas d∅ fruits, plus d∅ brioches

6. In phrases containing a succession of monosyllabic words with e caduc (je, ne, me, le, etc.), if the first e caduc is retained, every other e caduc beginning with the second must be dropped. Conversely, if the first one is dropped, every other e caduc beginning with the second must be retained.

phrase initial
law of 3 cons.
law of 3 cons.

Je rédemandé du pain.   Jé redémandé du pain.
Il ne mé le rédira pas.   On né me lé redira pas.
Paul me lé redonnéra.   Vous mé le rédonnérez.

Groupes figés: with some sequences of words that occur very frequently, the pattern of retention and deletion remains invariable. Memorize these groups.

je né   jé te /ʃtə/
de né   cé que
cé né   parcé que

Je né sais pas.
test → Jé te dis qué je né sais pas cé que tu dis parcé que je né te comprends pas.
Attention de né pas tomber!

3.5 Interferences

The /ə/ is produced with the lips rounded. It is either pronounced fully like any other unstressed vowel, counting as a syllable, or dropped completely so that the consonants before and after it come into contact with each other. Main causes of pronunciation errors are due to phonetic and orthographic confusion.

1. Insufficient lip rounding. This will make the /ə/ sound like the unrounded front vowel /ę/: regardez as */RęgaRde/, atélier as */atęlje/, besoin as */bęzwɛ̃/, genou as */ʒęnu/, le crayon as */lękRęjõ/. It will often result in the loss of contrast between singular and plural nouns preceded by le/les or ce/ces as in le train-les trains, ce bruit-ces bruits.

2. Confusion of /ę/ and /ə/. Note that the /e/ in such positions is often represented by the grapheme é: réfectoire as */RəfęktwaR/, réchauffer as */Rəʃǫfe/, célèbre as */sələbR/, mélange as */məlɑ̃ʒ/, américain as */aməRikɛ̃/.

3. Confusion of /ə/ and /ę/, either caused by insufficient lip rounding, as mentioned in (1), or by an error in sound-symbol association as in (2): ressembler */Ręsãble/, remédier */Ręmędje/, prenons */pRęnõ/, crevaison */kRęvęzõ/, Grenoble */gRęnɔbl/, Montpellier */mõpęlje/.

4. Pronouncing the e caduc, either as /ə/ or /ę/, when it should be dropped: enveloppe */ãvəlɔp/, */ãvęlɔp/, appeler */apəle/, */apęle/, là-dessus */ladəsy/, */ladęsy/, amener */aməne/, */amęne/, développement */dęvələpmã/, */dęvęlǫpmã/, pas de vin */padəvɛ̃/, il me le dit */ilmələdi/,

chantera */ʃɑ̃tɛ̞Ra/, */ʃɑ̃təRa/, arriverai */aRivɛ̞Re/, */aRivəRe/.

    5. Dropping or weakening the e caduc that should be retained and pronounced fully: il me le dit */ilmldi/, elle te cherche */ɛ̞ltʃɛRʃ/, notre maison */nɔ̞tRmɛ̞zɔ̃/, probablement */pRɔ̞bablmɑ̄/, à Grenoble */agRnɔbl/, cette fenêtre */sɛtfnɛtR/, cette remarque */sɛtRmaRk/.

Leçon 3
E caduc /ə/

PRATIQUE

Prise de conscience auditive

1. Ecoutez et comparez:

> deux mains   demain   des mains

Il y a peu de différence entre deux mains et demain: ces deux premières syllabes sont dites avec les lèvres arrondies. Mais il y a
une différence nette entre demain et des mains: dans le deuxième
exemple, la syllabe des est dite avec les lèvres très écartées.

> deux, de: arrondir les lèvres
> des: écarter les lèvres

Ecoutez la différence entre le singulier et le pluriel de l'article
et autres déterminants:

> le chat   les chats
> ce chat   ces chats
> le livre   les livres
> ce livre   ces livres

et aussi:

> monsieur   messieurs

Ecoutez la différence entre le singulier et le pluriel du pronom
personnel objet:

> le chat, elle le caresse
> les chats, elle les caresse
> ce livre, elle le lit
> ces livres, elle les lit

Ecoutez et comparez:

> le livre   la livre
> le tour   la tour
> le poste   la poste

Le est dit avec les lèvres arrondies, la avec la bouche détendue et
bien ouverte. La différence de prononciation indique une différence
de genre et une différence de sens; elle est importante. Ecoutez
encore:

> le manche   la manche
> le mode   la mode
> le maire   la mère

Le même contraste est nécessaire dans l'emploi du pronom personnel
objet:

> le maire, elle le connaît
> la mère, elle la connaît
> le tour, elle le montre
> la tour, elle la montre

Dans certains mots aussi, la différence entre /e/-/ə/-/a/ dans une syllabe amène une différence de sens, par exemple:

regretter   regratter
devant   d'avant
recréer   récréer

Discrimination auditive

2. Vous allez entendre dix paires de mots. Ecoutez bien la première syllabe de chacun d'eux. Mettez alors le symbole phonétique adéquat /e/, /ə/ ou /a/ dans la case qui correspond au mot.

	1er mot	2e mot
1	/ɔ/	/ə/
2	/ɔ/	/e/
3	/e/	/ɔ/
4	/a/	/ɔ/
5	/ɔ/	/e/
6	/e/	/ə/
7	/ɔ/	/ɛ/
8	/ɔ/	/e/
9	/a/	/ɔ/
10	/ə/	/a/

/ɛ/ =

/ə/ =

/a/ =

Clé: p.49

Prise de conscience articulatoire

* 3. Les mots que vous avez entendus vont être répétés; dites-les après le modèle en exagérant les différences dans la position des mâchoires et des lèvres.
/ə/ mâchoires rapprochées, lèvres arrondies
/e/ mâchoires rapprochées, lèvres écartées (sourire)
/a/ mâchoires bien ouvertes, lèvres détendues
Répétez d'abord:

lis-le   lis-les   lis-la
le poste   les postes   la poste

Dites maintenant:

/ə/ ressembler   /a/ rassembler
/ə/ demain   /e/ des mains

Continuez, sans appuyer sur la première syllabe:

repartir -- répartir -- rapporter -- reporter
dessous -- des sous -- récréation -- recréation
devin -- des vins -- reformer -- réformer
rapprocher -- reprocher -- ressortir -- rassortir

Exercices d'apprentissage

<u>Première partie</u>: /ə/ prononcé

* 4. Répétez les mots suivants en disant bien le /ə/ prononcé; il compte
pour une syllabe entière.

mercr<u>e</u>di -- vendr<u>e</u>di -- probabl<u>e</u>ment -- peupl<u>e</u>ment --
gouvern<u>e</u>ment -- parl<u>e</u>ment -- fort<u>e</u>ment -- départ<u>e</u>ment --
appart<u>e</u>ment -- autr<u>e</u>ment -- s'il t<u>e</u> plaît

pr<u>e</u>mier -- at<u>e</u>lier -- entr<u>e</u>tien -- nous s<u>e</u>rions -- vous f<u>e</u>riez --
nous mang<u>e</u>rions

* 5. Répétez les phrases suivantes.

pass¢ <u>le</u> sel -- lanc¢ <u>le</u> disque -- sauc¢ <u>le</u> plat --
chass¢ <u>le</u> chat -- cass¢ <u>le</u> verre -- laiss¢ <u>le</u> vin --
pouss¢ <u>le</u> cri -- baiss¢ <u>le</u> cou

** 6. Formez l'adverbe en ajoutant la terminaison <u>-ment</u> à l'adjectif féminin
donné. Dans tous les cas, ici, le /ə/ sera prononcé et comptera pour
une syllabe entière.
<u>exemple</u>:
<u>vous entendez</u>:   large
<u>vous dites</u>:   largement
                  1 2 3

juste -- noble -- pauvre -- simple -- stricte -- tendre --
exacte -- probable -- abrupte -- absurde -- pénible --
paisible -- inévitable

** 7. Vous entendrez des phrases où /ə/ n'est pas prononcé; vous le rétabli-
rez dans le nouveau contexte où il est nécessaire. Il y aura chaque
fois une syllabe de plus.
<u>exemple</u>:
<u>vous entendez</u>:   la d¢ma<u>n</u>de
                  1   2
<u>vous dites</u>:   un¢ demande
                  1   2   3

la d¢meure -- la d¢moiselle -- la p¢louse -- la p¢lote --
la p¢tite -- la j¢tée -- la g¢lée -- la s¢conde -- la s¢maine --
la s¢cousse -- la c¢rise -- la f¢nêtre

la r¢cette -- la r¢vanche -- la r¢lève -- la r¢marque --
la r¢lance -- la r¢prise

** 8. Répondez aux questions en remplaçant <u>ça</u> par le pronom personnel
objet <u>le</u>. Remarquez la géminée; /l/ est ici une consonne double, il
n'y a pas de détente des muscles articulateurs entre les deux <u>l</u>.
<u>exemple</u>:
<u>vous entendez</u>:   Elle dit ça?
<u>vous dites</u>:   Ell¢ <u>le</u> dit.

        Elle fait ça?   Elle boit ça?   Il mange ça?
        Elle lit ça?   Il sait ça?   Elle veut ça?
        Il voit ça?   Elle croit ça?

9. Répondez aux questions en suivant le patron donné et en utilisant
    les noms l'un après l'autre.

**   a) exemple:
                vous entendez: Où est la gomme?
                vous dites: Avec le crayon.

                stylo -- canif -- livre -- cahier -- classeur -- compas

    Attention à l'articulation ferme de /R/ avant le dans les réponses
    qui vont suivre.

**   b) exemple:
                vous entendez: Où sont mes lunettes?
                vous dites: Sur le bureau.

                piano -- fauteuil -- tabouret -- lit -- lavabo -- buffet --
                frigo -- fourneau

        c) exemple:
                vous entendez: Pour qui est ce chèque?
                vous dites: Pour le docteur.

                boucher -- coiffeur -- dentiste -- fleuriste -- pharmacien --
                bijoutier -- couturier -- percepteur

        d) exemple:
                vous entendez: Par où passez-vous pour rentrer chez vous?
                vous dites: Par le parc.

                pont -- souterrain -- tunnel -- bois -- jardin -- raccourci --
                passage clouté

10. Répondez aux questions en suivant le patron donné.
    exemple:
                vous entendez: Qu'est-ce qu'il [dit]?
                vous dites: Il ne [dit] rien.

        Qu'est-ce qu'elle fait?   Qu'est-ce qu'il boit?
        Qu'est-ce qu'elle mange?   Qu'est-ce qu'il lit?
        Qu'est-ce qu'elle sait?   Qu'est-ce qu'il veut?
        Qu'est-ce qu'elle voit?   Qu'est-ce qu'il croit?

11. Répétez la phrase-patron en changeant les verbes.

        a) Situation: le casse-pied

                Il me gêne.

                guette -- surprend -- taquine -- dérange -- tourmente --
                fâche -- martyrise

        b) Situation: la femme fatale

Elle̸ te cherche.

voit -- veut -- parle -- charme -- comprend -- séduit --
paralyse

Deuxième partie: /ə/ supprimé

* 12. Répétez les mots suivants en supprimant complètement le /ə/.
Attention au rythme. Comptez les syllabes.

2 syllabes: same̸di -- éle̸vé -- ache̸ter -- bouche̸rie -- lente̸ment --
nous se̸rons -- vous fe̸rez -- ça se̸ra -- linge̸rie

3 syllabes: made̸moiselle -- certaine̸ment -- boulange̸rie --
charcute̸rie -- nous mange̸rons

4 syllabes: il arrive̸ra

* 13. Situation: au restaurant universitaire. Répétez les phrases suivantes. La syllabe formée par la chute du /ə/ est /mwal/.

Passe̸-moi le̸ sel. Donne̸-moi le̸ plat. Laisse̸-moi le̸ vin.
Lance̸-moi le̸ pain. Pousse̸-moi le̸ coude. Range̸-moi le̸ plateau.

/ə/ supprimé dans je:
-/ʒ/ reste sonore devant une consonne sonore (/b, d, g, m, n, v, z,
   ʒ, l, R/)
-/ʒ/ devient /ʃ/ devant une consonne sourde (/p, t, k, s, f/)
-devant /ʒ/ et /ʃ/ on préférera garder le /ə/ de je

14. Répétez:

* a) je̸ m'habitue -- je̸ m'habille -- je̸ m'imagine -- je̸ m'explique --
je̸ m'approche -- je̸ m'ennuie -- je̸ m'évanouis

je̸ viens -- je̸ bois -- je̸ mange -- je̸ dois -- je̸ guide -- je̸ range --
je̸ vous en prie
je joue

* b) je̸ passe -- je̸ fais -- je̸ casse -- je̸ tousse -- je̸ sais
je chante

** 15. a) Formez l'adverbe en ajoutant la terminaison -ment à l'adjectif
féminin. Le /ə/ ne sera jamais prononcé. Comptez les syllabes.
exemple:
vous entendez: claire
vous dites: claire̸ment
                  1   2

sûre -- bête -- folle -- riche -- franche -- lente --
certaine -- sincère -- subite -- joyeuse -- rapide --
attentive -- positive -- immédiate --
affectueuse

** b) Attention: les adjectifs qui se terminent en -ent comme ceux qui
se terminent en -ant font des adverbes en /amã/.

exemple:

<u>vous entendez:</u>   élégant
<u>vous dites:</u>   élégamment
<u>vous entendez:</u>   évident
<u>vous dites:</u>   évidemment

Continuez à faire d'autres adverbes avec les adjectifs suivants.

fréquent -- savant -- conscient -- brillant -- récent --
vaillant -- apparent

16. Répétez la phrase-patron en utilisant les mots donnés, l'un après
l'autre.

**   a) La syllabe formée par la chute du /ə/ est /plyd/:

Il n'y a plus d¢ thé.

lait -- sel -- pain -- vin -- poivre -- beurre -- viande --
café -- confiture

**   b) La syllabe formée par la chute du /ə/ est /ʃel/:

Allons chez l¢ docteur.

boucher -- boulanger -- crémier -- charcutier -- fleuriste --
voisin

**   c) La syllabe formée par la chute du /ə/ est /mwal/:

Donnez-moi l¢ bol.

vin -- pain -- sel -- poivre -- beurre -- sucre --
gâteau -- champagne

d) La syllabe formée par la chute du /ə/ est /dRɛd/:

Je voudrais d¢ l'eau.

l'huile -- l'encre -- l'air -- l'argent -- l'essence --
la soupe -- la bière -- l'aspirine

e) La syllabe formée par la chute du /ə/ est /vjɛ̃d/:

Il vient d¢ passer.

manger -- tomber -- sortir -- rentrer -- partir --
parler -- mourir

f)   Ça vient d¢ Chine.

Suède -- Belgique -- Finlande -- Colombie -- Grèce --
Bulgarie -- Russie -- Roumanie -- France

17. <u>Situation:</u> <u>en souvenir de Marie-Antoinette.</u> Répétez la phrase-
patron en utilisant les mots donnés.

Il n'y a pas dé pain, mais il y a dé la brioche.
           /pad/   /yad/

vin,	bière.
sucre,	saccharine.
beurre,	margarine.
lait,	limonade.
poivre,	moutarde.
riz, ¯	purée.
gâteau,	glace.

18. Remplacez la troisième personne par la première personne du
    singulier.

    a) exemple:
        vous entendez: il vous assure
        vous dites: jé vous assure

        il vous entend -- il vous écoute -- il vous connaît --
        il vous attend -- il vous croit -- il vous aime

    b) exemple:
        vous entendez: il va
        vous dites: jé vais

        il vient -- il pense -- il dort -- il tombe -- il descend --
        il déjeune -- il siffle -- il monte -- il rêve -- il travaille

** 19. Remplacez la première ou deuxième personne du conditionnel présent
    par la même personne du futur.
    exemple:
        vous entendez: nous serions
        vous dites: nous sérons

        nous ferions -- vous mangeriez -- nous danserions --
        vous chanteriez -- nous sauterions -- vous chasseriez --
        nous pêcherions -- vous oseriez

20. Répétez l'ordre donné sous une forme plus amicale.
    exemple:
        vous entendez: Partez!
        vous dites: Il faut qué tu partes.

        Chantez!   Dansez!   Parlez!   Mangez!   Lisez!
        Plongez!   Nagez!   Répétez!

** 21. Répondez aux questions en imitant le patron. Dans votre réponse, le
    /ə/ doit disparaître.
    exemple:
        vous entendez: Quellé demande?
        vous dites: Ta démande.

        Quelle fenêtre?   Quelle pelouse?   Quelle recette?
        Quelle remarque?   Quelle mesure?   Quelle revanche?
        Quelle petite amie?

22. Adverbes: révision. Donnez les adverbes correspondant aux adjectifs suivants; la terminaison entendue sera, selon le cas: /mɑ̃/, /əmɑ̃/ ou /amɑ̃/.

> pieuse -- vaillant -- médiocre -- amoureuse -- patient --
> constant -- charitable -- amicale -- finale -- décent

Troisième partie: groupes très fréquents et figés

Il/Ell∉ se l∉ ...

* 23. La syllabe formée par la chute de /ə/ est /səl/.
  Répétez:

> il se l∉ dit -- ell∉ se l∉ met -- il se l∉ siffle --
> ell∉ se l∉ chante -- il se l∉ jure -- ell∉ se l∉ répète --
> il se l∉ promet -- ell∉ se l∉ propose -- il se l∉ permet

Je m∉ ... et Je l∉ ...

* 24. Répétez:

> je m∉ lève -- je m∉ lave -- je m∉ rase -- je m∉ coiffe --
> je m∉ brosse -- je m∉ peigne -- je m∉ change --
> je m∉ dépêche -- je m∉ promène
>
> je l∉ dis -- je l∉ pense -- je l∉ sens -- je l∉ sais --
> je l∉ fais -- je l∉ veux -- je l∉ crois

Il est aussi possible de laisser tomber le premier /ə/: j∉ me lève, j∉ le dis. Répétez l'exercice ci-dessus.

Tu m∉ /tym/... et J∉ te /ʃtə/...

I* 25. Situation: drame passionnel. Répétez après le modèle.

Tu m∉ cherches?	J∉ te cherche.
vois?	vois.
parles?	parle.
crois?	crois.
veux?	veux.
bats?	bats.
tues?!!	tue!!

26. Répétez les phrases-patron en les mettant au négatif.

** a) exemple:
  > vous entendez: j∉ dis ça
  > vous dites: je n∉ dis pas ça
  >
  > je lis ça -- je vois ça -- je veux ça -- je vends ça --
  > je bois ça -- je mange ça -- je mets ça

** b) exemple:
  > vous entendez: je l∉ dis
  > vous dites: je n∉ le dis pas
  >
  > je le lis -- je le sais -- je le vois -- je le veux --
  > je le vends -- je le prends -- je le crois

27. Répétez la phrase-patron en changeant le verbe final.

       Jȩ suis content(e) de nȩ pas [boire].
                    /dən/

       fumer -- partir -- sortir -- conduire -- dormir -- travailler

28. Situation: <u>il n'en fait qu'à sa tête</u>. Répondez aux exclamations de surprise en imitant la réponse-patron.
exemple:

       <u>vous entendez</u>: Tu dis ça!!
       <u>vous dites</u>:   Jȩ dis cȩ que jȩ veux!

       Tu fais ça!!   Tu bois ça!!   Tu manges ça!!   Tu fumes ça!!
       Tu lis ça!!   Tu mets ça!!   Tu vends ça!!   Tu veux ça!!

I* 29. <u>Dialogue</u>: <u>brouille</u>

       Elle-- Qu'est-cȩ que tu as?

       Lui-- Je nȩ suis pas heureux.

       Elle-- Qu'est-ce qui nȩ va pas?

       Lui-- Tu ne mȩ parles plus.

       Elle-- Je nȩ te parle plus? Mais toi, tu nȩ me regardes même pas.

       Lui-- Ça alors! Je nȩ te regarde pas? C'est toi qui nȩ peux plus mȩ voir, voilà!

       Elle-- Cȩ qu'il faut entendre! Jȩ vous jure!

       Lui-- Tu nȩ me demandes plus jamais si jȩ t'aime.

       Elle-- Je nȩ te lȩ demande plus? Ne tȩ fâche pas! Voilà: est-cȩ que tu m'aimes?

       Lui-- Je nȩ sais pas. Et toi?

       Elle-- Je nȩ sais plus.

       Lui-- Redȩmande-le-moi, mais... tendrȩment.

       Elle-- Sincèrement: tu m'aimes encore un peu?

       Lui-- Probablȩment trop, c'est sûr!

       Elle-- Sûrement pas! Il faut quȩ tu m'aimes.

       Lui-- Pourquoi?

       Elle-- Je nȩ suis pas heureuse.

       Lui-- Qu'est-ce qui nȩ va pas?

       etc... etc...

Clé

1	/ə/	ressembler	/a/	rassembler
2	/ə/	demain	/e/	des mains
3	/e/	répartir	/ə/	repartir
4	/a/	rapporter	/ə/	reporter
5	/ə/	dessous	/e/	des sous
6	/e/	récréation	/ə/	recréation
7	/ə/	devin	/e/	des vins
8	/ə/	reformer	/e/	réformer
9	/a/	rapprocher	/ə/	reprocher
10	/ə/	ressortir	/a/	rassortir

4. L'INTONATION: MONTANTE ET DESCENDANTE

PROFIL

4.1 Yes/No Questions

    1. Spoken sentences are accompanied by varying pitches. The continuous melodic line that connects one pitch level to another constitutes an intonation pattern. In English, there are four important pitch levels, often indicated by numbers: (1) low, (2) medium or normal, (3) high, and (4) extra high.[1] Furthermore, pitch can be changed noticeably within a single syllable. For example, in You are going home, the intonation level is medium all the way up to the last word; then it rises within home for a question and falls for a statement.

    2. Rising intonation occurs in questions that can be answered by yes or no. Note in the examples below that the pitch level changes from 2 to 3. Keep in mind that the straight lines indicate relative pitch levels and duration but not precise pitch levels as in music. Actual intonation contour consists of smooth, continuously changing pitch levels reflecting the varying amount of air pressure against the vocal chords.

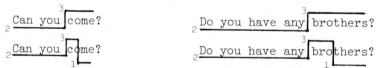

    3. Note also that in English it is possible to use a falling intonation. This is because the interrogative word order alone is sufficient to differentiate between a question and a statement.

    4. As in English, there are four important pitch levels in French. Rising intonation is used for questions that can be answered by oui or non (called questions totales). The highest pitch occurs in the last syllable, and the change in pitch level is more abrupt than in English.

     Vous partez?

---

[1]The extra high pitch occurs in English in the so-called emphatic sentence-movable stress (shown in capital letters) as in THAT was his girlfriend, That WAS his girlfriend, That was HIS girlfriend, or I said IMport, not EXport, or to show surprise and disbelief as in Really? He stayed HOME? It will not occur in the English sentences given in the subsequent examples, which illustrate normal sentence patterns.

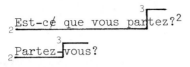

Of the three interrogative patterns shown above, the first is widely used in colloquial French; but the second one is the most often used, because its interrogative marker <u>est-ce que</u> signals more clearly than the first that the sentence is a question rather than a statement. The third pattern involving an inversion of the subject pronoun and the verb is used less often, and sounds more formal. In all the patterns, the terminal pitch is usually a little higher than in the corresponding pattern in English. Falling intonation as discussed in 4.1.3 for English does not occur in <u>oui/non</u> type questions.[3]

4.2 Information Questions

1. Information questions begin with a question word (<u>who</u>, <u>what</u>, <u>which</u>, <u>when</u>, <u>where</u>, <u>how</u>) and cannot be answered by <u>yes</u> or <u>no</u>. In English, the pitch begins at the normal level, rises on the stressed syllable, and falls to a lower level at the end.

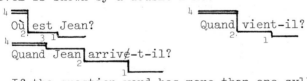

2. Information questions in French are often referred to as <u>questions partielles</u> because they bear on only one part of a full sentence, as in <u>Où est-il allé?</u> (Il est allé) au cinéma. They begin at the extra high level and assume a falling intonation pattern. Normally, a short sentence shifts pitch levels abruptly to reach the low level, whereas a longer utterance shows a more gradual pitch level change. The highest pitch level is shown by a double line.

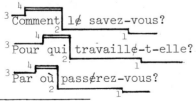

3. If the question word has more than one syllable (<u>pourquoi</u>, <u>comment</u>, <u>combien</u>), the highest pitch may occur in the last syllable. Likewise, if the question word begins with a preposition, the peak will be on the question word rather than the preposition.

[2]The first syllable of <u>Est-ce que</u> may receive a higher pitch, between levels 2 and 3.
[3]Falling intonation may occur with patterns 2 and 3, but they constitute a command rather than a simple question.

4.3 Imperative Sentences

1. In English, falling intonation is used with commands. The highest pitch occurs in the most stressed syllable.

2. French intonation pattern for commands is identical with that of information questions discussed in the preceding section. It begins at the extra high level and gradually descends to the low pitch.

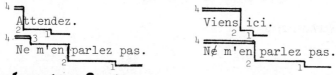

4.4 Exclamatory Sentences

1. Exclamatory sentences in English usually have the same intonation pattern as that of imperative sentences, with the high pitch occurring in the most stressed syllable.

2. Likewise, in French the intonation pattern for exclamatory sentences is identical to that used for imperative sentences. The exclamatory intonation patterns in the two languages are very different.

4.5 Declarative Sentences

1. The intonation pattern of normal declarative sentences in English is the same as the one for information questions and commands. The general pitch contour is 2-3-1, and the stressed syllable receives the high pitch.

2. French intonation pattern for declarative sentences differs considerably from that of English. In very short sentences, as long as it is not emphatic, it consists of a falling intonation, as in information questions, commands, and exclamatory sentences. But the highest pitch level is 3 rather than 4.

3. The intonation of a longer utterance begins at the normal pitch, builds up to the high level, and gradually falls to the low. This is invariably the pattern even for short sentences if the subject consists of two or more syllables, as shown in the first line of examples. We will examine long utterances in more detail in Lesson 5.

4.6 Interferences

It is curious to note that in first-language acquisition, basic intonation patterns are learned very early by children, even before they can use correct grammar or consistently correct sounds. Yet intonation seems to be one of the last-learned and most problematic aspects of phonology for adults in second-language learning. Intonation patterns are part of the suprasegmental phonemes and must be learned throughout pronunciation practice. Wrong patterns often convey wrong information or unintended meaning. In doing the exercises in this lesson, avoid making the following types of errors.

1. Using the 2-3-1 intonation pattern of English instead of a rising intonation in oui/non questions.

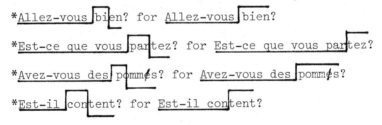

2. Identifying the high pitch with a heavy stress, as in English (heavy stress shown by capital letters). As mentioned in 1.1.3, the "stressed" vowel in French, occurring in the phrase-final position, consists of lengthening rather than extra loudness.

*QUI est là? for Qui est là?

*Vous parlez françAIs? for Vous parlez français?

*Jean-JAcques est absENt for Jean-Jacques est absent.

*QUE voulez-vous? for Que voulez-vous?

3. Using the English intonation patterns in imperative and exclamatory sentences.

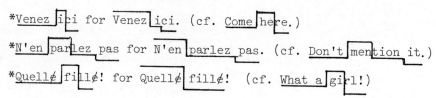

4. Giving a high pitch to more than one syllable in a short declarative sentence.

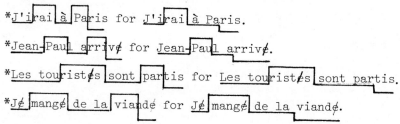

5. Changing the pitch level noticeably within one syllable, which is one of the characteristics of English articulation: Est-il là? pronounced like Is he there?, with the pitch changed from the normal to the high within là; J'ai tort pronounced like I'm wrong, the pitch changed radically into a falling pattern within the vowel of tort. Also:

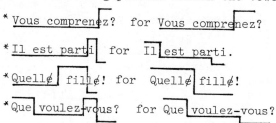

Leçon 4
Intonation: montante
  et descendante

PRATIQUE

Prise de conscience auditive

1. Ecoutez les phrases suivantes en vous concentrant sur l'intonation,
   c'est-à-dire la ligne mélodique formée par la succession des syllabes.
   Remarquez où sont les notes hautes.

   a) Phrases énonciatives
       Le sujet est un nom.

       Jean-Paul arrive.

       Jean arrive.

       Le sujet est un pronom.

       Il arrive.

   b) Questions totales: la
       réponse sera <u>oui</u>, ou <u>non</u>.

       Jean arrive?

       Est-ce que Jean arrive?

       Jean arrive-t-il?

   c) Questions partielles: la
       phrase commence par un mot
       interrogatif.

       Qui arrive?

       Quand Jean arrive-t-il?

   d) Commandement, exclamation

       Arrive ici.

       Quelle bonne surprise!

2. Dictée intonative. Ecoutez et marquez l'intonation par une ligne comme
   dans les exemples précédents.

   Je vous présente ma cousine.   Bonjour, Mademoiselle.

   Comment allez-vous?   Appelez-moi Isabelle.

   Connaissez-vous Paris?   L'autobus est en retard.

   Il vaut mieux prendre le métro.   Les contrôleurs sont en grève.

   Ils réclament une augmentation.   La situation va s'améliorer.

   Où faut-il aller?

   <u>Clé</u>: p.62

Prise de conscience articulatoire

* 3. Certaines phrases que vous avez entendues vont être répétées. Dites-
les après le modèle en suivant bien la ligne intonative. Avant
chaque phrase, répétez la ligne-repère en ta-ta.

ta ta ta ta ta ta   Je vous présente ma cousine.

                             L'autobus est en retard.

ta ta ta ta ta ta ta   Il vaut mieux prendre le métro.

                             Les contrôleurs sont en grève.

ta ta ta ta ta   Comment allez-vous?

                             Où faut-il aller?

Exercices d'apprentissage

Première partie: intonation montante: questions totales

* 4. Répétez les questions suivantes.

4 syllabes: Vous allez bien?   Vous êtes heureux?
              Vous voulez boire?   Vous aimez le vin?
              Vous pouvez venir?   Vous sortez tard?

              Allez-vous bien?   Etes-vous heureux?
              Voulez-vous boire?   Aimez-vous le vin?
              Pouvez-vous venir?   Sortez-vous tard?

6 syllabes: Est-ce que vous allez bien?
              Est-ce que vous êtes heureux?
              Est-ce que vous voulez boire?
              Est-ce que vous aimez le vin?
              Est-ce que vous pouvez venir?
              Est-ce que vous sortez tard?

5. Transformez les énoncés donnés en questions.

**   a) Par l'intonation seule; avec tu.
           exemple:
           vous entendez: Je pars.
           vous dites: Tu pars?

           Je sors.   Je vois.   Je crois.   Je dors.   Je l'aime.
           Je le sais.   Je le veux.   Je le connais.

**   b) Avec vous.
           exemple:
           vous entendez: Je pars.
           vous dites: Vous partez?

Je chante.   Je dîne.   Je conduis.   Je travaille.
Je l'admire.   Je lui parle.   Je le respecte.
Je lui téléphone.

**   c) Avec inversion; avec <u>tu</u>.
<u>exemple</u>:
    vous entendez: <u>Je pars</u>.
    vous dites: <u>Pars-tu?</u>

Je sors.   Je vois.   Je crois.   Je dors.   Je l'aime.
Je le sais.   Je le veux.   Je le connais.

**   d) Avec <u>vous</u>.
<u>exemple</u>:
    vous entendez: <u>Je pars</u>.
    vous dites: <u>Partez-vous?</u>

Je chante.   Je dîne.   Je conduis.   Je travaille.
Je l'admire.   Je lui parle.   Je le respecte.
Je lui téléphone.

**   e) Avec <u>est-ce que</u>; avec <u>tu</u>.
<u>exemple</u>:
    vous entendez: <u>Je pars</u>.
    vous dites: <u>Est-ce que tu pars?</u>

Je sors.   Je vois.   Je crois.   Je dors.   Je l'aime.
Je le sais.   Je le veux.   Je le connais.

**   f) Avec <u>vous</u>.
<u>exemple</u>:
    vous entendez: <u>Je pars</u>.
    vous dites: <u>Est-ce que vous partez?</u>

Je chante.   Je dîne.   Je conduis.   Je travaille.
Je l'admire.   Je lui parle.   Je le respecte.
Je lui téléphone.

6. Transformez les énoncés suivants deux fois: posez la question sous la forme familière, avec <u>tu</u>, à quelqu'un que vous connaissez bien; ensuite, posez la même question à une personne plus âgée, en utilisant <u>est-ce que</u> et <u>vous</u>.
<u>exemple</u>:
    vous entendez: <u>J'ai tort</u>.
    vous dites: <u>Tu as tort?</u>   <u>Est-ce que vous avez tort?</u>

J'ai faim.   J'ai soif.   J'ai chaud.   J'ai froid.
J'ai peur.   J'ai honte.   J'ai sommeil.   J'ai raison.

I* 7. <u>Situation</u>: <u>un couple extraordinaire</u>. Une amie vous décrit un couple qui a énormément de talent. Vous avez des doutes là-dessus, que vous exprimez par vos questions.
<u>exemple</u>:
    vous entendez: Ils sont charmants.
    vous dites: <u>Ah oui?</u>   <u>Ils sont charmants?</u>

Elle est avocate.	Vraiment?	Elle est avocate?
Il est décorateur.	Ah oui?	... ?
Elle parle cinq langues.	Vraiment?	... ?
Il voyage beaucoup.	Ah oui?	... ?
Ils connaissent tout Paris.	Vraiment?	... ?
Elle sera ministre.	Ah oui?	... ?
Il adore sa femme.	Vraiment?	... ?
Ils ont trois enfants.	Ah oui?	... ?
C'est un couple parfait.	Vraiment?	... ?

<u>Deuxième partie</u>: intonation descendante: phrases courtes, exclamations, commandements, questions partielles

* 8. Répétez les phrases suivantes après le modèle.

   <u>2 syllabes</u>: Bonjour. Bonsoir. Salut. Au revoir. Adieu. Bonne nuit. Pardon. Merci. C'est tout.

   <u>3 syllabes</u>: C'est à vous. Je vous en prie. Après vous. Par ici. C'est ici. S'il vous plaît. Deux cafés. Merci bien.

   <u>4 syllabes</u>: C'est à Philippe. Avec plaisir. Excusez-moi. Deux cafés-crème. Merci beaucoup.

* 9. Répétez les exclamations et commandements suivants. La note d'attaque est plus haute que dans les phrases précédentes.

   <u>2 syllabes</u>: Sortez! Tais-toi! Silence! Enfin! Passons! Bravo! Jette ça! Bois ça! Descends! Viens vite! D'accord! Patience! Bonne route! Quelle chance!

   <u>3 syllabes</u>: Plus un mot! C'est assez! Quel dommage! Arrêtez! Ne dis rien! Reviens vite! Entrez donc! Assieds-toi! Donne-moi ça! Quel malheur! Quel bonheur! Quelle bonne blague!

   <u>4 syllabes</u>: Ne quittez pas! Fermez la porte! Donnez-moi ça! Ne m'oublie pas! Passez-moi le sel! Asseyez-vous!

I* 10. Transformez les énoncés suivants en exclamations.
<u>exemple</u>:
   <u>vous entendez</u>: C'est un beau film.
   <u>vous dites</u>: Quel beau film!

C'est un sale type. C'est un beau bébé.
C'est un brave garçon. C'est un bon dîner.
C'est une gentille fille. C'est une triste histoire.
C'est un homme charmant. C'est une femme exquise.
C'est une bonne nouvelle. C'est une mauvaise surprise.

I* 11. <u>Situation</u>: <u>l'enthousiaste</u>. Vous répondez à chaque proposition par une réplique enthousiaste.

exemple:
> vous entendez: On fait la fête?
> vous dites: D'accord! Faisons la fête!

On appelle Hélène?	D'accord!	Appelons Hélène!
On prend la voiture?	D'accord!	Prenons la voiture!
On dîne chez Lasserre?	D'accord!	Dînons chez Lasserre!
On s'assied là?	D'accord!	Asseyons-nous là!
On commande du champagne?	D'accord!	Commandons du champagne!

I* 12. Situation: hésitations résolues. Vous avez des hésitations devant
le programme proposé par votre ami. Vous vous posez la question,
puis vous répondez par un impératif.
exemple:
> vous entendez: On sort.
> vous dites: On sort? Sortons.

On appelle Philippe.	On appelle Philippe? Appelons Philippe.
On va au théâtre.	On va au théâtre? Allons...
On va voir Phèdre.	On va voir Phèdre? Allons voir...
On prend un programme.	On prend un programme? Prenons...
On donne un pourboire.	On donne un pourboire? Donnons...
On monte au balcon.	On monte au balcon? Montons...
On se met devant.	On se met devant? Mettons-nous...
On sort à l'entr'acte.	On sort à l'entr'acte? Sortons...

* 13. Répétez les questions (interrogations) suivantes.

2 syllabes: Qui vient?   Qui sort?   Quel type?   Quelle femme?

3 syllabes: Qui est là?   Qui arrive?   Que dis-tu?   Que fais-tu?
Quel avion?   Quelle voiture?   Quand vient-il?
Quand pars-tu?   Où es-tu?   Où vas-tu?   Où dînes-tu?

4 syllabes: Qui attends-tu?   Qu'est-ce que tu dis?
Quand arrives-tu?   Comment pars-tu?
Pourquoi pleures-tu?

5 syllabes: Comment t'appelles-tu?   Où habitez-vous?
Pourquoi criez-vous?   Laquelle voulez-vous?

14. Reprenez les énoncés donnés et faites-en des questions en utilisant
le mot interrogatif indiqué.
exemple:
> vous entendez: Je pars. (Où...?)
> vous dites: Où partez-vous?

Je dîne. (Où...?)   Je sors. (Pourquoi...?)
Je conduis. (Comment...?)   Je lis. (Qu'est-ce que...?)
Je dors. (Pourquoi...?)   Je gêne. (Qui...?)
Je sais. (Que...?)   Je fais ça. (Comment...?)

Troisième partie: intonation montante + intonation descendante
phrases énonciatives

* 15. Répétez les phrases suivantes.

   L'enfant se lave.   Tu laves l'enfant.

   Les bras se lèvent. Tu lèves les bras.
   Hélène s'habille.   Tu habilles Hélène.
   Ton père se fâche.   Tu fâches ton père.
   Philippe se pousse. Tu pousses Philippe.
   Michel s'ennuie.   Tu ennuies Michel.

16. Situation: quand partez-vous et où? Répétez la phrase-patron en
changeant la deuxième partie de la phrase (deuxième groupe rythmique).

   a) Quand partez-vous en vacances?
      exemple:
      vous entendez: Je partirai demain.

      vous dites: Je partirai lundi.

      vendredi -- après-demain -- dans un mois -- dans quinze jours --
      la semaine prochaine -- l'année prochaine

   b) Où irez-vous?
      exemple:
      vous entendez: J'irai à Caen.

      vous dites: J'irai à Pau.

      en Champagne -- en Provence -- dans le Midi -- dans les Alpes --
      à la campagne -- à la montagne -- au bord de la mer --
      aux Etats-Unis

17. Situation: que faites-vous en vacances... et le reste du temps?
Répondez aux questions.

   a) En vacances: choisissez la deuxième éventualité proposée.
      exemple:
      vous entendez: Vous jouez au tennis ou au ping-pong?

      vous dites: Je joue au ping-pong.

      Vous mangez des légumes ou de la viande?   Je mange de la viande.
      Vous allez au concert ou au cinéma?   Je vais...
      Vous vous promenez à pied ou en bateau?   Je me promène...
      Vous vous couchez à huit heures ou à minuit? Je me couche...
      Vous vous levez à six heures ou à dix heures? Je me lève...

   b) Et le reste du temps: choisissez la première éventualité proposée.
      exemple:
      vous entendez: Vous travaillez énormément ou pas du tout?

      vous dites: Je travaille énormément.

      Vous sortez rarement ou souvent?
                     Je sors...

Vous lisez des documents ou des romans feuilletons?
                    Je lis...
Vous regardez le cours de la Bourse ou la télévision?
                    Je regarde...
Vous passez le temps avec des collègues ou avec des copains?
                    Je passe le temps...
Vous attendez les vacances ou le lundi suivant?
                    J'attends...

I* 18. Situation: vous êtes mal informé. Répondez aux questions posées
en suivant le patron; toutes vos réponses commenceront par Je ne
sais pas.
        exemple:
          vous entendez: Est-ce que le train arrive?

          vous dites: Je ne sais pas s'il arrive.

        Est-ce que le président viendra? Je ne sais pas s'il viendra.
        Est-ce que le ministre parlera?
        Est-ce que la chorale chantera?   si elle
        Est-ce que la foule suivra?
        Est-ce que le vin d'honneur aura lieu?
        Est-ce que les discours seront longs?
        Est-ce que les gens voteront bien?

I* 19. Dialogue: pas de chance!

        Philippe-- Je te présente ma cousine.

        Henri--   Bonjour, Mademoiselle. Comment allez-vous?

        Isabelle-- Bonjour. Appelez-moi Isabelle.

        Henri--   D'accord! Je m'appelle Henri.

        Philippe-- Nous allions au cinéma. On t'emmène?

        Isabelle-- Appelons Hélène. Elle sort rarement.

        Philippe-- Quelle bonne idée! ...
                   Allô! Hélène? Tu viens? On t'attend.

        Henri--   Où irons-nous?

        Philippe-- Passe-moi le journal.

        Isabelle-- Vous aimez les films historiques?

        Henri--   Non, je préfère les films policiers.

        Isabelle-- Et Philippe, les films comiques.

        Philippe-- Zut, alors! Quelle déveine!

        Isabelle-- Qu'est-ce qu'il y a?

        Philippe-- Regardez le journal! Qu'est-ce que vous lisez?

        Henri--   Les ouvreuses sont en grève.

        Isabelle-- Les opérateurs sont en grève.

Philippe-- Les cinémas sont fermés.

Tous les trois-- Eh bien! Ouvrons la télé!

I* 20. <u>Lecture</u>: les proverbes suivants sont bien connus de tous les Français.

Noblesse oblige.
Qui vivra verra.
Qui a bu boira.
A bon chat, bon rat.
Tel père, tel fils.
A père avare, fils prodigue.
Loin des yeux, loin du cœur.
Pas de fumée sans feu.
Bon sang ne peut mentir.
Qui vole un œuf, vole un bœuf.
Qui va à la chasse, perd sa place.
Les absents ont toujours tort.
Un bienfait n'est jamais perdu.
L'appétit vient en mangeant.
A table, on ne vieillit pas.

<u>Clé</u>

Je vous présente ma cousine.

Comment allez-vous?

Connaissez-vous Paris?

Il vaut mieux prendre le métro.

Ils réclament une augmentation.

Où faut-il aller?

Bonjour, Mademoiselle.

Appelez-moi Isabelle.

L'autobus est en retard.

Les contrôleurs sont en grève.

La situation va s'améliorer.

5. LES GROUPES RYTHMIQUES

PROFIL

5.1 Rhythm of English and French

1. Every language has its own rhythmic patterns. In English, they come from the alternation of stressed and unstressed syllables. In any given sentence, certain words receive a prominent stress. These stressed syllables occur at fairly regular intervals, that is, there are more or less equal time intervals between these stressed syllables, with unstressed syllables either stretched or crammed in together to fit the pattern. Observe the stressed and unstressed syllables in the sentence: <u>The chIldren and their fAther are going to lEAve for PAris in the mOrning</u>. English is basically a stress-timed language. In normal rapid conversation, unstressed syllables are squeezed together, and some of the vowels are either reduced or omitted altogether. The sentence above is often pronounced like this: <u>Th' chIldren 'n' their fAther 're gonña lEAve f'r PAris 'n th' mOrnin'</u>.

2. French, on the other hand, is a syllable-timed language. As will be discussed in the next section, a sentence is broken up into rhythmic groups. Inside each group, all the syllables are marked by a more or less equal beat and intensity, except the last syllable which is longer. In other words, the so-called unstressed syllables are pronounced distinctly without the kind of weakening, blurring, or deletion of vowels that occurs in English. This pattern gives the French sentence a characteristic staccato rhythm.

5.2 Rhythmic Groups

1. In Section 1.2.2, we illustrated how "stressed" (lengthened) and "unstressed" syllables are arranged in French. To recapitulate, the last syllable of a word pronounced by itself, or in isolation, is lengthened while all the preceding syllables are articulated with as much clarity but without the extra lengthening. In terms of rhythm, this statement can be extended to cover a phrase since word boundaries are obliterated within any phrase; the last syllable of a phrase is also lengthened. Compare the rhythmic pattern of the following words in isolation and phrases having the same number of syllables. The graphemes representing the vowels are underlined.

      ⌣ – d<u>é</u>p<u>a</u>rt/ell¢ p<u>a</u>rt
               <u>i</u>mag¢/<u>il</u> mang¢
    ⌣ ⌣ – m<u>é</u>lodi¢/mets-les-<u>y</u>
              h<u>i</u>st<u>o</u>ri<u>en</u>/<u>i</u>ls n'<u>on</u>t ri<u>en</u>

   ⌣ ⌣ ⌣ − <u>égalité</u>/elle̸ a <u>du</u> thé
               <u>démocrati</u>e̸/elle̸ <u>balbuti</u>e̸
   ⌣ ⌣ ⌣ ⌣ − <u>indéterminabl</u>e̸/Anne̸ <u>dessert</u> <u>la</u> <u>tabl</u>e̸

2. Except for very short utterances, a French sentence is divided into several phrases, each phrase pronounced like a long word and its last syllable receiving lengthening. Since word boundaries are not observed, the grouping of sounds goes directly from syllables to phrases, bypassing words. As a result, a minimal syntactic unit, pronounced under one breath, is a phrase. This minimal unit is called <u>stress group</u> or <u>rhythmic group</u> in English, because each unit carries the basic rhythm and stress (lengthening) pattern. French terms for these units are <u>groupes rythmiques</u>, or <u>mots phonétiques</u> or <u>phoniques</u> because each group is articulated as if it were one long phonetic word or unit. The phenomena of liaison, elision, linking, deletion or retention of <u>e caduc</u>, stress, and abrupt intonation change all take place inside each <u>groupe rythmique</u> (henceforth <u>GR</u>). Linking also occurs between two <u>GR</u>s as long as there is no pause (punctuation mark in written language) between the two. Examine how the following sentences are broken up into <u>GR</u>s. A abrupt change of pitch indicates the end of a <u>GR</u>.

     <u>Je ne̸ sais pas s'il pleut souvent à Paris.</u>

     <u>Héléne̸ aime̸ les chats et les chiens.</u>

     <u>Le dictionnaire̸ dont tu as besoin est sur le bureau.</u>

     <u>Vous trouve̸rez de très bons restaurants au Quartier Latin.</u>

3. As you can see, the division of a sentence into <u>GR</u>s generally coincides with its syntactic units--a noun phrase, a verb phrase, a prepositional phrase, and so on. A sentence may be divided into as many <u>GR</u>s as there are grammatical units, each unit having anywhere from 2 to 7 syllables.[1] Below are basic guidelines for dividing a sentence into its constituent <u>GR</u>s. The small circle (∘) marks the end of each <u>GR</u>. When placed above the line, it indicates a rising intonation.

    a) A single subject pronoun and its verb often constitute one <u>GR</u>.
       Il viendra∘
       Je ne̸ sais pas∘
       Nous cherchons∘ un appartement∘
       On vous a vu∘ chez Marie̸-Claire̸∘

---

[1]The length of <u>GR</u> also depends on the level, style, and rapidity of speech. It is normally the case that very informal and rapid speech will have fewer and longer <u>GR</u>s than slow, careful speech.

b) A subject noun of two or more syllables may constitute a <u>GR</u> of its own.

    Jean-Paul° arrivéra.

    Jean-Jacqués Dupont° habité à Paris.

    Marie-Claire° n'a pas répondu° à ma lettré.

    Le professeur° ne viendra pas.

c) A noun followed by a short modifying adjective or prepositional phrase, or a verb followed by a short adverb, may constitute a single <u>GR</u>.

    Ce bateau à voilé° est bien joli.

    Je connais° un restaurant chinois° près dé la garé.

    Cet enfant° chanté mal.

  A longer modifier constitutes a separate <u>GR</u>.

    Ce bateau° à voile rouge° est bien joli.

    Je connais° un restaurant° à trois étoilés° près dé la gare.

    Cet enfant° a chanté° merveilleusément.

d) A prepositional phrase not modifying a noun constitutes its own <u>GR</u>.

    Jé t'ai vu° dans la cour° hier après-midi.

    Il est allé° au Portugal° au mois de mai.

5.3 Intonation of Declarative Sentences

1. In English, a high pitch level normally coincides with stress. As a result, a sentence has as many peaks as there are stressed syllables. Compare the intonation patterns of the following sentences.

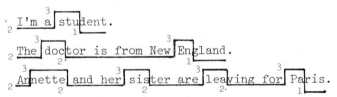

2. You learned in the preceding lesson (4.5) that a short declarative sentence in French has a gradual falling intonation, and that a longer utterance has a combination of rising and falling intonation patterns, as illustrated below.

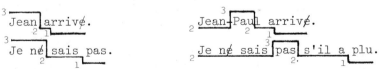

A normal declarative sentence with three or more <u>GRs</u> consists of a series of rising intonation patterns, except for the last group, which assumes a falling pitch. Given two or more <u>GRs</u> with a rising pitch, one will end with a higher and more prominent note (level 4). The phrase with this higher peak is called <u>continuité majeure</u> ('major continuation') in French, and one with just a high pitch (level 3) is called <u>continuité mineure</u> ('minor continuation'). The contrast between these two different peaks is very clear, and it is one of the most striking characteristics of French intonation.

3.   The maximal peak shows the logical first part of the sentence.
for instance the subject noun phrase as contrasted with the predicate,
or the main clause as contrasted with the subordinate.   Study the
following examples.

Ces touristés cherchént un restaurant pas cher.

J'ai entendu diré que lé chef vient dé Lyon.

Je né sais pas si lé prix est raisonnablé.

4.   In an enumeration, the maximal peak usually appears in the phrase
immediately before the one that receives the falling intonation.   In a
sentence containing a relative clause, it normally occurs in the last
phrase of the relative clause, provided the main clause continues beyond
it.

Véroniqué est allée en Chiné, au Japon et au Vietnam.

Sur le ménu, il y a des quénellés de brochet, du

    saucisson chaud, du canard morvandellé, et des

    massépains.

Les films dont jé connais lé dénouément né

    m'intéressént pas.

5.   Until you get a "feel" for the language, it is not always easy
to determine which GR should receive maximal pitch, because in some cases
it depends on which part of the sentence is more important for the
speaker.   Compare the following sentences.   In the first, the action
of looking for something is more important.   In the second, the
object of the search is more important.

Nous cherchons un restaurant pas cher.

Nous cherchons un restaurant pas cher.

It is often said that a declarative sentence in French is pronounced as if
it were made up of a yes/no question followed by an answer.   It will
help you to remember that the highest pitch (level 4) occurs in the
phrase that is the most important element of the "question" part, as
indicated by (?) in the following sentences.

(What are you doing?)

   Nous cherchons? un petit restaurant près de la gare.

(What are you looking for?)

   Nous cherchons un petit restaurant? près de la gare.

(<u>What kind</u> of restaurant?)

Nous cherchons un restaurant <u>pas trop cher</u>[?] près de la gare.

5.4 Interferences

Many errors in intonation are caused by use of the heavy stress system of English, which distorts not only the vowels but also the rhythmic and intonation patterns of French. It should be remembered that the intonation peaks coincide with vowel lengthening, and not with heavy stress (which does not exist in French). Several types of errors are described below.

1. Placing a heavy stress, as in English, on the phrase-final syllables instead of merely lengthening them: <u>Au printemps, nous allons camper pendant dix jours</u> pronounced <u>Au printEMps, nous allons campEr pendant dix jOUrs</u>.

2. "Swallowing" some of the unstressed vowels and attempting to equalize the length of each <u>GR</u>, as is done in English: <u>Il voudrait° rester à l'université° et déjeuner à midi</u> pronounced something like <u>Il v'drait° rester à l'un'vers'té° et déj'ner à m'di</u>° .

3. Breaking up a sentence into too many GRs: <u>Vous trouverez facilément° un restaurant pas cher° au Quartier Latin</u> pronounced with busy up-and-down intonation, like <u>Vous trouverez° facilément° un restaurant° pas cher° au Quartier° Latin</u>° .

4. In a declarative sentence with several GRs, going down at the end of each <u>GR</u> instead of going up (except for the last <u>GR</u>). Compare the following patterns. The major continuation is indicated by a double line.

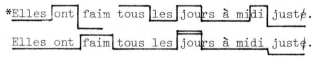

5. Going up in a monotonous, identical manner at the end of each phrase instead of giving the major continuation its correct higher pitch.

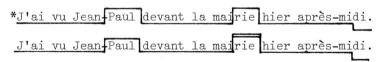

Leçon 5
Les groupes rythmiques

PRATIQUE

Prise de conscience auditive

1. Ecoutez les phrases suivantes en essayant de discerner les mots phoniques ou groupes rythmiques. La montée de la voix--ou la descente de la voix avant un point--est le point de repère qui signale la fin d'un groupe rythmique.

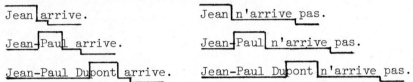

Jean arrive.   Jean n'arrive pas.

Jean-Paul arrive.   Jean-Paul n'arrive pas.

Jean-Paul Dupont arrive.   Jean-Paul Dupont n'arrive pas.

Dans chacune de ces phrases il n'y avait que deux groupes rythmiques; le premier GR (groupe rythmique) devenait de plus en plus long.
Ecoutez encore les phrases suivantes.

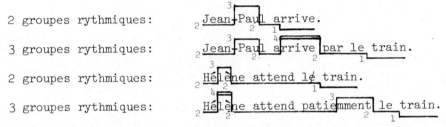

2 groupes rythmiques: Jean-Paul arrive.

3 groupes rythmiques: Jean-Paul arrive par le train.

2 groupes rythmiques: Hélène attend le train.

3 groupes rythmiques: Hélène attend patiemment le train.

2. Dictée intonative: Ecoutez, et notez l'intonation par une ligne comme dans les exemples précédents. Indiquez ensuite le nombre de groupes rythmiques que vous avez trouvé dans chaque phrase.

Ces touristes américains cherchent un restaurant. ___

Nous cherchons un petit restaurant pas cher. ___

Vous trouverez facilement un restaurant pas cher au Quartier Latin. ___

Derrière le marché, il y a un restaurant qui est excellent. ___

J'ai entendu dire que le chef vient de Lyon. ___

C'est bon signe parce qu'on mange bien à Lyon. ___

Sur le menu, il y a des quenelles de brochet, du saucisson chaud,

du canard morvandelle, et des massepains. ___

Clé: p.75

Prise de conscience articulatoire

* 3. Répétez les phrases suivantes, par groupes rythmiques d'abord, puis
   d'un bout à l'autre. Dans les phrases où il y a des virgules, vous
   ferez une pause, en comptant mentalement "un" à chaque virgule, quand
   vous lirez la phrase entière.
   Attention à l'égalité syllabique.

   7 syllabes: Ces touristes américains

   5 syllabes: cherchent un restaurant.

   Ces touristes américains cherchent un restaurant.

   6 syllabes: Vous trouverez facilement

   6 syllabes: un restaurant pas cher

   5 syllabes: au Quartier Latin.

   Vous trouverez facilement un restaurant pas cher au Quartier Latin.

   3 syllabes: Sur le menu,

   7 syllabes: il y a des quenelles de brochet,

   5 syllabes: du saucisson chaud,

   6 syllabes: du canard morvandelle,

   4 syllabes: et des massepains.

   Sur le menu, (un) il y a des quenelles de brochet, (un)

   du saucisson chaud, (un) du canard morvandelle, (un)

   et des massepains.

Exercices d'apprentissage

Première partie: succession de plusieurs GR

   Enumération

4. Répétez les phrases après le modèle; remarquez bien où la voix
   monte le plus haut dans les phrases de 3 GR et plus.

*   a) Paul°chante bien.
         Paul°et Michel°chantent bien.
         Paul°, Michel°et Jacques°chantent bien.
         Paul°, Michel°, Jacques°et leur chorale°chantent bien.

*   b) Thérèse°est charmante.
         Thérèse°est charmante°et intelligente.
         Thérèse°est charmante°, intelligente°et belle.
         Thérèse°est charmante°, intelligente°, belle°et cultivée.

c) Hélène°aime les chats.
Hélène°aime les chats°et les chiens.
Hélène°aime les chats°, les chiens°, et les chevaux.
Hélène°aime les chats°, les chiens°, les chevaux°et les lapins.

d) Véronique°est allée°en Chine.
Véronique°est allée en Chine°et au Japon.
Véronique°est allée en Chine°, au Japon°et en Inde.
Véronique°est allée°en Chine°, au Japon°, en Inde°et au Vietnam.

e) Il aime°sa femme.
Il aime°et chérit°sa femme.
Il aime°, chérit°et respecte°sa femme.
Il aime°, chérit°, respecte°et idolâtre°sa femme.

Extension
5. Répétez après le modèle.

*   a) Je ne sais pas.
Je ne sais pas°s'il pleut souvent.
Je ne sais pas°s'il pleut souvent°à Paris.
Je ne sais pas°s'il pleut souvent°à Paris°en hiver.

*   b) Nous déjeunerons.
Nous déjeunerons°tous les trois.
Nous déjeunerons°tous les trois°à midi.
Nous déjeunerons°tous les trois°à midi°au restaurant.

c) Il est arrivé.
Il est arrivé°en voiture.
Il est arrivé°en voiture°à minuit.
Il est arrivé°en voiture°à minuit°avec son chien.
Il est arrivé°en voiture°à minuit°avec son chien°et trois valises.

d) Elle fermait.
Elle fermait°sa boutique.
Elle fermait°sa boutique°tous les lundis.
Elle fermait°sa boutique°tous les lundis°et elle partait.
Elle fermait°sa boutique°tous les lundis°et elle partait°chez sa mère.

Commutation
6. Vous lirez trois fois les phrases données. L'ordre des 3 GR sera
différent chaque fois. Le point le plus haut est toujours à la fin
du deuxième GR.
exemple:

Nous avons vu Pierre hier soir devant la Mairie.

Hier soir, devant la Mairie, nous avons vu Pierre.

Hier soir, nous avons vu Pierre devant la Mairie.

Répétez après le modèle.

* a) Nous irons au marché°samedi matin°à huit heures et demie.
Samedi matin°, à huit heures et demie°, nous irons au marché.
Samedi matin°, nous irons au marché°à huit heures et demie.

* b) J'ai très faim°tous les jours°à midi juste.
A midi juste°, tous les jours°, j'ai très faim.
Tous les jours°, à midi juste°, j'ai très faim.

c) Depuis longtemps°elle ne sort plus°pour faire ses courses.
Elle ne sort plus°pour faire ses courses°depuis longtemps.
Elle ne sort plus°depuis longtemps°pour faire ses courses.

d) Au printemps°, nous allons camper°pendant dix jours.
Nous allons camper°au printemps°pendant dix jours.
Pendant dix jours°, au printemps°, nous allons camper.

Deuxième partie: allongement des groupes rythmiques

Insertion

7. Répétez les phrases suivantes. Cette fois les GR vont augmenter
aussi en longueur.

* a) Ce chat°est entré.
Ce chat noir°est entré.
Ce beau chat noir°n'est pas entré°par la porte.
Ce beau chat noir°n'est pas entré°par la grande porte.

* b) Marc°mange.
Le petit Marc°mange toujours.
Le petit Marc°mange toujours°avec ses doigts.
Le petit Marc°mange toujours°avec des doigts sales.

c) Henri°boit du vin.
Henri Macé°boit du vin.
Henri Macé°boit souvent°du bon vin.
Henri Macé°ne boit pas souvent°du bon vin.

d) La femme°sourit.
La femme de Pierre°sourit beaucoup.
La femme de Pierre°sourit beaucoup°à ses enfants.

Troisième partie: nombre et longueur des groupes rythmiques

Variations

* 8. Le nombre des GR dans une phrase dépend aussi de leur longueur, c'est-
à-dire du nombre des syllabes.
exemple:
nom + adjectif court: Un étudiant belge°est arrivé. (2 GR)
nom + adjectif long: Un étudiant°sud-américain°est arrivé. (3 GR)
Répétez après le modèle.

Philippe°boit peu.
Philippe°boit°énormément.

La politique du roi°était habile.
La politique°du roi Louis XIV°était habile.

Poucet°a vu le loup°dans la forêt.
Poucet°a vu°le grand méchant loup°dans la forêt.

Quatrième partie: propositions subordonnées

Propositions objet

I* 9. Ajoutez Je ne crois pas et que devant chaque phrase. Le ton le plus
haut sera toujours sur pas. Le verbe de la proposition subordonnée
devra être mis au subjonctif.
exemple:
vous entendez: Hélène est heureuse.

vous dites: Je ne crois pas qu'Hélène soit heureuse.

Grand-père va mieux.   L'économie fait des progrès.
Jérôme fait des études.   Cet enfant sait sa leçon.
Ce candidat peut gagner.   Le bébé veut dormir.

** 10. Remplacez la première partie de la phrase-patron par les phrases
données.
exemple:
vous entendez: Je veux que la police revienne.   je suis ravi

vous dites: Je suis ravi que la police revienne.

je ne veux pas -- je suis désolé -- je demande -- je ne suis pas sûr --
je regrette -- je préfère -- je m'étonne -- je ne pense pas --
je n'ai pas envie -- il vaut mieux -- c'est dommage

Concordance des temps

** 11. Ajoutez la proposition principale Je pensais et que devant chacune
des phrases suivantes. Le futur deviendra conditionnel.
exemple:
vous entendez: Jean-Pierre sera en retard.

vous dites: Je pensais que Jean-Pierre serait en retard.

Les démocrates°gagneront.   La situation°s'améliorera.
Tous les électeurs°voteront.   Le traité°garantira°la paix.
On suspendra°les explosions.   Le premier ministre°donnera°
sa démission.   Il y aura°de nouvelles°élections.

Propositions subordonnées adverbiales

12. Ajoutez les différentes propositions subordonnées à chaque proposition
principale.

* a) Elle chante°quand il y a°du soleil.
Elle chante°pour que son bébé°dorme.
Elle chante°parce que la vie°est belle.
Elle chante°depuis que la pluie°a cessé.

* b) Nous sortirons°avant qu'il pleuve.
Nous sortirons°quand nous pourrons.
Nous sortirons°après qu'Henri°sera rentré.
Nous sortirons°pendant que Maman°dormira.

c) Vous pouvez lire°bien qu'il soit tard.
Vous pouvez lire°puisque vous avez le temps.
Vous pouvez lire°tant que je n'ai pas°besoin de vous.
Vous pouvez lire°en attendant°que le docteur°revienne.

d) Nous déjeunerons tôt°si vous le voulez bien.
Nous déjeunerons tôt°comme je vous l'avais dit.
Nous déjeunerons tôt°pourvu que le rôti°soit prêt.
Nous déjeunerons tôt°à condition°que cela ne dérange pas°
vos habitudes.

Phrases incises
13. Ajoutez dans les phrases, les phrases incises données au-dessous.

* a) Il a fait très chaud°‿ en France°, cet été.
, paraît-il°,
Hélène°est allée‿ rejoindre ses amis°à Saint-Trop.
, m'a-t-on dit°,
Vous avez°‿ de charmants enfants.
, chère Madame°,
Ils ont compris°‿ ce que vous leur avez dit.
, je pense°,

b) Son fils unique°‿ a été reçu°à Polytechnique.
, un garçon brillant°,
Nous irons°‿ retrouver ma mère°au salon.
, si vous le voulez bien°,
J'aime beaucoup°‿ fumer des cigares.
, je l'avoue°,
Cette exposition°‿ est sans intérêt.
, à mon avis°,
Elle a eu°‿ vingt ans°au mois d'avril.
, il me semble°,

Propositions relatives
14. Insérez, de la même façon, les propositions relatives données. Notez
qu'il n'y aura pas de pause et que la voix montera le plus haut sur
la dernière syllabe de la relative.
exemple:
vous entendez: Le ⌐chat ⌐veut sortir.
qui miaule

vous dites: Le ⌐chat⌐qui⌐miaule⌐veut sortir.

** a) Les athlètes°‿ veulent gagner.
qui vont aux Jeux°
Le pain bis°‿ vient du village.
que j'ai acheté°
Le dictionnaire°‿ est sur le bureau.
dont tu as besoin°
La grande île°‿ s'appelle Madagascar.
qui se trouve à l'est°

b) Les fleurs° me plaisent énormément.
    que tu m'as données°
Les chevaux° sont des bêtes° très élégantes.
    que tu montes°
Les films° ne m'intéressent pas.
   dont je connais° le dénouement°
Les plages de la côte° sont très dangereuses.
    où la pollution° est excessive°
Les candidats° ont exposé° leur programme.
   pour lesquels° nous devrons voter°

I* 15.   <u>Dialogue:</u>   <u>trois étoiles ou un couvert</u>

Isabelle-- Ce touriste américain cherche un restaurant.

Bill--   Je cherche un petit restaurant pas cher.

Henri--   Vous trouverez facilement un restaurant pas cher
          au Quartier Latin.

Isabelle-- J'en connais un qui est épatant, derrière le marché
          Saint-Germain.

Henri--   Ah oui! On en parlait, je crois, dans le Point
          la semaine dernière.

Isabelle-- Le chef, un Lyonnais, s'y connaît en bonne cuisine.

Bill--   Oui, mais j'imagine que c'est un restaurant trop cher
          pour moi.

Henri--   Il faut payer quand on veut bien manger.

Isabelle-- Puisque vous êtes en France, il faut en profiter.

Bill--   Bien sûr! J'ai déjà collectionné les restaurants
          à trois étoiles.

Henri--   Je suis ravi que vous ayez eu cette bonne idée.

Bill--   Oui, mais c'est fini maintenant que mes chèques de
          voyage sont presque épuisés.

Isabelle-- C'est malheureux que vous n'ayez plus d'argent.

Bill--   Et puis j'ai mal au foie parce que j'ai trop mangé.

Henri--   Je suis désolé que vous ne vous sentiez pas bien.

Bill--   Comme dit le proverbe: "Il faut manger pour vivre,
          et non pas vivre pour manger."

Isabelle-- Vous citez Molière? Je vois que vous êtes devenu
          presque Français.

Henri--   Nous allions déjeuner. Permettez-moi, cher Monsieur,
          de vous inviter au restaurant.

Isabelle-- Un petit restaurant pas cher, mais épatant:
          un couvert dans le Michelin.

Bill--   "A bon appétit, pas besoin de moutarde."

I* 16.   Lecture. Avant de commencer la lecture, marquez les groupes
         rythmiques du texte. Vous vérifierez, en écoutant la bande, si
         votre analyse est exacte et vous la corrigerez si c'est nécessaire.

         Le petit poème que vous m'avez envoyé, est d'un
pâtissier. Il n'est pas le premier auteur de sa profession.
Il y avait un pâtissier fameux qui enveloppait ses biscuits
dans ses vers du temps de maître Adam, menuisier de Nevers.
Ce pâtissier disait que, si maître Adam travaillait avec
plus de bruit, pour lui il travaillait avec plus de feu.
Il paraît que le pâtissier d'aujourd'hui n'a pas mis tout
le feu de son four dans ses vers.
                              Voltaire
                              Correspondance
                              A M. Berger
                              à Cirey [vers le 30 juillet] 1736

Lisez le texte par groupes rythmiques après le modèle. Puis,
écoutez le texte lu en entier. Enfin, lisez le texte à haute voix.
Vous compterez mentalement "un" aux virgules, "un-deux" aux points.

Clé

Ces touristes américains cherchent un restaurant.   2

Nous cherchons un petit restaurant pas cher.   3

Vous trouverez facilement un restaurant pas cher au Quartier Latin.   3

Derrière le marché, il y a un restaurant qui est excellent.   3

J'ai entendu dire que le chef vient de Lyon.   3

C'est bon signe parce qu'on mange bien à Lyon.   3

Sur le menu, il y a des quenelles de brochet, du saucisson chaud,

du canard morvandelle, et des massepains.   5

6. LA CONSONNE /R/

PROFIL

6.1 Articulation

1. Many speakers of American English have difficulty in learning to pronounce the French r sound. Conversely, many native speakers of French have problems acquiring the r of American English. There are no similarities between the two sounds.

In American English, there are basically two kinds of r sounds.[1] One is short and consonantal in nature, found in word- and syllable-initial positions as in run and erupt. Note as you say the r in these positions that the tip of the tongue is raised upward, and the blade is curled back slightly (retroflexed) toward the hard palate. Your lips are also rounded, but not as much as for the /w/ of wet.[2] The other type of r is a central vowel (see /ɝ/ in Chart 5), pronounced with the tongue retroflexed and raised high toward the back of the hard palate, as in err, fur, earth. This vowel has an allophone [ɚ] in unstressed syllables, as in the second syllable of worker. In all cases, you will note that the tip of the tongue plays a very important role in the production of the r sound.

2. The /R/ of Standard French involves neither the tip of the tongue nor the lips. It is a light fricative sound with no vowel-like quality, produced in the velar and pharyngeal area.[3] This is one of the reasons why the French and American r sounds give such different acoustic impressions. Moreover, whereas the American English r affects the pronunciation of the preceding vowel (as nearly all consonants do in American English), the French /R/ does not influence the articulation of the preceding vowel in any way. Instead, as is the case with all other consonant, it is the /R/ that is influenced by the following vowel if the two are in the same syllable. For example, if the vowel is unrounded, as in riz, the lips are

---

[1]Different regions have different varieties of the r sound. In the so-called "r-less" areas (eastern New England, around New York City, and parts of the South), the pronunciation of the r is not the same as in the rest of the United States (cf. p.129).

[2]This is why some children, before acquiring the standard pronunciation of /r/, tend to substitute /w/ for /r/: room [wuʷm], rabbit [wæbIt⁻].

[3]There are two other varieties in regional French. In the South, and in French Canada, it is often a postdental trill made by the vibration of the tip of the tongue raised toward the back of the upper teeth, as in Spanish and Italian. In the Northeast, it is a uvular trill made by the vibration of the uvula (luette) (similar to the gargling sound), as in some German and Dutch dialects.

spread horizontally during the pronunciation of /R/. Conversely, if it is rounded, as in rue or roue, the lips are already rounded while /R/ is articulated.

In order to produce the French /R/, hold the tip of the tongue firmly against the back of the lower incisors. Keep the blade of the tongue flat and raise the back of the tongue toward the pharyngeal wall, almost making contact with the uvula. In other words, it is the back of the tongue, not the tip, that is in action for the production of /R/. The air stream passes through the constriction made between the rear of the tongue and the back of the soft palate, uvula, and the pharyngeal wall. At times the uvula may vibrate slightly, but that is not an important feature of the /R/.

The closest English sound in terms of tongue position is the first sound of huge and human for those who pronounce the /h/ in these words. If you know Spanish or German, the French /R/ is rather similar to the first sound in Spanish Juan [χ] or the medial consonant in lago [ɣ], or the last sound in German ach [χ]. Normally, the French /R/ is voiced, i.e., pronounced with the vocal chords in vibration.

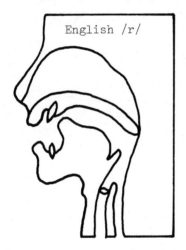 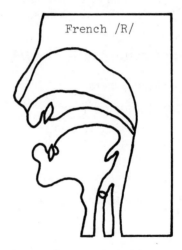

English /r/   French /R/

Chart 6: English /r/ and French /R/

3. Compare the tongue positions for the French and English r shown in Chart 6. You can practice producing the French /R/ in two ways. In both cases, a hand mirror will be useful so that you can make sure the tongue makes no movement during articulation.

a) Look into the mirror as you open your mouth wide and say ah. Keep the tip of your tongue firmly in contact with the back of the lower incisors. Raise the back of your tongue, pushing it toward the uvula, creating a very narrow air passage. Relax your tongue muscle and exhale forcefully, causing a strong friction of air as it leaves your mouth. In this practice you move from /a/ to /Ra/. When you can produce the /R/ in this position, practice it with other vowels, such as /e/→/Re/, /u/→/Ru/, /o/→/Ro/. Your uvula may vibrate, but it should not be a strong "gargling" vibration.

b) The other method is to begin with the consonant /g/ as in goût; it is articulated near (in front of) the area where /R/ is pronounced. Say /g/ and, at the area immediately behind the point of contact for /g/, try to make a fricative sound by creating a small space between the back of the velum and the back of your tongue. You move from /g/ to /gR/, and learn to drop /g/: gars /ga/→ gras→ rat, gant→ grand→ rend, etc. In the beginning, you may experience a slight ticklish sensation in the back of the velum as you articulate /R/ energetically, but it will disappear when you learn to pronounce it with more ease.

6.2 Orthographic Representation for /R/

r   rue, par, froid
rr   arriver, carreau
rh   rhume, rhétorique

The word-final r in most monosyllabic words and a few dissyllabic words is pronounced: air, car, fer, mer, or, par, pour, sur, hiver, amer, enfer, cancer.

6.3 The Pronunciation of /RR/

1. A consonant that is pronounced twice as long as usual is called a geminate (géminée). The /R/ is geminated in some words. The spelling rr indicates /R/ in most words, as in arriver and perruche. But in the future and conditional of courir, mourir, and verbs derived from quérir (acquérir, conquérir, enquérir, requérir) it is pronounced /RR/. Compare the following verb forms.

il courait /kuRɛ/   il courrait /kuRRɛ/
je mourais /muRɛ/   je mourrai /muRRe/

2. The geminate /RR/ also occurs in the future and conditional of first conjugation verbs if the infinitive ending -er is preceded by another r. This is because the /e/ of the infinitive ending becomes e caduc and is subsequently deleted, causing the two r's to come together. Compare the following verb forms.

je préparai /pRepaRe/   je préparerai /pRepaRRe/
il pleura /plœRa/   il pleurera /plœRRa/

6.4 Interferences

Keeping an American r may not prevent you from being understood, even though the listener's attention may often be attracted to your pronunciation rather than the message you are conveying. Learning to produce the French /R/ is important because it is a consonant of very high frequency in occurrence, and the substitution of the American English r tends to distort the preceding vowel. When you have acquired the habit of saying /R/, your articulation of vowels will become more "crisp" and sound more

French. Keep the pronunciation of /R/ consistent in all positions:
syllable-initial (rond), syllable-final (port), intervocalic (doré),
preconsonantal (parte), and postconsonantal (droit). Here are some
pronunciation errors to avoid.

   1. Substituting the r of American English in certain positions
where it is more difficult to produce the French /R/. Typically, for
instance, in preconsonantal positions as in parc, sorte, firme, carte,
herbe, cherche, force, gorge and especially before /l/: parle, perle,
merle, pour l'oncle, sur le lit. Also in postconsonantal positions, as
in prix, fruit, vrai, drôle, trois, ça sérait, jé rends, tu crois

   2. Substituting other varieties of the r sound, for example a postdental trill or a strong "guttural" or "gargling" r made by an excessive
vibration of the uvula (luette). Remember, the French /R/ is a light
fricative sound.

   3. Weakening the articulation of /R/ or omitting it at the end of
a word or before a consonant: bonsoir, je pars, pour voir, partez,
sortez.

   4. Anticipating, during the pronunciation of a vowel, the /R/ that
follows it. This invariably results in the distortion of the vowel, and
if the /R/ is intervocalic, in the wrong syllabic division (pire as
*/pIR/, pour as */pUR/, arrêter as */aR-ę-te/, arrive as */aR-iv/).

Leçon 6
/R/

PRATIQUE

Prise de conscience auditive

1. Vous allez entendre une phrase dite deux fois par la même personne.
    La première fois, tous les R seront des R français; la deuxième fois,
    les R seront articulés comme des R américains.

    Marie arrivera à Paris mardi soir.

    Vous avez entendu la différence de sonorité des voyelles: c'est la
    position de la langue qui en est la cause. Lorsque le R est améri-
    cain, les voyelles ne peuvent pas être correctes.

Prise de conscience articulatoire

2. Vous pouvez observer la formation d'un R français. Prenez un miroir
    ou mettez-vous devant une glace. Ouvrez largement la bouche et dites
    A. La langue est plate, sa pointe est placée derrière les dents
    inférieures; poussez-la vers les dents pour bien imprimer cette
    sensation dans votre conscience. Ne bougez plus la pointe de la
    langue de cette position. Poussez le dos de la langue vers la
    luette et dites: ARA; sentez la pression du dos de la langue ('gag-
    ging'). Vous pouvez voir dans le miroir le mouvement de la langue
    et de la luette qui se touchent.
    Dites en succession: AGA-ARA, en fermant les yeux et en concentrant
    votre attention sur l'endroit du palais où la langue touche pour G
    et pour R.
    Répétez: AGA   ARA   AGA/ARA   AGA/ARA

* 3. a) Répétez les syllabes suivantes. Attention: la pointe de la
          langue ne doit pas perdre le contact des dents inférieures.

          ARA   ORO   IRI   EUREU   ÉRÉ   OUROU

          Dites les mots suivants après le modèle.

          garage -- carafe -- barrage -- parade -- varappe
          coraux -- peureux -- guéret -- paierai -- verrai

*   b) Répétez les séries suivantes.

          GA/RA/GRA   grasse
          GO/RO/GRO   grosse
          GUI/RI/GRI   grise
          GUEU/REU/GREU   Greuze
          GOU/ROU/GROU   groupe
          GAN/RAN/GRAN   grande
          GON/RON/GRON   gronde
          GAIN/RIN/GRIN   grince

          Attention: ne faites aucun des exercices suivants avant d'avoir
          fait vérifier par votre professeur si vous placez la langue
          correctement pour articuler /R/ dans les exemples de l'exercice 3.

Exercices d'apprentissage

<u>Première partie</u>: /R/ intervocalique

* 4. Répétez les paires suivantes:

       à Gand/hareng -- aguet/arrêt -- agace/harasse --
       bagage/barrage -- l'agape/la rape -- la gosse/la rosse --
       la guide/la ride -- la gaine/la reine -- la goutte/la route

* 5. Répétez après le modèle:

       un rein -- un rêve -- un rang -- un râle -- un rond -- un rôle --
       un ris -- un roux

       en rang -- en rage -- en rêve -- en rond -- en rose -- Henri --
       en rouge

       on ronge -- on rôde -- on rampe -- on rase -- on rince --
       on reste -- on rive -- on roue

** 6. Répétez la phrase-modèle en faisant les substitutions indiquées.
Attention aux enchaînements consonantiques et aux liaisons. (<u>cf</u>.
Leçon 2, ex. 15 et 16)

       Je pars en voyage. Répétez.

          à Pau.
          à Caen.
          à Paris.
          à Guérêt.
          en Chine.
          en Ecosse.
          en Iran.
          en Arabie.
          au Chili.
          au Japon.
          au Maroc.
          au Pérou.

* 7. Répétez les expressions suivantes en faisant bien les enchaînements
consonantiques:

       par avion -- par accident -- par ambition -- par ici --
       par en-bas -- par amitié -- par égoïsme -- par équipe.

8. <u>Situation</u>: <u>pour qui travaille-t-il tant?</u> Répondez aux questions en
suivant le patron. Le pronom personnel sera <u>elle</u>, <u>elles</u> ou <u>eux</u>.
Faites bien les enchaînements.
<u>exemple</u>:
       <u>vous entendez</u>: (Il travaille) pour sa mère?
       <u>vous dites</u>:   Oui, il le fait pour elle.

       pour sa femme?   pour ses sœurs?   pour ses frères?
       pour ses cousins?   pour ses cousines?

9. <u>Situation</u>: <u>à l'Opéra</u>. Nous sommes à l'Opéra et nous faisons des commentaires sur les personnages principaux. Répétez après le modèle.

<u>Le héros</u>:   <u>L'héroïne</u>:

Il a l'air ému.   Elle a l'air aimable.
      exalté.   honnête.
      impatient.   innocent.
      audacieux.   inquiet.
      impulsif.   affolé.

      <u>Le traître</u>:

      Il est toujours odieux.
             habile.
             envieux.
             insensible.
             impitoyable.

** 10. a) Donnez la première personne du pluriel, au présent de l'indicatif, des verbes suivants.
<u>exemple</u>:
    <u>vous entendez</u>:   courir
    <u>vous dites</u>:   nous courons

    mourir -- barrer -- égarer -- démarrer -- beurrer -- espérer -- serrer -- désirer -- adorer -- entourer

**   b) Donnez la deuxième personne du pluriel, au présent de l'indicatif, des verbes suivants.
<u>exemple</u>:
    <u>vous entendez</u>:   mourir
    <u>vous dites</u>:   vous mourez

    courir -- comparer -- déclarer -- séparer -- pleurer -- enterrer -- admirer -- savourer -- soupirer

11. Donnez le futur des formes verbales suivantes.
<u>exemple</u>:
    <u>vous entendez</u>:   vous avez
    <u>vous dites</u>:   vous aurez

    il finit -- je vais -- elle peut -- ils sont -- tu bois -- je vois -- elle a -- il fait -- ils savent -- je peux -- elles plaisent -- vous lisez -- tu envoies

* 12. Essayez de produire la géminée /RR/ qui contraste les formes du présent avec celles du futur dans les verbes suivants. Répétez après le modèle.

    nous courons/nous courrons -- vous mourez/vous mourrez
    nous tirons/nous tirerons -- vous dorez/vous dorerez
    nous garons/nous garerons -- vous errez/vous errerez
    nous suggérons/nous suggérerons -- vous pleurez/vous pleurerez

** 13. Répétez la phrase-patron en faisant les substitutions indiquées.
Ne faites pas de pause entre **à** et le nom de la ville.

Il habite à Reims. Répétez.

Rennes -- Rodez -- Roanne -- Roubaix -- Rouen -- Roissy --
Rambouillet

Deuxième partie: /R/ initial

** 14. Répétez sous forme de question la dernière partie de la phrase
entendue, puis faites le commentaire suggéré.
exemple:
vous entendez: Il habite à Reims.
vous dites: A Reims? Reims est une belle ville.

à Rennes -- à Rabat -- à Rodez -- à Roanne -- à Rouen --
à Rome -- à Romorantin

15. Situation: une rencontre. Un ami a rencontré quelqu'un que vous
connaissez; vous répondez en suivant le patron.
exemple:
vous entendez: J'ai vu Rose.
vous dites: Rose? Jȩ la connais bien.
vous entendez: J'ai vu René.
vous dites: René? Je lȩ connais bien.

Raoul -- Régis -- Reine -- Rosine -- Rémi -- Roger -- Rosanne --
Rosalie -- Roland -- Raymonde

** 16. Transformez les verbes suivants en y ajoutant le préfix **r-**.
exemple:
vous entendez: Envoie ça.
vous dites: Renvoie ça.

Achète ça.   Habille-toi.   Allume-le.   Ajuste ça.
Allonge-la.   Amène-le.   Appelle-les. Emballe-ça.
Assieds-toi. Enfonce-le.   Engagez-vous.

Troisième partie: /R/ final

* 17. Répétez les mots suivants. Les lèvres gardent la position prise pour
dire la voyelle, pendant l'articulation de /R/.

Lèvres écartées:
/iR/: Kir -- Byrrh -- pire -- vire -- firent -- dire --
tire -- sire
Lèvres très ouvertes:
/aR/: gare -- car -- barre -- par -- Var -- far -- dard --
tard -- Sarre
Lèvres très arrondies:
/uR/: gourd -- court -- bourre -- pour -- four -- tour -- sourd

I* 18. Situation: quelqu'un vous attend et s'impatiente. Vous lui
répondez en suivant le patron. Faites bien ressortir le R final.
exemple:
vous entendez: Tu as fini?
vous dites: J¢ vais bientôt finir.

Tu viens?   Tu tiens?   Tu obéis?   Tu as agi?
Tu as abouti?   Tu as couru?   Tu es morte?

19. Faites des verbes à l'infinitif en ajoutant -ir aux adjectifs fémi-
nims et au nom suivants.
exemple:
vous entendez: vieille
vous dites: vieillir

blanche -- pâle -- sale -- faible -- mince -- blonde --
rose -- rouge -- rousse -- fleur

** 20. Situation: il vaut mieux faire demain ce qu'on n'a pas envie de
faire aujourd'hui. Répondez en suivant le patron.
exemple:
vous entendez: Vous agissez?
vous dites: Agir? Non, j'agirai demain.

Vous finissez?   Vous choisissez?   Vous gémissez?
Vous mincissez?   Vous vomissez?   Vous applaudissez?
Vous vieillissez?

21. Révision. Répétez la phrase-patron en faisant les substitutions
indiquées.

Rends-moi mon paravent noir.

perroquet vert.
parapluie marron.
parasol orange.

Quatrième partie: /R/ avant consonne

En fin de syllabe
* 22. Répétez les expressions suivantes. Faites bien ressortir le R:
dans ce contexte il risque de disparaître.

par-ci -- par-là -- partout -- par-dessus -- par-devant --
par-derrière -- par pitié -- par chance -- par paresse --
par téléphone -- par satellite

pour moi -- pour toi -- pour vous -- pour nous -- pour cause --
pour compte -- pour mémoire

** 23. Vous répondrez aux questions en suivant le patron et en ajoutant
l'adverbe mal ou l'adverbe bien. Ne faites pas de pause entre le
verbe et l'adverbe.
exemple:
vous entendez: Il dort?
vous dites: Oui, il dort bien.

```
Il part? ...bien.    Il sert? ...mal.    Il sort? ...bien.
Il court? ...mal. Il mord? ...bien.    Il pleure? ...mal.
Il meurt? ...bien.
```

24. <u>Situation</u>: <u>un enfant modèle</u>. Répétez la phrase-patron en faisant les substitutions indiquées.

   Il est toujours sage.

   calme -- bon -- gentil -- poli -- patient

* 25. Répondez aux questions en imitant le patron. Dans votre réponse, le /ə/ entendu doit disparaître. La syllabe formée est /səR/. (<u>cf</u>. Leçon 3, ex. 21)
   <u>exemple</u>:
        <u>vous entendez</u>: Quel repas?
        <u>vous dites</u>:   Ce r∉pas.

        Quel remède?   Quel repos?   Quel remous?   Quel rebelle?
        Quel regard?   Quel remords?   Quel ressort?   Quel renard?
        Quel record?   Quel retour?

26. Reprenez la dernière partie de la question posée et répondez-y en suivant le patron.
   <u>exemple</u>:
        <u>vous entendez</u>: Est-ce qu'il dort?
        <u>vous dites</u>:   Il dort? Non, mais il va dormir.

        Est-ce qu'il sort?   ...il part?   ...il sert?
        ...elle s'en sort?   ...elle s'en sert?   ...elle s'endort?

   En fin de mot
I* 27. Répondez aux questions en suivant le patron. Faites bien sonner les deux consonnes finales.
   <u>exemple</u>:
        <u>vous entendez</u>: Va-t-il parler?
        <u>vous dites</u>:   Parler? Non, je n∉ pense pas qu'il parle.

        Va-t-il fermer?   ...chercher?   ...charger?   ...tarder?
        ...verser?   ...aborder?   ...bavarder?   ...embarquer?
        ...divorcer?

* 28. Répétez après le modèle les mots suivants. Notez ceux que vous avez plus de difficulté à prononcer.

        le parc -- l'arche -- la farce -- la carte -- l'herbe --
        la perche -- le merle -- la perle -- la firme -- le cirque --
        le porche -- l'orme -- la force -- la gorge -- la corde --
        la source -- la courbe -- la gourde

29. Révision. Répétez la phrase-patron en faisant les substitutions indiquées.

Regardez mon port<u>e</u>-plume doré!

port<u>e</u>-clés -- port<u>e</u>feuille -- porte-disques -- porte-monnaie --
port<u>e</u>-savon -- port<u>e</u>-cigarette

Cinquième partie: /R/ après consonne

* 30. Répétez les mots suivants après le modèle.

un grand -- un gris -- un gros -- un gredin -- un grondeur --
un grincheux

on crache -- on crante -- on crie -- on crée -- on creuse --
on craint -- on crochète -- on croupit

le bras -- la branche -- débris -- un broc -- la bronche --
un brin -- un prix -- un prof -- la presse

un drap -- la drisse -- l'adresse -- un tri -- le trac --
de trop -- un trou -- un tronc -- le trente

en vrac -- c'est vrai -- Avranches -- avril -- en frac --
un franc -- c'est frais -- c'est froid -- le front -- le frein --
un frou-frou

31. Vous répéterez les phrases entendues en insérant <u>très</u> avant
l'adjectif.
<u>exemple</u>:
<u>vous entendez</u>: Thérèse est calme.
<u>vous dites</u>:   Thérèse est très calme.

Thérèse est simple.   ...belle.   ...sévère.   ...bizarre.
...frêle.   ...tranquille.

32. Vous répéterez les phrases entendues en insérant <u>trop</u> avant
l'adjectif ou l'adverbe.
<u>exemple</u>:
<u>vous entendez</u>: C'est tôt!
<u>vous dites</u>:   C'est trop tôt!

C'est tard!   ...cher!   ...gentil!   ...facile!
...fragile!   ...triste!

** 33. <u>Situation</u>: <u>au marché</u>. Répétez la phrase-patron en faisant les
substitutions indiquées.

Nous prendrons du fromage de chèvre.
des crêpes de froment.
des framboises et de la crème.
des fraises fraîches.

34. <u>Situation</u>: <u>la marchande répond</u>. Répétez la phrase-patron en
changeant le prix: vous lisez les chiffres imprimés.

Ça fera quarante francs.

43 -- 44 -- 33 -- 34 -- 80 -- 83 -- 84 -- 90 -- 93 -- 94

I* 35. Situation: <u>je ferai tout ce qu'il fera</u>. Complétez les phrases comme sur le patron en reprenant le verbe donné.
<u>exemple:</u>
    <u>vous entendez:</u> Et s'il vient?
    <u>vous dites:</u>   S'il vient, je viendrai aussi.

    Et s'il chante?   Et s'il danse?   Et s'il mange?
    Et s'il pense?   Et s'il vit?   Et s'il le veut?

* 36. <u>Lisez les mots suivants:</u>

    partie/patrie -- partons/patron -- parte/pâtre

    arbre -- marbre -- ordre -- sourdre -- pourpre -- dartre -- martre -- Sartre

37. Révision. Répétez la phrase-patron en faisant les substitutions indiquées.

    J'apprivoiserai le perroquet rouge.
               la perruche verte.
               le perdreau brun.
               la perdrix pourpre et grise.

* 38. <u>Comptine:</u> cette comptine est l'équivalent français de "eeny-meeny-minee-mo". Répétez après le modèle.

    Am stram gram,
    Pique et pique et colégram,
    Bourre et bourre et ratatam,
    Am stram gram pique dame!

I* 39. <u>Dialogue: les vacances, quel travail!</u>
    a) Roland-- Où irons-nous en vacances cet été?

       Hélène-- A Rambouillet?

       Pierre-- C'est trop près!

       Laurent-- Au Maroc, alors!

       Isabelle--C'est trop cher!

       Marianne--Trouvons quelque chose entre les deux.

    b) Roland-- Moi, j'irais bien en Grèce!...

       Hélène-- Ah! la Grèce!

       Pierre-- La mer bleue dans la rade d'Athène!

       Laurent-- Les brochettes de mouton grillées...

       Isabelle--Les raisins dorés...

       Marianne--Les vins parfumés...

c) Roland-- Cette année, on ne pourra pas quitter la France.

Hélène-- Mes amis, la Provence c'est très bien!

Pierre-- Ah! la Provence!

Laurent-- Le mistral sur le Lubéron...

Isabelle--Les taureaux de Camargue...

Marianne--Et les oursins frais de Martigue!

d) Roland-- D'accord! nous irons en Provence.

Hélène-- Il faut s'organiser...

Pierre-- Des vacances chouettes, ça se prépare!

Laurent-- Marianne, tu feras la liste des affaires à emporter.

Isabelle--Pierre, tu achèteras tout ce qui manquera.

Marianne--Roland, tu téléphoneras à l'agent de location.

e) Roland-- Laurent, tu feras réviser la bagnole: les pneus,
le plein, les freins, tout...quoi!

Hélène-- Oh! là! là! Quel travail!

Pierre-- Ça promet!

Laurent-- Je serai trop crevé pour partir!

Isabelle--Courage, mon vieux! Pense au petit rosé de Provence
qui te ra-ga-illar-di-ra!

Marianne--"Partir, c'est mourir un peu."

7. LA TENSION DES VOYELLES: /i/, /o/ L'ABSENCE DE DIPHTONGAISON

PROFIL

7.1 Diphthongs

1.   Vowels are produced with no obstacles in your vocal tract so that they can be said as long as your breath lasts. In the Preliminary Study (0.3) we mentioned the three criteria used for the classification of vowels: the area of the mouth, the height of the tongue, and the lip formation. English and French vowels are summarized in Chart 5.
    A diphthong consists of two sounds, a vowel and a glide. If you pronounce the words I, out, boy, you will note that the vowel sounds consist of a single vowel accompanied by a tongue movement, so that the vowel glides up to a higher sound, yet within a single syllable. For instance, the vowel of I begins with /ɑ/ like the one in hot, but it ends with /j/, somewhat similar to the first sound in yes: /ɑʲ/. The vowel in out begins also with /ɑ/, but ends up with /w/, a sound similar to the beginning segment in west: /ɑʷ/. The vowel in boy is like the /ɔ/ in bought but glides up to /j/, producing /ɔʲ/. The diphthongal nature of these three vowels is easy to perceive, since the height of the tongue changes radically from the beginning single vowel sound to the following glides.

2.   Besides /ɑʲ/, /ɑʷ/, /ɔʲ/ just mentioned, there are four other diphthongs in English. The so-called "long" vowels in words like eat, ate, food, oh are diphthongs, represented in our book by the symbols /iʲ/, /eʲ/, /uʷ/, /oʷ/, respectively. Unlike English, the vowels in French are never followed by a glide. The speech organs are held tense and stationary during their articulation. You will need to learn to keep your muscles very tense and not move your tongue or lips as you practice the French vowels. Glides are produced by moving the blade of the tongue upward during the articulation of a vowel. In this lesson, we will concentrate on the French vowels /i/ and /o/, as in fit and faut, so that you will avoid diphthongizing them as /iʲ/ and /oʷ/ as in fee and foe, or substituting the lax, short /I/ for /i/ as in it.

7.2 Articulation of /i/

Keep the tip of your tongue firmly behind the back of the lower incisors. Raise the blade of your tongue to its highest position under the palate, leaving very little space between the palate and the tongue. Spread your lips horizontally, pulling the corners outward and uncovering the front teeth. Produce the vowel /i/ without moving your tongue or lips in any way, and keeping them tense. Pronounce /i/ as a very long vowel, in fact as long as you can in one breath, while making sure that the quality of the sound does not change. Repeat this several times while looking into a mirror. If your tongue moves upward during the articulation, you will be producing the English diphthong /i^j/. If your tongue is not raised high enough and kept tense, the resulting sound will be the English /I/.

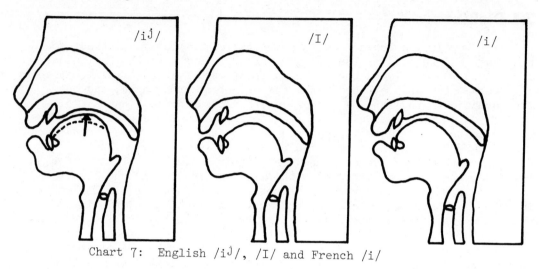

Chart 7: English /i^j/, /I/ and French /i/

7.3 Orthographic Representation for /i/

i	i<u>ci</u>, <u>il</u> d<u>it</u>, c<u>i</u>v<u>i</u>l<u>i</u>sation
î	d<u>î</u>ner, ab<u>î</u>m<u>é</u>
y	h<u>y</u>giène, <u>Y</u>ves

The vowel /i/ followed by another vowel usually turns into a semi-consonant /j/: <u>hier</u> /i/ + /ɛR/ → /jɛR/. This will be discussed in Lesson 16.

7.4 Articulation of /o/

Keep the tip of your tongue behind the back of the lower incisors. Raise the back of your tongue toward the velum, bunching its very rear toward the pharyngeal wall. Round your lips tightly and protrude them, leaving an opening just large enough for your little finger to go through. Now pronounce /o/ <u>without</u> moving your tongue or jaw. Say /o/ as long as your breath holds, making sure that the sound quality remains the same throughout articulation. Repeat this several times while looking into a mirror. If your tongue moves up, you will be saying the English diphthong /o^w/. If your lips are not rounded firmly and your tongue is too low, you will be saying the English vowel /ɔ/.

7.5 Orthographic Representation for /o/

There are actually three <u>o</u> sounds in French, [o], [ɔ], [ǫ], as we will be discussing in Lesson 13. In this lesson, we focus our attention to the highest of the three, [o], which occurs in stressed syllables,

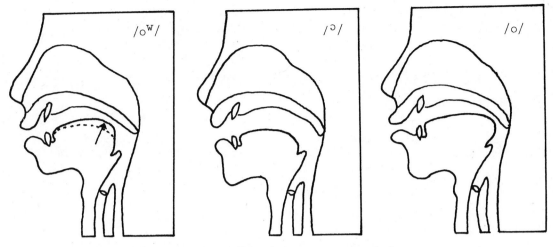

Chart 8: English /o^W/, /ɔ/ and French /o/

i.e., in the word-final (when pronounced in isolation) or phrase-final position. In an open syllable, the following graphemes occur.

o	p<u>o</u>t, mot<u>o</u>, numér<u>o</u>
ô	t<u>ô</u>t, bient<u>ô</u>t, all<u>ô</u>
au	ch<u>au</u>d, f<u>au</u>t, tuy<u>au</u>, journ<u>au</u>x
eau	<u>eau</u>, b<u>eau</u>, morc<u>eau</u>x

In closed syllables, the first grapheme, <u>o</u>, occurs only before the consonant /z/. The other graphemes are found before many other consonants.

o	Before /z/: p<u>o</u>se, r<u>o</u>se, exp<u>o</u>se, Berli<u>o</u>z
ô	p<u>ô</u>le, r<u>ô</u>de, d<u>ô</u>me, c<u>ô</u>te
au	t<u>au</u>pe, <u>au</u>be, s<u>au</u>ce, r<u>au</u>que
eau	B<u>eau</u>ne, B<u>eau</u>ce
aô	S<u>aô</u>ne

7.6 Anticipation of Vowels

1. English vowels are normally articulated with muscles of the vocal organs relatively lax. Their articulation is often influenced by the consonants that follow them. For example, before a nasal consonant, a vowel becomes nasalized in anticipation of the consonant (see 0.3.5 and 9.1.2). Before a syllable-final or preconsonantal /l/, there is often a transitional vowel /ə/ and the /l/ becomes a "dark <u>l</u>" (17.1.2). Finally, as we mentioned in the preceding lesson (6.1.1), the <u>r</u> influences the pronunciation of the preceding vowel.

2. In French, consonants are never anticipated during the pronunciation of a vowel. Furthermore, it is the consonants that are influenced by the vowel. In words like <u>beau</u>, <u>tôt</u> and <u>aube</u>, <u>ôte</u>, the con-

sonants /b/ and /t/ are pronounced with rounded lips because they are either followed or preceded by /o/, a rounded vowel. Likewise, in pis, vie and type, Yves, the /p/ and /v/ are pronounced with the lips spread horizontally because of the unrounded vowel /i/.

7.7 Interferences

None of the French vowels are pronounced in a manner identical to those of English. Other than the anticipation of following consonants as discussed in the preceding section, typical pronunciation errors involve substitution of a diphthong or a lax vowel, as described below.

1. Moving the tongue and the jaw during the pronunciation of /i/ or /o/, especially in stressed syllables. This will result in diphthongs /i^j/ and /o^w/: qui pronounced like key, site like seat, lit like lea, dîne like dean; ôte pronounced like oat, chaud like show, mot like mow, Beaune like bone.

2. Not keeping the lips spread horizontally, holding them tense, and raising the blade of the tongue high toward the palate, which results in /I/; or not rounding and protruding the lips and raising the back of the tongue, thus resulting in /ɔ/: site pronounced like sit, s'il like sill, dîne like din, dire like dear; l'eau pronounced like law, saute like sought, faute like fought.

3. Pronouncing /I/ or /ɔ/ in unstressed syllables, and conversely, /i^j/ or /o^w/ for stressed syllables: midi /midi/ as */mIdi^j/, ici /isi/ as */Isi^j/, chimiste /ʃimist/ as */ʃImist/, fini /fini/ as */fIni^j/, rideau /Rido/ as */RIdo^w/, auto /ǫto/ as */ɔto^w/.

4. Turning the unstressed /i/ and /o/ into a central vowel [ɨ] or [ə], or deleting them altogether: ord(i)naire, cap(i)taine, civ(i)lisation, lucid(i)té, un(i)versité, sim(i)laire, choc(o)lat.

Leçon 7
Tension des voyelles:
/i/, /o/
Absence de diphton-
gaison   **PRATIQUE**

Première partie: /i/

Prise de conscience auditive

1. Ecoutez et comparez:

    <u>I en syllabe fermée</u>:

seat	site
sit	cite
peak	pic
pick	pique
bead	bide
bid	bide
meal	mil
mill	mille
deem	dîme
dim	dîme
dean	dîne
din	dîne
deer	dire
sear	sire

    <u>I en syllabe ouverte</u>:

key	qui
see	si
knee	ni
fee	fit
lea	lit

    <u>I en syllabe inaccentuée</u>:

Emily	Emilie
dividend	dividende
handicap	handicap
divisibility	divisibilité
civilization	civilisation
millionaire	millionnaire

Ecoutez de nouveau, d'abord une liste de mots anglais; vous remarquerez
que la qualité des <u>I</u> change. Ecoutez ensuite la liste des mots
français, similaires. La qualité des <u>I</u> ne change pas.

seat	site
pick	pic
bead	bide
rid	ride
meal	mille
deem	dîme
din	dîne
deer	dire
key	qui
sea	si
Emily	Emilie

Discrimination auditive

2. Vous allez entendre 8 séries de trois mots similaires. Chaque fois
    que vous entendez un mot français, vous mettrez une croix dans la
    case correspondante.

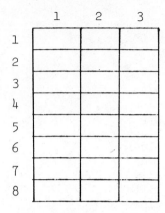

   Clé: p.100

Prise de conscience articulatoire

* 3. Les mots français que vous avez entendus dans le test précédent vont
      être répétés; dites-les après le modèle en gardant la même tension
      articulatoire, lèvres très écartées (grand sourire), dents rapprochées.
      Allongez la voyelle comme le fait le modèle.

      si -- mie -- Lise -- fîtes -- cil
      pile -- bine -- lire

Exercices d'apprentissage

* 4. Répétez les séries de mots suivantes. Surveillez l'égalité des
      syllabes.

si	dit	gît
assis	samedi	magie
associe	comédie	élégie
démocratie	orthopédie	analogie
	nid	lit
	manie	pâlie
	agonie	impolie
	monotonie	mélancolie

* 5. Répétez les paires de mots suivantes. Surveillez la qualité du /i/
      surtout dans le deuxième mot de chaque paire.

      si/sise -- dit/dise -- assis/assise -- sympathie/sympathise
      vie/vive -- ris/rive -- sali/salive -- maladie/maladive
      vie/vif -- pie/pif -- Passy/passif -- maladie/maladif
      mie/mythe -- gît/gîte -- édit/édite -- favori/favorite

6. <u>Situation</u>: <u>qu'est-ce qu'elle fait dans la vie?</u> Répétez la phrase-
   modèle en changeant le nom du métier. Attention à l'enchaînement
   et aux liaisons.

      Qu'est-ce qu'elle fait dans la vie?
        Elle est chimiste.
              dentiste.
              fleuriste.
              pianiste.
              linguiste.

      Et lui?
        Il est oculiste.
              violoniste.
              guitariste.
              garagiste.
              journaliste.

* 7. Répétez les mots suivants. Les /i/ successifs doivent avoir la
   même qualité.

    ici -- midi -- Sylvie -- liquide -- rigide -- litige --
    timide -- Philippe -- clinique -- pique-nique -- civil --
    victime -- piscine -- finir

    amphibie -- homicide -- sacrifice -- politique -- facilite --
    avilir -- Virginie -- Mississippi

    divinité -- civilité -- timidité -- facilité -- solidité --
    activité -- lucidité -- passivité -- simplicité -- spécificité

8. a) Donnez le féminin des adjectifs suivants.
     <u>exemple</u>:
         <u>vous entendez</u>: petit
         <u>vous dites</u>:   petite

       maudit -- inédit -- frit -- contrit -- écrit -- inscrit --
       interdit

   b) Donnez le masculin des adjectifs suivants après avoir répété
     le féminin.
     <u>exemple</u>:
         <u>vous entendez</u>: naïve
         <u>vous dites</u>:   naïve, naïf

       active -- pensive -- passive -- sportive -- incisive --
       évasive -- objective -- positive

9. a) Formez des adjectifs à partir des noms donnés en changeant la
     terminaison -ie en -ique.
     <u>exemple</u>:
         <u>vous entendez</u>: aphasie
         <u>vous dites</u>:   aphasique

chimie -- magie -- mélodie -- sympathie -- Arabie --
énergie -- pathologie -- géologie -- physiologie --
pédagogie -- philosophie -- photographie

b) Formez des adjectifs à partir des noms donnés en ajoutant la
terminaison -ique.
exemple:

    vous entendez: syllabe
    vous dites: syllabique

    classe -- scène -- type -- mythe -- Bible -- idylle --
    atome -- alcool -- hygiène -- épisode

** 10. Mettez les verbes suivants au passé composé. Attention: certains
verbes utilisent l'auxiliaire être.
exemple:

    vous entendez: il dort
    vous dites: il a dormi

    il ment -- il part -- il sort -- il sent -- il sert -- il met --
    il admet -- il promet -- il permet -- il prend -- il apprend --
    il comprend -- il surprend

** 11. Donnez la forme troisième personne du singulier des verbes suivants;
attention à la qualité du /i/ de il.
exemple:

    vous entendez: nous arrivons
    vous dites: il arrive

    nous visons -- nous misons -- nous autorisons --
    nous précisons -- nous exigeons -- nous obligeons --
    nous hésitons -- nous habitons -- nous récitons --
    nous félicitons -- nous méditons -- nous imitons --
    nous enfilons -- nous empilons -- nous assimilons --
    nous imaginons -- nous dominons -- nous jardinons --
    nous ressucitons

12. Mettez les verbes suivants à la troisième personne du singulier, et
du pluriel. N'oubliez pas les liaisons.
exemple:

    vous entendez: finir
    vous dites: il finit/ils finissent

    bâtir -- bénir -- agir -- choisir -- maigrir -- grossir --
    grandir -- obéir -- atterrir -- alunir

** 13. Formez le nom à partir de l'adjectif en remplaçant la terminaison
-ible par -ibilité.
exemple:

    vous entendez: possible
    vous dites: possibilité

    visible -- lisible -- sensible -- éligible -- indicible --
    intelligible -- infaillible -- admissible -- disponible --
    indivisible

** 14. <u>Situation</u>: <u>métro--boulot--dodo</u> (la vie du Parisien typique).
Remplacez le complément par le pronom <u>y</u> inséré entre le sujet et
le verbe. Attention à la qualité des deux /i/ inaccentués et à
l'enchaînement consonantique.
<u>exemple</u>:

    <u>vous entendez</u>: Il va au boulot.
    <u>vous dites</u>:   Il y va.

    Il passe à la poste.   Il mange au restaurant.
    Il boit au café.   Il travaille au bureau.
    Il rentre chez lui.   Il dort dans son lit.

I* 15. <u>Dialogue</u>: <u>chez des amis, tout est permis</u>.

    Michel--   Philippe est-il parti?

    Véronique-- Oui, il est parti samedi, dans le Midi.

    Michel--   La vie de dentiste le fatigue?

    Véronique-- Ici, Emilie ne lui facilite pas l'existence.

    Michel--   Ils ont pourtant une résidence ravissante à Passy.

    Véronique-- Et avec la piscine, c'est idyllique!

    Michel--   Tous leurs amis pâlissent de jalousie.

    Véronique-- Mais, dis donc! Elle est disponible, s'ils sont
                partis...

    Michel--   Avertis Janine et Monique: on va y faire un
                pique-nique.

    Véronique-- Compris! A nous la belle vie!

Deuxième partie: /o/
Prise de conscience auditive

16. Ecoutez et comparez:

<u>O en syllabe fermée</u>:

pose	pose
rose	rose
coat	côte
dome	dôme
soul	saule
sore	saur

<u>O en syllabe ouverte</u>:

dough	dos
foe	faux
sew	sot
low	l'eau
toe	tôt
beau	beau

Dans les mots français, le <u>o</u> n'est jamais diphtongué. Ecoutez de
nouveau; d'abord une liste de mots anglais (remarquez la diphtongaison), puis la liste de mots français similaires.

```
oat        ôte
dose       dose
close      clause
prose      prose
pole       pôle
goal       Gaule
role       rôle
show       chaud
doe        dos
Poe        peau
roe        rôt
```

17. Vous allez entendre 8 séries de trois mots similaires. Chaque fois que vous entendez un mot français, vous mettrez une croix dans la case correspondante.

```
        1       2       3
   1  ┌───────┬───────┬───────┐
      │       │       │       │
   2  ├───────┼───────┼───────┤
      │       │       │       │
   3  ├───────┼───────┼───────┤
      │       │       │       │
   4  ├───────┼───────┼───────┤
      │       │       │       │
   5  ├───────┼───────┼───────┤
      │       │       │       │
   6  ├───────┼───────┼───────┤
      │       │       │       │
   7  ├───────┼───────┼───────┤
      │       │       │       │
   8  └───────┴───────┴───────┘
```

                                    Clé: p.100

Prise de conscience articulatoire

* 18. Les mots français que vous avez entendus dans le test précédent vont être répétés; dites-les après le modèle en gardant la même tension, les lèvres très arrondies.

        dos -- beau -- sot -- faux
        clause -- pôle -- Gaule -- maure

Exercices d'apprentissage

* 19. Répétez les mots suivants:

        pot -- nos -- seau -- veau -- clos -- gros -- trop
        ose -- dose -- cause -- chose -- pause -- close -- glose -- rose
        aube -- sauce -- gauche -- Claude -- saule -- Paule -- rauque --
        mauve -- jaune -- autre -- le nôtre

* 20. Répétez les paires:

        haut/haute -- chaud/chaude -- beau/baume -- faux/fausse --
        sot/saute -- dos/dôme -- peau/paume -- tôt/taupe

21. Donnez le pluriel des noms suivants.
    exemple:
            vous entendez: le cheval
            vous dites: les chevaux

        le canal -- le bocal -- le métal -- le total -- le signal --
        le journal -- le capital -- le général

** 22. Situation: la carrière d'un dictateur. Donnez le présent du verbe
    à la troisième personne du singulier.
    exemple:
            vous entendez: Va-t-il doser?
            vous dites: Il dose.

        Va-t-il oser?   ...causer?   ...gloser?   ...s'exposer?
        ...s'opposer?   ...déposer?   ...disposer?   ...s'imposer?
        ...exploser?

I* 23. Dialogue: du bureau au bistro

        Margot-- Il est tôt.

        Jérôme-- Il fait beau.

        Margot-- Il va faire chaud.

        Jérôme-- J'ai déjà chaud.

        Margot-- Il est trop tôt pour avoir chaud.

        Jérôme-- On serait mieux dans l'eau... ou sur un bateau.

        Margot-- Si on était sur la Côte, ça serait la vie de château.

        Jérôme-- Tu causes, tu causes... ça n'avance pas les choses.

        Margot-- J'en ai plein le dos de ce bureau.

        Jérôme-- Allume la radio.

        Margot-- Mais Claude se repose.

        Jérôme-- Plus un mot. Allons boire un pot au bistro.

        Margot-- Bravo!

* 24. Chanson.

        Mes amis
        Que reste-t-il
          A ce dauphin si gentil?
        Orléans, Beaugency
        Notre-Dame de Cléry
        Vendôme,
        Vendôme.

Clé   ex. 2

	1	2	3
1		X	
2			X
3	X		
4		X	X
5	X		X
6	X		
7		X	X
8			X

1. feat — fîtes — fit
2. sill — seal — cil
3. bine — been — bin
4. Lear — lire — lyre
5. mie — me — mit
6. pile — peel — pill
7. sea — si — scie
8. lease — Liz — Lise

ex. 17

	1	2	3
1	X		X
2	X		X
3	X	X	
4			X
5		X	X
6	X		
7	X	X	
8	X		X

1. faux — foe — faut
2. pôle — pole — Paule
3. maure — Maur — more
4. sew — saw — sot
5. close — close — clause
6. dos — dough — doe
7. Gaule — Gaulle — goal
8. bot — beau — beau

8. LES VOYELLES /u/ ET /y/

PROFIL

8.1 Articulation of /u/

1. For the pronunciation of the vowel /u/, keep your lips tensely
rounded and protruded, with just enough opening for a pencil to go
through, or as if you were about to blow out a candle. The tip of your
tongue is held firmly behind the back of the lower incisors, with the blade
slightly grooved. The back of your tongue must be raised very high
toward the velum and the pharyngeal wall, leaving a fairly narrow air
passage. It is important not to move your tongue during the articulation
of /u/. Practice making a long, continuous /u/ sound while looking into
a mirror.

2. There are two back vowels in English that speakers of American
English often substitute for the French /u/. One, represented by the
phonetic symbol /uᵂ/, is found in words such as boot, food, loop, coo.
It is a diphthong with the glide /w/ produced by the tongue and lip
movement, most prominent when the syllable is stressed and lengthened.
The back of the tongue is not raised as high and the lips are not rounded
as much as in the French /u/. The other vowel, /U/, is found in words
like book, cook, pull, full. It is produced with far less tension than
the French /u/, and the back of the tongue is much lower and the lips
less rounded.

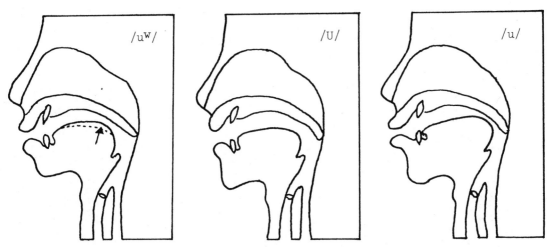

Chart 9: English /uᵂ/, /U/ and French /u/

101

8.2 Orthographic Representation for /u/

<u>ou</u>	<u>bou</u>che, <u>tou</u>jours
o<u>û</u>	go<u>û</u>t, co<u>û</u>ter, ao<u>û</u>t /u, ut/
o<u>ù</u>	o<u>ù</u>

The vowel /u/ before another vowel often becomes /w/: <u>louer</u> /lu/ +
/e/ → /lwe/. The semiconsonant /w/ will be discussed in Lesson 15.

8.3 Articulation of /y/

1. The sound /y/ is a front rounded vowel. It is produced in the
palatal area where /i/ is articulated, but with a simultaneous rounding of
lips. In other words, for this sound the tongue position is similar to
that of /i/, but the lip formation is the same as for /u/. Round your
lips and protrude them. Keep all the muscles of your vocal organs tense
as you say /y/. Produce a long /y/, as long as your breath can last. If
it turns into /u/, you are moving your tongue during the articulation. By
looking into a mirror, check how tightly you are rounding your lips and
whether or not you are moving your tongue even slightly. Note that your
tongue and lip positions are quite similar to those you assume when you
whistle. Look again in the mirror as you do the following.
   a) Say /i/, as described in 7.2, and while keeping the tongue in that
      position, pucker your lips gradually (as if for kissing) until the
      corners are drawn in tightly as for /u/: /i/—→rounding—→/y/.
   b) Try the reverse. Pronounce /u/, noting how your lips are "pursed"
      tightly as described in 8.1.1. While keeping your lips in the
      tightly rounded position, raise the blade of the tongue toward
      the palate and say /i/: /u/—→tongue fronting—→/y/.

2. Note the similarities and differences in the tongue position and
lip formation among /i/, /y/, /u/.

	lips	blade of tongue	back of tongue	examples
/i/	unrounded	high	low	<u>si</u>, <u>dit</u>, <u>y</u>
/y/	rounded	high	low	<u>su</u>, <u>du</u>, <u>eu</u>
/u/	rounded	low	high	<u>sous</u>, <u>doux</u>, <u>où</u>

3. There is no English counterpart for /y/. The pronunciation of the
word <u>you</u> /juʷ/ may sound like the vowel in <u>du</u>, but note that it begins with
a glide sound /j/, followed by the diphthong /uʷ/, which is a <u>back</u> vowel.
The French /y/ is a <u>monophthong</u>, or a single sound without any glide, and
it is a <u>front</u> vowel. Compare the vowels in pairs of words such as <u>vu-view</u>,
<u>mu-mew</u>, <u>fut-few</u>, and <u>eu-ewe</u>.

4. In English, the glide /j/ of /juʷ/ or /jU/ often combines with a
preceding consonant such as /t/, /s/, /z/, and the combination of /tj/,
/sj/, /zj/ is <u>palatalized</u> to /tʃ/, /ʃ/, /ʒ/, respectively; for example,
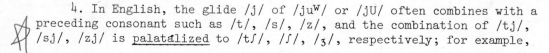

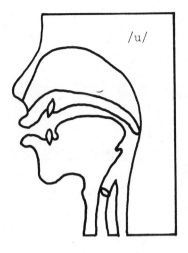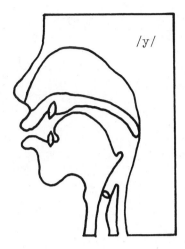

Chart 10: French /u/ and /y/

the suffix -ure attached to words like create (→creature), press
(→pressure), and enclose (→enclosure). Palatalization of this sort is
obligatory within a word, while it is optional and occurs in fast colloquial English, as in I bet you, I miss you, He sees you. Palatalization before /y/ never occurs in French, even within a word, so that /t/,
/s/, /z/ remain unchanged. Compare the following English and French
sounds.

nature	/neʲtʃər/	nature	/natyR/
cultural	/kʌltʃrəl/	culturel	/kyltyRɛl/
tissue	/tiʃuʷ/	tissu	/tisy/
assure	/aʃUər/	assure	/asyR/
azur	/æₗʒər/	azur	/azyR/

8.4 Orthographic Representation for /y/

French is fairly consistent in representing /y/ in its written
language. The only exceptions are the graphemes eu, eû of the verb
avoir (the past participle, the passé simple, and the imperfect subjunctive). The change of /y/ to /ɥ/ before another vowel, as in lui /ly/ +
/i/ → /lɥi/ is described in Lesson 15.

u	su, buffet
û	sûr, dû
eu, eû	(of avoir): j'ai eu, il eut, nous eûmes, il eût

8.5 Interferences

Careful attention to the rounding of the lips (protruded and held very
tensely) and the tongue position (the blade raised high for /y/ and the
back raised high for /u/, both without any other tongue movements) should
result in the correct articulation of /y/ and /u/ and avoidance of errors

like the following.

1. Substitution of the English /u^W/ or /U/ for the French /u/: <u>poule</u>, <u>foule</u>, <u>coude</u> pronounced as if they were <u>pool</u>, <u>fool</u>, <u>cooed</u> or <u>pull</u>, <u>full</u>, <u>could</u>; <u>tout</u>, <u>goût</u>, <u>mou</u>, <u>loup</u>, <u>doux</u> pronounced with /u^W/ as in <u>too</u>, <u>goo</u>, <u>moo</u>, <u>Lou</u>, <u>do</u>.

2. Substitution of /ju^W/ or /u^W/ for /y/: <u>vu</u>, <u>musique</u>, <u>mu</u>, <u>fut</u>, <u>jus</u>, <u>pu</u> pronounced like <u>view</u>, <u>music</u>, <u>mew</u>, <u>few</u>, <u>jew</u>, <u>pew</u>, or <u>dû</u>, <u>lu</u>, <u>mu</u>, <u>nu</u> pronounced like <u>do</u> (<u>dew</u>), <u>Lou</u>, <u>moo</u>, <u>new</u>.

3. Substituting /U/ for the unstressed /u/, or neutralizing it to /ə/: <u>Toulouse</u> as */tUluz/, */təluz/, <u>pouvoir</u> as */pUvwaR/, */pəvwaR/, <u>il a voulu</u> as */ilavUly/, */ilavəly/, <u>rougir</u> as */RUʒiR/, */RəʒiR/, <u>durable</u> as */dURabl/, */dəRabl/.

4. Anticipating the following consonant, especially /R/, which will distort the quality of the preceding /y/ or /u/: <u>pour</u>, <u>sourd</u>, <u>pur</u>, <u>dur</u>, <u>furent</u>, <u>cure</u> pronounced like <u>poor</u>, <u>sewer</u>, <u>pure</u>, the first syllable of <u>during</u>, <u>fewer</u>, <u>cure</u>.

5. Palatalizing /t/, /s/, /z/ which precede /y/ as /tʃ/, /ʃ/, /ʒ/, by pronouncing /y/ as /jy/ or /ju^W/: <u>naturel</u> */natʃyRɛl/, <u>voiture</u> */vwatʃu^{W}R/, <u>assure</u> */aʃuR/, <u>tissu</u> */tiʃy/, <u>azur</u> */aʒyR/, <u>usure</u> */yʒyR/.

Leçon 8
/u/-/y/

PRATIQUE

Prise de conscience auditive

/u/
1. Ecoutez et comparez:

U en syllabe fermée:

loop	loupe
boot	boute
book	bouc
bush	bouche
puss	pousse
cooed	coude
could	coude
pool	poule
pull	poule
boom	boum
poor	pour
lure	lourd

U en syllabe ouverte:

too	tout
boo	boue
coo	cou
cue	coud
goo	goût
do	doux
due	doux
new	nous
mew	mou
moo	moue

U en syllabe inaccentuée:

to lose	Toulouse
to say	toussait

Ecoutez de nouveau, d'abord une liste de mots anglais; vous remarquerez que la qualité des U change: certains sont tendus et longs,
d'autres relâchés et brefs.
En syllabe ouverte, ils sont précédés d'un yod dans certains cas.
En syllabe fermée, ils sont parfois modifiés par l'anticipation de la
consonne qui suit.
Vous entendrez ensuite une liste de mots français similaires: la
qualité de U ne change pas.

loop	loupe	boom	boum
boot	boute	poor	pour
book	bouc	too	tout
bush	bouche	do	doux
could	coude	new	nous
pool	poule	mew	mou

Discrimination auditive

2. Vous allez entendre 7 séries de trois mots similaires. Chaque fois que vous entendrez un mot français, vous mettrez une croix dans la case correspondante.

	1	2	3
1			
2			
3			
4			
5			
6			
7			

Clé: p.114

Prise de conscience articulatoire

* 3. Quelques-uns des mots français que vous avez entendus vont être répétés; dites-les après le modèle en gardant la même tension articulatoire: lèvres très arrondies et projetées en avant, dents rapprochées, le dos de la langue très en arrière et fermant presque le passage de l'air.

    goût -- sou -- doux -- mou -- bouc -- coude -- foule -- pousse

/y/

* 4. Pour produire /y/, les lèvres sont dans la même position que pour /u/ et la langue dans la même position que pour /i/. Dites /i/ prolongé, lèvres bien écartées, puis, sans bouger la langue, rapprochez les lèvres et projetez-les en avant.
Essayez maintenant de répéter après le modèle--sans bouger la langue.

    /iiii/-/yyyy/

    /i/-/y/ -- si/su -- ti/tu -- fi/fu -- pi/pu -- bi/bu

Dites ensuite les séries de trois syllabes suivantes. Concentrez-vous sur l'image articulatoire de ces sons; répétez-les en fermant les yeux, pour mieux former l'image mentale de la position des muscles de la langue et des lèvres.

Lèvres écartées, langue tendue vers l'avant	/i/	si	ti	fi	pi	bi
Lèvres arrondies, langue tendue vers l'avant	/y/	su	tu	fu	pu	bu
Lèvres arrondies, langue tendue vers l'arrière	/u/	sou	tou	fou	pou	bou

Discrimination auditive

5. Vous allez entendre 8 séries de trois mots. Ils contiendront tous le son /y/ ou le son /u/, une fois chacun. Vous mettrez le symbole phonétique de la voyelle entendue dans la case qui correspond au mot.

	1	2	3
1			
2			
3			
4			
5			
6			
7			
8			

<u>Clé</u>: p.114

Exercices d'apprentissage

<u>Première partie</u>: acquisition de /y/

* 6. Répétez les paires de mots suivants:

   si/su -- t'y/tu -- vie/vue -- fit/fut -- Gy/jus
   lit/lu -- pli/plu -- ni/nu
   pi/pu -- bis/bu -- mi/mu
   ris/rue -- cri/cru -- bris/bru

* 7. Répétez les paires suivantes:

   sise/Suze -- Cid/sud -- six/suce -- sic/suc
   fîtes/fûtes -- bise/buse -- biche/bûche -- bile/bulle -- mille/mule

   sire/sur -- tir/turent -- dire/durent -- lirent/lurent
   pire/pur -- Byrrh/burent -- mirent/mur
   ride/rude -- rite/Ruth -- riche/ruche

* 8. Lisez les mots suivants après le modèle:

   attitude -- habitude -- lassitude -- solitude -- sollicitude --
   similitude -- exactitude

* 9. Répétez les mots suivants. Attention: évitez de dire un /j/ avant /y/; placez les lèvres dans la position fermée et arrondie <u>avant</u> de prononcer la consonne initiale:

   pu -- puce -- pur
   bu -- buse -- bus -- bulle -- burent
   mu -- muse -- mule -- mur

** 10. Essayez de prononcer les mots suivants:

        rue -- Ur
        crue -- cure
        bru -- bure
        dru -- dure -- rude
        sur/Russe -- mur/rhume -- turent/Ruth

11. Situation: vous êtes surpris de ce que dit votre amie, et vous répondez à ses affirmations par des questions.
exemple:
vous entendez: J∉ l'ai vu.
vous dites: Tu l'as vu?

Je l'ai su.   Je l'ai lu.   Je l'ai cru.   Je l'ai connu.
Je l'ai vendu.   Je l'ai rendu.   Je l'ai attendu.
Je l'ai descendu.   Je l'ai aperçu.

I* 12. Situation: vous confirmez ce que dit votre amie.
exemple:
vous entendez: Je n∉ l'ai plus bu.
vous dites: Eh non! Tu ne l'as plus bu.

Je ne l'ai plus pu.   ...vu.   ...eu.   ...battu.
...déçu.   ...voulu.   ...entendu.   ...reconnu.

13. Situation: vous êtes exigeant. Transformez les phrases en suivant le patron.
exemple:
vous entendez: J'aime le pain.
vous dites: J∉ veux du pain.

J'aime le vin.   ...le sel.   ...le boeuf.   ...le lait.
...le mouton.   ...le jambon.   ...le gâteau.   ...le bifteck.
...le champagne.

* 14. Lisez les mots suivants après le modèle:

        bulbeux -- buffet -- bureau
        cubique -- culotte -- curiosité
        furieux -- durable -- lugubre -- justice -- purger
        surface -- subtil -- succès
        numéro -- musique -- musée -- murmure
        rupture -- rustique -- rural

Deuxième partie: correction de /u/

* 15. Répétez les paires suivantes. Les lèvres sont très arrondies et fermées, le dos de la langue est massé vers l'arrière de la cavité buccale. Fermez davantage les mâchoires et poussez le dos de la langue au maximum vers l'arrière pour passer de /o/ à /u/.

        Caux/cou -- beau/bout -- tôt/tout -- faux/fou -- veau/vous -- mot/mou -- l'eau/loup -- rôt/roue

Répétez encore:

    au goût -- au cou -- aux joues -- aux choux -- au fou --
    au bout -- au loup -- aux roues

** 16. Les mots suivants sont bien connus des enfants français parce qu'on
    leur répète en classe qu'ils ont un x au pluriel et non un s.
    Répétez ces mots en substituant six à un.
    exemple:
        vous entendez: un pou
        vous dites: six poux

        un pou -- un chou -- un genou -- un bijou -- un hibou --
        un caillou -- un joujou

17. Situation: le collectionneur de choses étranges. Répétez la phrase-
    patron en faisant les substitutions indiquées.

        Il a beaucoup de sous.

        poux -- choux -- loups -- clous -- roues -- trous -- tout

/uR/
* 18. Lisez les mots suivants après le modèle:

        gourd -- cour -- pour -- bourre -- four -- sourd -- jour --
        lourd -- amour -- toujours -- retour

19. Reprenez les énoncés donnés en en faisant des questions avec vous.
    exemple:
        vous entendez: Je tousse.
        vous dites: Vous toussez?

        Je coupe.   Je soupe.   Je boude.   Je pousse.   Je coule.
        Je cours.   Je roule.   Je rembourse.

        Je me pousse.   Je me couche.   Je me dédouble.
        Je me trouble.   Je me poudre.   Je m'écroule.

Contraste /øz/-/uz/
** 20. La langue, pour /u/, doit être massée très en arrière.
    Lisez les paires de phrases après le modèle.

        il a deux ans/il a douze ans -- il a deux œufs/il a douze œufs --
        il a deux amis/il a douze amis -- il a deux élèves/il a douze élèves --
        il a deux enfants/il a douze enfants --
        il a deux éléphants/il a douze éléphants

21. Situation: ils feront tout ce qu'elle fera. Répétez la phrase-
    patron en faisant les substitutions indiquées: vous complétez
    la nouvelle phrase en utilisant le nouveau verbe.
    exemple:
        vous entendez: Si elle noue...
        vous dites: Si elle noue, ils noueront.

Si elle joue....   Si elle loue....   Si elle cloue....
Si elle troue....   Si elle avoue....   Si elle échoue....
Si elle rabroue....

* 22. Lisez les mots suivants après le modèle:

soupir -- souris -- sourire -- sourcil -- souffrir
touriste -- tourelle -- tourner -- retourner

Troisième partie: contraste /y/-/u/

* 23. Répétez les séries de mots suivants:

si/su/sous -- vie/vue/vous -- lit/lu/loup
bis/bu/bout -- pie/pu/pou -- mi/mu/mou
ris/rue/roue -- bris/bru/brou

* 24. Répétez les paires suivantes:

doux/du -- tout/tu -- joue/jus -- chou/chû -- nous/nu --
roue/rue

* 25. Répétez les séries suivantes:

bise/buse/bouse
biche/bûche/bouche
bile/bulle/boule
mille/mule/moule
tir/turent/tour
kir/cure/cour
pir/pur/pour

* 26. Répétez les paires suivantes:

couve/cuve -- pouce/puce -- Toul/Tulle -- rousse/russe --
broute/brute

** 27. Répondez aux questions en suivant le patron.
exemple:
vous entendez: Vous l'avez pu?
vous dites: Nous l'avons tous pu.

Vous l'avez su?   ...bu?   ...vu?   ...tu?   ...lu?
...cru?   ...connu?   ...voulu?   ...attendu?

I* 28. Vous répondez aux questions en suivant le patron.
exemple:
vous entendez: Tu le vois?
vous dites: Mais voyons! J∉ l'ai toujours vu.

Tu le sais?   ...lis?   ...crois?   ...veux?   ...connais?
...reçois?

29. Situation: <u>vouvoyer et tutoyer</u>. Ce camarade n'est pas tutoyeur;
vous voulez qu'il vous dise <u>tu</u> et vous reprenez chacune de ses
phrases en changeant <u>vous</u> en <u>tu</u>.
exemple:
<u>vous entendez</u>:   Vous soupez?
<u>vous dites</u>:   Tu soupes?

Vous bougez?   Vous toussez?   Vous louchez?   Vous soudez?
Vous doublez?   Vous souffrez?   Vous trouvez?

I* 30. Situation: on ne peut rien apprendre à cette amie, c'est un peu
exaspérant, et vous le lui faites comprendre.
exemple:
<u>vous entendez</u>:   Je le savais bien.
<u>vous dites</u>:   Tu as toujours tout su.

Je le lisais bien.   Je le voyais bien.   J'en buvais bien.
Je le pouvais bien. Je le taisais bien. Je le croyais bien.

I* 31. Vous répondez aux questions en suivant le patron.
exemple:
<u>vous entendez</u>:   Je pousse?
<u>vous dites</u>:   Tu n∉ pousses plus du tout.

Je tousse?   Je boude?   Je soupe?   Je bouge?   Je louche?
Je roule?   Je cours?   Je souffre?

/yR/-/uR/
32. Répétez la phrase-patron en faisant les substitutions indiquées.

a)   Tu es toujours sûr.
dur -- pur -- mûr -- obscur

b)   Tu jures toujours.
dures -- mesures -- adjures -- susurres -- murmures

* 33. Lisez les paires suivantes après le modèle:

bouffée/buffet -- couvée/cuvée -- moulé/mulet --
bourreau/bureau -- courage/curage -- courrée/curée --
roussi/Russie -- rougir/rugir -- fourreur/fureur

* 34. Situation: <u>encore quelqu'un qui collectionne des choses étranges</u>.
Vous en lisez l'inventaire, après le modèle:

Il a eu:

des boutures -- des coupures -- des moulures --
des doublures -- des fourrures -- des couvertures --
et des courbatures.

/u/
I* 35. Dialogue: <u>coucou!</u>

```
Toto--        Vous qui savez toujours tout...

Lili--        dites-nous où nous pourrons trouver...

Toto--        ...un coucou.

Le monsieur--Vous voulez un coucou?

Lili--        Un coucou qui chante tout le temps.

Le monsieur--Un coucou des bois, ou un coucou en bois?

Toto--        Un coucou en bois.

Le monsieur--Pas un joujou?

Lili--        Non.  Un coucou qui dit l'heure.

Toto--        En faisant "coucou", "coucou".

Lili--        C'est ça!  Coucou!  Vous allez goûter!

Toto--        Coucou!  Vous allez souper!

Lili--        Coucou!  Vous allez vous coucher!

Le monsieur--Comme c'est chou!  C'est gentil comme tout!  Mais
             moi, j'aime mieux les loups...  Ou, ou, ouh!
```

/uR/

I* 36. Dialogue: _amour, amour..._

```
Claude--    Ecoutez ça!

Dominique--Quoi?

Claude--    Un poème, que j'ai trouvé pour vous.

Dominique--Pour moi?  Un autre jour!

Claude--    Je vais le jouer en sourdine.

Dominique--Je vais souffrir!

Claude--    Pourtant il est court.

Dominique--Je soupire!

Claude--    Ne boudez pas!

Dominique--Vous me troublez.

Claude--    "J'attendrai tous les jours,
             Encore et toujours,
             Ton retour,
             Mon amour!"

Dominique--Au secours!  Je m'écroule!
```

/yR/

I* 37. Dialogue: le militant

Jean-- Il est dur!

Paule-- C'est un pur.

Jean-- C'est sûr: il est dur et pur.

Paule-- Ça se voit sur sa figure.

Jean-- Surtout quand il pense au futur.

Paule-- Il est mûr pour la Révolution.

/y/

I* 38. Dialogue: l'autobus a fait la culbute.

Jules-- Alors Lucien, tu viens? Nous allons manquer l'autobus!

Lucien-- Mon pauvre Jules! Tu n'as pas lu la nouvelle?

Jules-- Non, je n'ai rien lu.

Lucien-- L'autobus de Tulle a fait la culbute.

Jules-- Zut alors! on va y aller en voiture.

Lucien-- Mon pauvre Jules! Tu ne l'as pas vue?

Jules-- Non, je n'ai rien vu.

Lucien-- Ses pneus se désarticulent, son volant se démantibule,
et il n'y a plus de jus dans les accus.

Jules-- Flûte! Je suis déçu...allons à pied!

Lucien-- Jules! Par cette canicule? Avec mon rhume,
je serais ridicule. Je suis fourbu, moulu, perdu.

Jules-- Tu l'as vue, Tulle? Pas moi! Je pars sans toi!

/y/-/u/

I* 39. Dialogue: la Russe rousse

Celui de droite-- Je ne sais pas si elle est russe.

Celui de gauche-- En tous cas, elle est rousse.

Celui de droite-- On dit qu'en Russie, ça sent le roussi.

Celui de gauche-- Le roussi? en Russie? Pas plus qu'ici.

Celui de droite-- Pas du tout! là-bas c'est pire: je l'ai lu.

Celui de gauche-- Tu as tout vu! Tiens, tu me ferais rugir.

Celui de droite-- Et toi, tu n'as pas peur de rougir.

Celui de gauche-- Rugir? Rougir? Je rêve d'une jolie Russe rousse
emmitouflée dans ses fourrures...

Clé   ex. 2

	1	2	3
1			X
2		X	
3			X
4	X	X	
5	X		X
6		X	
7	X		

cooed   could   coude

fool   foule   full

do   dew   doux

toux   tout   too

sou   sue   sous

sewed   soude   sued

mou   moo   mew

ex. 5

	1	2	3
1	y	u	y
2	y	u	u
3	u	u	y
4	y	u	y
5	u	y	y
6	u	y	u
7	u	u	y
8	y	u	y

su   sou   sue

puce   pousse   pouce

couve   couve   cuve

bulle   boule   bulle

rousse   russe   russe

bouffée   buffet   bouffée

mourir   mourir   mûrir

dénument   dénouement   dénument

9. LA VOYELLE NASALE /ɛ̃/

PROFIL

9.1 Articulation of /ɛ̃/

1. The sound /ɛ̃/ is a nasal vowel. A nasal vowel is produced by lowering the back of the velum (velic valve) so that the air stream is exhaled partly through the nasal passage and partly through the oral passage. The vowel /ɛ̃/ is quite similar to the oral vowel /ɛ/ except for its nasality: trait-train, mais-main, laid-lin, paix-pain. In order to articulate /ɛ̃/, spread your lips horizontally as for /ɛ/, but let your breath escape simultaneously through your nose and mouth: /ɛ/⟶ nasalizing⟶ /ɛ̃/. You should be able to say /ɛ̃/ continuously as long as your breath lasts. Change in the nasality of the vowel indicates that the velic valve is not held in a tense and steady position.

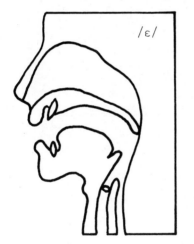 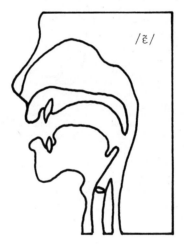

/ɛ/   /ɛ̃/

Chart 11: French /ɛ/ and /ɛ̃/

2. As mentioned in 0.3.5, nasalized vowels do exist in English. Compare the vowel sounds as you slowly say cat-can, fight-fine, bead-mean, boat-bone, lie-line. In the first word of each pair, the vowel is oral--the air escapes only through your mouth, and there is no nasality in the vowel. But in the second word of each pair, the velum becomes lowered during the articulation of the vowel, in anticipation of the following nasal consonant for which it must be lowered. As a result, the vowel becomes partly nasalized, the air stream escaping through the nose. All this is to say that there are nasalized vowels in English, occurring automatically before any nasal consonant. A person who has a nasal twang is one who has the habit of relaxing the velic

115

valve so that part of the air is allowed to escape from the nose throughout his speech.

9.2 Orthographic Representation for /ɛ̃/

in, im	vin, insulter, simple, imposer
yn, ym	syntaxe, synthèse, symbole, symphonie
ain, aim	ainsi, train, faim
ein, eim	plein, éteindre, Reims /Rɛ̃s/
i, y, é } + en[1]	bien, moyen, européen
en	examen, agenda, appendice
eing[2]	seing
oin, oing, oint /wɛ̃/	loin, besoin, poing, oint
un, um	un, lundi, importun, parfum (see 9.6)

9.3 Nasal versus Oral Vowels in Orthography

French orthography usually indicates whether a vowel is nasal or oral. Keeping in mind that French prefers to have as many open syllables as possible (see 1.3), pronounce a nasal vowel if a vowel grapheme is followed by a syllable-final n or m, with or without additional consonants after it: bien, pain, craint, moindre. Pronounce an oral vowel if the following n or m is followed by another vowel grapheme, including the e caduc that is deleted: fini, inimaginable, inept /inɛpt/, pleine, douzaine. Likewise, pronounce an oral vowel if the vowel grapheme is followed by nn, mm, or mn: innocent, commode, automne /ɔtɔn/, condamner /kɔ̃dane/. Compare the pronunciation of the following words.

cousin	/kuzɛ̃/	cousine	/kuzin/
main	/mɛ̃/	mène	/mɛn/
chemin	/ʃmɛ̃/	cheminer	/ʃmine/
indocile	/ɛ̃dɔsil/	inutile	/inytil/
impôt	/ɛ̃po/	image	/imaʒ/
vient	/vjɛ̃/	viennent	/vjɛn/
nom	/nɔ̃/	nommer	/nɔme/

9.4 Nasal Vowel versus Oral Vowel + Nasal Consonant

1. In French, except for the prefixes en-, em- (ennoblir, emmener)[3] and the liaison of monosyllabic words (un, on, en, mon, etc.), nasal

---

[1]For various pronunciations of the grapheme en, see 10.2.
[2]The spelling -ing of words borrowed from English is pronounced /iŋ/: meeting /mitiŋ/, footing /futiŋ/, pressing /pRɛsiŋ/, dancing /dɑ̃siŋ/.
[3]The prefix im- followed by a word beginning with /m/ is /im/, as in immaturité, immerger, immeuble, immobile, immonde. In immangeable, immanquable, immaniable, immesurable, it is often pronounced /ɛ̃/.

vowels and oral vowels followed by a pronounced nasal consonant are mutually exclusive. In other words, except for the two cases mentioned, a nasal vowel is never followed by a pronounced nasal consonant. This contrast plays a very important role in French morphology, distinguishing between the masculine and feminine of adjectives and nouns, singular and plural of verbs, and between nouns and verbs. Compare the pairs of words below.

plein-pleine	atteint-atteignent
Américain-Américaine	paysan-paysane
mien-mienne	nom-nomme
vient-viennent	mention-mentionne

2. As mentioned before, one of the characteristics of American English is the anticipation of the following consonant during the articulation of a vowel. This is what causes all vowels to become nasalized before a nasal consonant, as described in 9.1.2. Beginning students of French often carry this articulatory trait into French. When a word contains a nasal vowel, they tend to add a faint nasal consonant after it: plein */plɛ̃n/, vient */vjɛ̃n/, cinq */sɛ̃ŋk/. They also tend to nasalize an oral vowel if it is followed by a pronounced nasal consonant: pleine */plɛ̃n/, viennent */vjɛ̃n/. The obvious result is that an important morphological contrast becomes neutralized in their speech. The best way to practice the sequence /ɛn/ without nasalizing the vowel is to try to say /ɛ/, separating /n/ from the vowel as if it belonged to the next syllable. It also helps to repeat pairs of words such as laide-laine, cède-sème, aile-haine, gèle-gêne, trying to pronounce the vowel in the second word in each pair with the same quality as the vowel of the first word, that is, without nasalization.

9.5 Liaison of Nasals

1. The orthographic n, indicating that the preceding vowel is nasal, is fully pronounced in liaison (see 2.2.2). The nasal vowel loses its nasality and becomes an oral vowel. This means that the masculine form of prenominal adjectives before a word beginning with a vowel sound is pronounced like the feminine form. In other words, there is no gender distinction maintained for prenominal adjectives before a vowel sound. Note the pronunciation of ancien, certain, and prochain (ending in /ɛ̃/ before a consonant sound) in the following pairs of words.

```
ancien ami, ancienne amie   /ɑ̃sjɛnami/ for both
certain élève, certaine élève   /sɛRtɛnɛlɛv/ for both
prochain arrêt, prochaine avenue   /pRɔʃɛnaRɛ/, /pRɔʃɛnvny/
```

2. Most monosyllabic words retain the nasal vowel before /n/, so that there is a sequence of a nasal vowel and a nasal consonant in pronunciation.

```
mon ami   /mɔ̃nami/           bien entendu   /bjɛ̃nɑ̃tɑ̃dy/
on est là   /ɔ̃nɛla/          un élève   /ɛ̃nɛlɛv/
en avion   /ɑ̃navjɔ̃/          rien à dire   /Rjɛ̃nadiR/
```

9.6 Pronunciation of /œ̃/

In very conservative pronunciation, the graphemes un and um represent the nasal vowel /œ̃/, which corresponds in all but nasality to the oral vowel /œ/ of jeune. The majority of French speakers no longer pronounce /œ̃/, but replace it with /ɛ̃/. Pairs of words like lin-l'un, brin-brun, impôt-un pot are homophonous in their speech.

Note, incidentally, that words ending in -um borrowed from Latin are pronounced /ɔm/.

album	/albɔm/	maximum	/maksimɔm/
radium	/Radjɔm/	aquarium	/akwaRjɔm/

9.7 Pronunciation of Nasal Consonants

Most American students do not have problems with the nasal consonants in French, except perhaps with /ɲ/ in certain words. This is the reason for our not including specific exercises for nasal consonants. We can nevertheless make the following remarks regarding their pronunciation.

1. The bilabial /m/ is pronounced as in English, by closing the lips and lowering the velic valve.

2. The /n/ in French is postdental like /l/, /t/, /d/, while all these consonants are alveolar in English. This point will be taken up in Lesson 18.

3. For the pronunciation of /ɲ/, the tip of the tongue is held behind the back of the lower teeth. The blade is arched high and the back makes contact with the palate. Except in the word-final position as in signe, montagne, most French speakers tend to confuse the graphemes gn and ni + vowel in pronunciation since there are virtually no words in which /ɲ/ and /nj/ can be contrasted. Thus manier and magnétique, papier

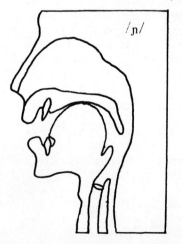
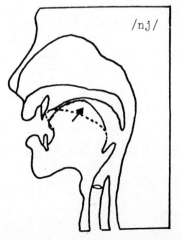

Chart 12: French /ɲ/ and /nj/

and accompagner may be pronounced either with /ɲ/ or /nj/. Note that /nj/ is very similar to that found in English onion, canyon, Daniel.

In a few words such as agnostique, stagnant, diagnostic, the spelling gn represents /gn/ rather than /ɲ/. See Appendix B.

4. The velar nasal /ŋ/ is produced by raising the back of the tongue against the velum. As indicated in 9.2 (footnote 2), it occurs in words borrowed from English. It also occurs as an allophone of /g/ due to assimilation when /g/ is surrounded by nasal sounds. It will be discussed in 20.4.

9.8 Interferences

Most of the errors made by speakers of American English in pronouncing /ɛ̃/ are due to the anticipation of the following consonant and the failure to maintain a clear-cut distinction between /ɛ̃/ and /ɛn/. Avoid the following types of faulty pronunciation.

1. Adding a slight /n/ after /ɛ̃/, instead of pronouncing it without a trace of any nasal consonant: ainsi */ɛ̃ⁿsi/, américain */amᵉRikɛ̃ⁿ/, craindre */kRɛ̃ⁿdR/, intention */ɛ̃ⁿtɑ̃sjɔ̃/.

2. Nasalizing the vowel in sequences such as /ɛn/, /ɛɲ/, and /ɛm/, especially within the same syllable: moyenne */mwajɛ̃n/, pleine */plɛ̃n/, enseigne */ɑ̃sɛ̃ɲ/, éteignent */ᵉtɛ̃ɲ/, ils aiment */ilzɛ̃m/, même */mɛ̃m/; ancienne élève */ɑ̃sjɛ̃nᵉlɛv/, vilaine enfant */vilɛ̃nɑ̃fɑ̃/.

→ 3. Wrong syllabic division: pronouncing /ɛ̃/ before /n/ or /m/ that belongs to the next syllable: innocent /inɔsɑ̃/ as */ɛ̃nɔsɑ̃/, inutile /inytil/ as */ɛ̃nytil/, inattendu /inatɑ̃dy/ as */ɛ̃natɑ̃dy/, immobile /im(m)ᴏbil/ as */ɛ̃m(m)ᴏbil/, vingt et unième /vɛ̃teynjɛm/ as */vɛ̃teɛ̃njɛm/.

4. Failing to make liaison, or making liaison while keeping the nasal vowel in polysyllabic words: certain âge */sᵉRtɛ̃aʒ/, */sᵉRtɛ̃naʒ/, ancien ami */ɑ̃sjɛ̃ami/, */ɑ̃sjɛ̃nami/, prochain arrêt */pRᴏʃɛ̃aRᵉ/, */pRᴏʃɛ̃naRᵉ/, plein air */plɛ̃ɛR/, */plɛ̃nɛR/.

5. Closing the lips during the articulation of /ɛ̃/ when the following consonant is a bilabial, resulting in a transitional /m/ sound: Rimbaud */Rɛ̃ᵐbo/, humble */ɛ̃ᵐbl/, sympa */sɛ̃ᵐpa/, important */ɛ̃ᵐpᴏRtɑ̃/, simple */sɛ̃ᵐpl/, symbole */sɛ̃ᵐbᴐl/.

6. Anticipating the /k/ or /g/ after /ɛ̃/ by raising the back of the tongue toward the velum, creating a transitional /ŋ/: cinq */sɛ̃ŋk/, convaincu */kɔ̃vɛ̃ŋky/, distinguer */distɛ̃ŋge/, bilingue */bilɛ̃ŋg/, singulier */sɛ̃ŋgylje/.

7. Making /ɛ̃/ with excessive nasality /ɛ̃̃/, too high a tongue position, or diphthongization: main as */mɛ̃̃/, */mẽ/, */mɛ̃ʲ/, vingt as */vɛ̃̃/, */vẽ/, */vɛ̃ʲ/, crainte as */kRɛ̃̃t/, */kRẽt/, */kRɛ̃ʲt/.

PRATIQUE

Prise de conscience auditive

1. Les voyelles nasales.
    Ecoutez les mots suivants:

    man   main   mène

    Le premier mot est un mot américain; on entend une voyelle nasalisée
    suivie d'une consonne nasale: man.
    Le deuxième mot est français; on entend une voyelle nasale, mais elle
    n'est pas suivie d'une consonne nasale: main.
    Le troisième mot est aussi français; on entend une voyelle orale
    suivie d'une consonne nasale: mène.
    Ecoutez:

    man/main -- pan/pain
    man/mène -- pan/peine

    Ecoutez encore:

and	Inde
tent	tinte
sent	sainte
sank	cinq
haunt	hante
taunt	tante
gaunt	gante
long	longue
gong	gong

Prise de conscience articulatoire

*   2. Posez vos doigts légèrement, à plat, le long du nez; murmurez "hmmm"
    à bouche fermée: vous sentez des vibrations qui se communiquent
    à vos doigts. Dites ensuite "aaa" sans bouger les doigts: il n'y
    aura pas de vibration dans le haut du nez. Dites encore "hmmm" puis,
    ouvrez la bouche comme si vous commenciez à dire "man", mais sans
    bouger la langue. Vous entendrez main.
    Répétez les mots suivants; le deuxième mot de chaque paire contient
    une voyelle nasale:

    mais/main -- paix/pain -- sais/sein

    Répétez les mots suivants; toutes les voyelles sont orales:

    mette/mène -- pèse/peine -- cesse/Seine

Discrimination auditive

3. Vous allez entendre une série de 10 mots de deux syllabes. Mettez une croix dans la colonne 1 si le mot que vous entendez contient une voyelle nasale, et dans la colonne 2, s'il n'en contient pas.

	voyelle nasale	pas de voyelle nasale
1		
2		
3		
4		
5		
6		
7		
8		
9		
10		

Clé: p.127

Exercices d'apprentissage

Première partie: /ɛ̃/ en syllabe accentuée

* 4. Répétez les paires suivantes:

> baie/bain -- paix/pain -- taie/teint -- dais/daim
> fait/faim -- sais/sain -- geai/geins
> raie/rein -- frais/frein -- très/train

* 5. Répétez:

> pain/pinte -- saint/singe -- teint/tinte -- lin/linge
> daim/dinde -- main/mince -- gain/guimpe

6. Donnez, dans la même phrase, les formes du masculin puis du féminin des verbes suivants.
    exemple:
    vous entendez: teindre
    vous dites: je l'ai teint/je l'ai teinte

> peindre -- plaindre -- craindre -- atteindre -- éteindre --
> étreindre -- contraindre -- restreindre

Deuxième partie: /ɛ̃/ en syllabe inaccentuée

* 7. Lisez les mots suivants après le modèle:

   pain/pinceau -- teint/teinter -- daim/dindon -- gain/guindé
   faim/feinter -- vin/vaincu -- sain/sincère
   lin/lundi -- plein/plaintif -- bien/bientôt
   rein/rincer -- crin/craintif

* 8. Lisez les mots et les phrases suivants après le modèle. Chaque
   paire contient les mêmes séquences de sons: un et in se prononcent
   de la même façon.

   impôt/un pot -- indice/un dix -- insuccès/un succès --
   infidèle/un fidèle -- impuni/un puni
   c'est inca/c'est un cas -- c'est impair/c'est un pair --
   c'est incivil/c'est un civil -- c'est incomplet/c'est un complet --
   c'est indélicat/c'est un délicat -- c'est injuste/c'est un juste

* 9. Lisez les phrases suivantes après le modèle; ici, la différence de
   genre indique une différence de sens.

   c'est un bal/c'est une balle -- c'est un poste/c'est une poste --
   c'est un manche/c'est une manche -- c'est un guide/c'est une guide --
   c'est un tour/c'est une tour -- c'est un page/c'est une page --
   c'est un maire/c'est une mère

10. La différence de genre indiquera une différence de sexe. Lisez les
   mots donnés en remplaçant la lettre f (féminin) ou m (masculin) par
   l'article indéfini approprié.

   (m) complice -- (f) camarade -- (f) concierge -- (m) collège --
   (m) secrétaire -- (f) libraire -- (f) touriste --
   (m) partenaire -- (m) Belge -- (f) Russe

* 11. Lisez les mots et les phrases suivants après le modèle:

   un voisin/une voisine -- un cousin/une cousine --
   un copain/une copine -- un orphelin/une orpheline --
   un esprit fin/une pointe fine -- l'office divin/la bonté divine

* 12. a) Lisez les mots suivants après le modèle:

   inapte -- inactif -- inégal -- inné -- inique -- initial --
   innocent -- inaudible -- inutile
   infâme -- indolent -- incommode -- important -- imprécis --
   intelligent -- intéressant
   inintelligent -- inintéressant

   Notez que certains adjectifs commençant par imm- se disent /im/,
   d'autres /ɛ̃/. Répétez:

   immobile -- immoral -- immérité -- immodéré
   immettable -- immangeable -- immanquable

   b) Donnez le contraire des adjectifs suivants en ajoutant le préfixe
   in- (im-). Attention à la prononciation: on doit entendre /ɛ̃/
   si l'adjectif commence par une consonne, /in/ s'il commence par

une voyelle.

> docile -- habitable -- efficace -- populaire -- juste --
> usité -- sensible -- patient -- attentif -- pur -- utile

Troisième partie: contraste /ɛ̃/-/ɛn/

* 13. Répétez les paires suivantes:

> laide/laine -- messe/mène -- cette/scène -- bête/benne --
> nette/naine -- guette/gaine -- miette/mienne
>
> lin/laine -- main/mène -- saint/scène -- bain/benne --
> nain/naine -- gain/gaine -- mien/mienne

14. Mettez au féminin les noms de nationalités (et analogues) dans les phrases-patron.

** a) exemple:

> vous entendez: Il est mexicain.
> vous dites: Elle est mexicaine.
>
> Il est mexicain.   ...marocain.   ...roumain.
> ...africain.   ...américain.   ...toulousain.

** b) exemple:

> vous entendez: C'est un Iranien.
> vous dites: C'est une Iranienne.
>
> C'est un Iranien.   ...Chilien.   ...Italien.
> ...Canadien.   ...Israëlien.   ...Parisien.

** 15. Répétez le masculin, puis donnez le féminin des adjectifs suivants.
exemple:

> vous entendez: lycéen
> vous dites: lycéen/lycéenne
>
> lycéen -- vendéen -- pyrénéen -- européen -- méditerranéen

16. Répétez les verbes suivants et mettez-les au pluriel.
exemple:

> vous entendez: il vient
> vous dites: il vient/ils viennent
>
> il tient -- il devient -- il détient -- il revient --
> il retient -- il survient

I* 17. Situation: il faut ce qu'il faut. Répétez la phrase-patron en utilisant les verbes donnés l'un après l'autre.
exemple:

> vous entendez: peindre
> vous dites: Je vous [peins] parce qu'il faut que je vous [peigne].
>
> teindre -- atteindre -- plaindre -- craindre -- étreindre --
> contraindre -- restreindre

18. <u>Situation</u>: votre ami a trouvé des objets. Ils sont tous à vous. Répondez en suivant le patron.
    <u>exemple</u>:
        <u>vous entendez</u>:   C'est ton stylo?
        <u>vous dites</u>:   Oui, c'est le mien.

        C'est ton livre?   Ce sont tes crayons?   C'est ta règle?
        C'est ta gomme?   C'est ton cahier?   Ce sont tes notes?
        C'est ton dictionnaire?   Ce sont tes lunettes?

** 19. Lisez les mots suivants après le modèle:

        loin -- coin -- soin -- foin -- point -- moins -- besoin --
        témoin -- lointain
        moindre -- joindre -- rejoindre
        il joint/ils joignent
        il rejoint/ils rejoignent

<u>Quatrième partie</u>: liaison après mots en /ɛ̃/

A. /ɛ̃/ reste nasal

    <u>un</u>, <u>aucun</u>
* 20. a) Lisez les mots suivants après le modèle:

        un ami -- un élève -- un ours -- un artiste -- un acrobate --
        un étudiant -- un éléphant

*   b) Dans les mots précédents, remplacez <u>un</u> par <u>aucun</u>.
        <u>exemple</u>:
            <u>vous entendez</u>:   un ami
            <u>vous dites</u>:   aucun ami

** 21. a) Formez des paires de phrases avec les mots donnés, en suivant le
            patron. Attention à la liaison et à l'enchaînement consonantique.
        <u>exemple</u>:
            <u>vous entendez</u>:   ami(e)
            <u>vous dites</u>:   C'est un ami/C'est une amie.

        élève -- enfant -- esclave -- artiste -- inconnu(e) --
        original(e) -- acrobate -- adversaire -- astronaute

I*   b) <u>Situation</u>: <u>aux prochaines élections</u>. Répétez la phrase patron
            en faisant les substitutions indiquées. Notez que <u>un tel</u> est
            l'équivalent français de "<u>so and so</u>".

        Je ne voterai pas pour Un Tel: c'est un inconnu.

        ...indécis.   ...ingénu.   ...incapable.   ...imbécile.
        ...imposteur.   ...infâme individu.

    <u>rien à</u>...
  22. Vous répondez aux questions en suivant le patron.
        <u>exemple</u>:
            <u>vous entendez</u>:   Avez-vous quelque chose à dire?
            <u>vous dites</u>:   Non, je n'ai rien à dire.

Avez-vous quelque chose à faire?   ...à boire?   ...à lire?
...à manger?   ...à déclarer?

I* 23. Vous répondez à ce que vous entendez par des commentaires désabusés.
exemple:
            vous entendez: Hélène a toujours quelque chose d'intéressant
                                à dire.

            vous dites: Ce n'est pas comme moi: je n'ai rien à dire.

        Hélène a toujours quelque chose de passionnant à faire.
        ...de nouveau à lire.   ...de frais à boire.
        ...de bon à manger.   ...de beau à voir.
        ...de sensationnel à déclarer.

    bien
24. Intercalez l'adverbe bien dans les phrases suivantes, à l'endroit
marqué.

        Nous nous sommes ⌃ amusés.   Elle s'est ⌃ habillée.
        ⌃ entendu!   Je suis ⌃ ennuyée.   Tu es ⌃ étonné.
        Vous êtes ⌃ aimable.   C'est un ⌃ heureux.
        Ta mère est ⌃ inquiète.   C'est ⌃ inutile.
        Un ⌃ être extraordinaire.

    B. /ɛ̃/ devient /ɛn/: le masculin sonne exactement comme le féminin

* 25. Lisez les phrases suivantes après le modèle:

        un vilain garçon -- une vilaine fille -- un vilain enfant
        un vilain singe -- une vilaine guenon -- un vilain animal
        un certain temps -- une certaine période -- un certain âge
        un certain sourire -- une certaine pensée -- un certain intérêt
        un ancien collègue -- une ancienne collègue -- un ancien étudiant
        un ancien juge -- une ancienne loi -- un ancien avocat

26. Faites précéder chaque nom de l'adjectif qui le suit entre
parenthèse.
exemple:
            vous entendez: un enfant (vilain)
            vous dites: un vilain enfant

        un terme (moyen) -- l'âge (moyen) -- l'air (plein) --
        un respect (soudain) -- un intérêt (soudain) --
        un arrêt (prochain) -- un usage (ancien) -- un moulin (ancien) --
        un effort (vain) -- un monsieur (vilain) -- un oiseau (vilain)

    /ɛ̃/
I* 27. Dialogue: Julien est dans sa tour d'ivoire.

        Henri-- Alors, Julien, tu es bien là-haut, dans ton coin?

        Julien-- Viens me rejoindre, tu verras...

        Henri-- Il faut grimper à l'échelle comme un singe...

Julien-- Cinq mètres: ce n'est pas loin!

Henri-- J'ai mal aux reins...

Julien-- Cesse de te plaindre, crétin! Tu me coupes
l'inspiration.

Henri-- Aucun de mes copains n'est aussi impoli que toi.

Julien-- Je ne suis pas un copain, je suis ton cousin.

Henri-- Tu es le cousin de ma belle-sœur, pas le mien.

Julien-- Enfin, nous sommes voisins!

Henri-- Un voisin comme toi, ça ne me dit rien!

Julien-- Viens demain, je te lirai mon bouquin.

Henri-- Tin-tin! à la saint glin-glin!

Julien-- Tu es un infâme individu.

/ɛ̃/-/ɛn/
I* 28. Dialogue: les élèves de Julien

Isabelle-- Tiens! j'ai une amie américaine qui vient la
semaine prochaine.

Hélène-- Elle arrivera par le train?

Isabelle-- Je n'en suis pas certaine.

Hélène-- Crois-tu qu'elle comprenne bien le français?

Isabelle-- Bien entendu! c'est une ancienne élève de Julien.

Hélène-- Et Julien, comme prof, c'est du superfin!

Isabelle-- Il est plus malin que la moyenne. C'est simple!
Rien ne lui résiste.

Hélène-- Et il n'a que des élèves américaines, Julien,
ou aussi des américains?

Isabelle-- Des américains et des mexicaines, des israëliens
et des égyptiennes, des cubains et des africaines...

Hélène-- Et tout ce monde est copain?

Isabelle-- Je ne sais pas s'ils se comprennent, mais ça
s'apprend.

Hélène-- Dans les cafés du Quartier Latin, ils deviennent tous
Parisiens...

Isabelle-- Ils apprennent vite à trinquer: "à la tienne,
Bastien!"

Hélène-- "A la tienne, mon vieux!"

<u>Clé</u>

	voyelle nasale	pas de voy- elle nasale	
1	X		couvain
2		X	vanesse
3		X	bedaine
4	X		fusain
5	X		émince
6		X	futaine
7		X	poulaine
8		X	dolmen
9	X		aubain
10	X		talingue

10. LA VOYELLE NASALE /ã/

PROFIL

10.1 Articulation of /ã/

The nasal vowel /ã/ corresponds to the low back vowel /ɑ/ of basse and pâte. Open your mouth fairly wide, while rounding your lips slightly. Raise the back of your tongue toward the pharyngeal wall, more than for /ɑ/. Let the breath escape partly through the nose and partly through the mouth: /ɑ/⟶ nasalizing⟶ /ã/. If you say the English words taunt and gaunt and drop the /n/ while still keeping the vowel nasalized, the resultant pronunciation comes fairly close to the French words tante and gante.

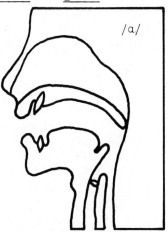 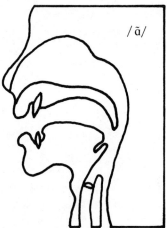

Chart 13: French /ɑ/ and /ã/

10.2 Orthographic Representation of /ã/

en, em	lentement, entendu, emporter, ensemble
an, am	dans, vacances, lampe, jambe
aon, aen	paon, faon, Laon, Caen

The graphemes en represent several sounds, as noted below.

a) In most cases, it is pronounced /ã/, rhyming with the grapheme an: enfant, pendant.
b) In word-final position and after i, y, or é, it represents /ɛ̃/ as mentioned in 9.2: rien, citoyen, lycéen.
c) In words of Latin and foreign origin and in some proper names,

128

it also represents /ɛ̃/: appendice, agenda, benzine, pentagone, Poulenc /pulɛ̃k/, Benjamin /bɛ̃ʒamɛ̃/, Rubens /Rybɛ̃s/, Pennsylvanie.

d) At the end of words of Latin and foreign origin and in some proper names, it represents /ɛn/: amen, abdomen, spécimen, pollen, Eden, Cohen, Beethoven.

10.3 Nasal Vowel versus Oral Vowel + Nasal Consonant

1. As we mentioned in the preceding lesson on /ɛ̃/, it is important to maintain a clear-cut distinction between a nasal vowel and an oral vowel that is followed by a pronounced nasal consonant. The contrast of /ɑ̃/ and /an/ or /am/ serves to differentiate between many pairs of words and phrases.

Jean-Jeanne	faon-femme
l'an-l'âne	emmener-amener
quand-canne	en masse-amasse
l'ennui-la nuit	emménager-aménager
paysan-paysanne	emmêler-à mêler

2. Normally, a vowel followed by /n/ or /m/ that belongs to the next syllable, or by graphemes mm, nn, mn are oral rather than nasal: analogie, amabilité, ammoniaque, année, amnistie /amnisti/, amnésie /amnɛzi/, condamner /kõdane/. The only exceptions are the prefixes en-, em- and the liaison after monosyllabic words: ennui /ãnyi/, /ãnɥi/ enivrer /ãnivRe/, emmener /ãmne/, en avion /ãnavjõ/.

The fact that a nasal vowel and an oral vowel followed by a nasal consonant are usually mutually exclusive explains the formation of adverbs from adjectives ending in -ant or -ent. When the adverbial suffix -ment /mɑ̃/ is added to the adjective ending /ɑ̃/, the combination /ɑ̃mɑ̃/ would result. But the first /ɑ̆/, since it is followed by the nasal consonant /m/, is denasalized and becomes an oral vowel, /a/.

élégant, élégamment /elegɑ̃/, /elegamɑ̃/
constant, constamment /kõstɑ̃/, /kõstamɑ̃/
innocent, innocemment /inɔsɑ̃/, /inɔsamɑ̃/
intelligent, intelligemment /ɛ̃teliʒɑ̃/, /ɛ̃teliʒamɑ̃/

10.4 Articulation of /a/ and /ɑ/

1. The vowels /a/ and /ɑ/ normally do not present a great deal of learning problems for American students. While we do not have exercises specifically designed to practice these vowels, the following mention can be made in regard to their articulation and spellings.

The sound /a/ is the lowest of the front vowels. The tip of the tongue touches the back of the lower incisors, and the blade and the back of the tongue lie flat and low on the floor of the mouth. It closely resembles the pronunciation of ar in the "r-less" regions of the United States, where one says [pa:k], [ka:] for park, car (the colon in the transcriptions indicate a long vowel). It is also between the English /æ/ of hat and /ɑ/ of hot, and is pronounced with tense muscles. Graphemes representing /a/ are listed below.

<u>a</u>   avoc<u>a</u>t, m<u>a</u>dame
<u>oi</u>, <u>oî</u>, <u>oy</u> /wa/   <u>oi</u>seau, b<u>oî</u>te, v<u>oy</u>ons
<u>ail</u>, <u>aill</u>c /aj/   <u>ail</u>, trav<u>ail</u>, mur<u>aille</u>
-<u>emm</u>-, -<u>amm</u>- /am/   évid<u>emm</u>ent, f<u>emm</u>e, const<u>amm</u>ent
-<u>enn</u>- /an/   sol<u>enn</u>el   *Irregular*

2.   Some speakers maintain the distinction between the front vowel
/a/ and the back /ɑ/. The latter is close to the midwestern pronuncia-
tion /ɑ/ of <u>cot</u>, <u>stop</u>, <u>calm</u>. The mouth is wide open, the lips are slightly rounded, and the back of the tongue is raised slightly toward the
pharyngeal wall while the rest of the tongue lies very flat on the floor
of the mouth. In closed syllables, it is longer than in open syllables:
<u>pâte</u> /pɑ:t/. The back /ɑ/ occurs only in a limited number of words.

<u>â</u>   m<u>â</u>t, p<u>â</u>te, <u>â</u>me, m<u>â</u>le
<u>a</u> + /z/   r<u>a</u>se, phr<u>a</u>se, ext<u>a</u>se, v<u>a</u>se, g<u>a</u>z
<u>a</u> + <u>s</u>   b<u>a</u>s, l<u>a</u>s, p<u>a</u>s, t<u>a</u>s and their derived forms such as b<u>a</u>sse,
              l<u>a</u>sse, p<u>a</u>sser, t<u>a</u>sse

Most speakers of French replace /ɑ/ with /a/ (just as they
replace /œ̃/ with /ɛ̃/), so that /ɑ/ disappears as a phoneme, or pronounce an intermediary vowel (low central) for both /a/ and /ɑ/.

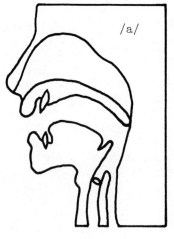 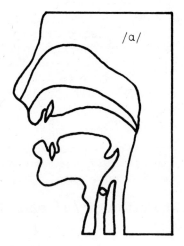

Chart 14: French /a/ and /ɑ/

10.5 Interferences

Typical pronunciation errors are due to the same kind of causes as those
described in 9.8: substitution of nasalized vowels as in American
English and the anticipation of the following consonant during the articulation of the vowel. The oral vowel /a/ may also present problems
in some positions, such as when it is followed by /R/ in the same syllable.

1. Pronouncing a slight /n/ after /ɑ̃/: <u>plan</u> */plɑ̃ⁿ/, <u>il vend</u>
*/ilvɑ̃ⁿ/, <u>j'attends</u> */ʒatɑ̃ⁿ/, <u>tu mens</u> */tymɑ̃ⁿ/, <u>entendu</u> */ɑ̃ⁿtɑ̃ⁿdy/.

2. Anticipating /p/ or /b/ during the articulation of /ã/ by closing the lips. This will result in a transitional sound /m/: <u>emporter</u> */ã^mpọRte/, <u>empocher</u> */ã^mpọʃe/, <u>lampe</u> */lã^mp/, <u>embrasser</u> */ã^mbRase/, <u>jambe</u> */ʒã^mb/. This may occur, due to the influence of orthography, even when the consonant is silent: <u>temps</u> */tã^m/, <u>camp</u> */kã^m/, <u>champ</u> */ʃã^m/.

3. Anticipating /f/ or /v/. This will give rise to a transitional labio-dental nasal consonant /ɱ/: <u>amphi</u> */ã^ɱfi/, <u>camphore</u> */kã^ɱfɔR/, <u>envoyer</u> */ã^ɱvwaje/, <u>en vain</u> */ã^ɱvɛ̃/.

4. Anticipating /k/ or /g/. This will cause a transitional /ŋ/ after the vowel: <u>encore</u> */ã^ŋkɔR/, <u>manque</u> */mã^ŋk/, <u>en colère</u> */ã^ŋkọlɛr/, <u>anglais</u> */ã^ŋglɛ/, <u>engagé</u> */ã^ŋgaʒe/. Similar errors may be induced by silent consonants: <u>banc</u> */bã^ŋ/, <u>franc</u> */fRã^ŋ/, <u>sang</u> */sã^ŋ/, <u>rang</u> */Rã^ŋ/.

5. Closing the lips and raising the jaw excessively, so that the resultant sound is [õ] or [ɔ] rather than /ã/: <u>manteau</u> */mõto/, <u>longtemps</u> */lõtõ/, <u>mentir</u> */mõtiR/, <u>tante</u> */tõt/. The /ã/-/õ/ distinction will be taken up in Lesson 11.

6. Nasalizing /a/ before a nasal consonant: <u>amener</u> */ãmne/, <u>amasser</u> */ãmase/, <u>Anne</u> */ãn/, <u>panne</u> */pãn/, <u>agneau</u> */ãɲo/. When combined with (1) above, this kind of pronunciation results in a loss of many important morphological and lexical distinctions.

typical error

7. Substituting /ə/ for /a/ or dropping it altogether in unstressed syllables: <u>madame</u> */mədam/, <u>cravate</u> */kRəvat/, <u>tabac</u> */təba/, <u>magasin</u> */magəzɛ̃/, <u>apporter</u> */əpọRte/, <u>intelligemment</u> */ɛ̃tẹliʒəmã/, <u>prudemment</u> */pRydəmã/, <u>évidemment</u> */ẹvidəmã/, <u>violemment</u> */vjọləmã/, <u>fréquemment</u> */fRẹkəmã/.

8. Substituting the English /a/ for the French /a/: <u>patte</u> */pɑt/, <u>lac</u> */lɑk/, <u>garder</u> */gɑRde/, <u>gare</u> */gɑR/, <u>Canada</u> */kɑnɑdɑ/, <u>quart</u> */kɑR/, <u>quartier</u> */kɑRtje/.

Leçon 10
/ã/

PRATIQUE

Prise de conscience articulatoire

* 1. Redites les mots suivants:

        mais   main
        paix   pin
        sais   sein

   De la même façon vous allez produire /ã/.
   Faites ainsi.
   Dites "aaa" avec la bouche bien ouverte et détendue, la langue plate.
   Ouvrez un peu plus les mâchoires et rapprochez légèrement les
   commissures des lèvres. Nasalisez: vous entendez /ã/.
   Répétez les mots suivants; le deuxième mot de chaque paire contient
   une voyelle nasale:

        ma/ment -- pas/pend -- sa/sans

   Répétez les mots suivants; toutes les voyelles sont orales:

        tasse/tanne -- patte/panne -- vase/vane

   Répétez encore:
   /ɛ̃/ lèvres bien écartées   /ã/ bouche bien ouverte

        main -- pin -- sein   ment -- pend -- sans

Discrimination auditive

2. Vous allez entendre une série de 10 mots de deux syllabes. Mettez
   une croix dans la colonne 1 si le mot que vous entendez contient /ɛ̃/,
   dans la colonne 2 s'il contient /ã/, dans la colonne 3 s'il ne
   contient pas de voyelle nasale.

	/ɛ̃/	/ã/	pas de voyelle nasale
1			
2			
3			
4			
5			
6			
7			
8			
9			
10			

Clé: p.138

Exercices d'apprentissage

* 3. Répétez les paires suivantes:

    bas/banc -- pas/pend -- ta/temps -- da/dent -- cas/camp --
    gars/gant -- ma/ment
    fa/fend -- va/vent -- sa/sans -- chat/champ -- la/lent --
    plat/plan
    rat/rang -- f¢ra/franc -- gras/grand

* 4. Répétez:

    banc/bande -- pan/pente -- temps/tante -- dent/danse --
    camp/campe -- gant/gante -- ment/menthe
    fend/fente -- vent/vende -- sans/sens -- chant/chante --
    lent/lente -- plan/plante -- blanc/blanche
    rang/range -- franc/France -- grand/grande

* 5. Répétez:

    bain/banc -- pain/pan -- daim/dans -- main/ment
    vin/vent -- sain/sans -- geins/gens -- lin/lent -- plein/plan
    rein/rang -- frein/franc -- grain/grand

    pinte/pente -- tinte/tante -- linge/lange -- plainte/plante
    rince/rance -- cintre/centre

** 6. Formez l'adverbe qui correspond à chacun des adjectifs suivants.
    (cf. Leçon 1, ex. 12, Leçon 3, ex. 6)
    exemple:
      vous entendez: élégant
      vous dites: élégamment
      vous entendez: évident
      vous dites: évidemment

    galant -- patient -- méchant -- innocent -- suffisant --
    incessant -- négligent -- intelligent -- brillant --
    fréquent -- ardent -- apparent

7. Faites des noms en ajoutant -ment au verbe. Tous les noms en -ment
   sont masculins. Attention aux /ə/.
   exemple:
      vous entendez: ils enseignent
      vous dites: l'enseign¢ment
      vous entendez: ils gouvernent
      vous dites: le gouvernement

    ils changent -- elles bâillent -- ils peuplent -- elles déplacent --
    ils rendent -- elles raisonnent -- ils commencent --
    ils chargent -- elles avortent -- ils vieillissent --
    elles aboutissent -- ils applaudissent

** 8. Répétez les verbes suivants et mettez-les au pluriel.
   exemple:

      vous entendez: il sent
      vous dites: il sent/ils sentent

      il ment -- elle dément -- il consent -- elle ressent --
      il préssent -- il vend -- elle attend -- il étend --
      elle entend -- il descend -- elle prétend

9. Donnez le féminin des adjectifs et des noms suivants.

  a) Adjectifs
     exemple:

      vous entendez: lent
      vous dites: lente

      violent -- fatigant -- intelligent -- passionnant --
      charmant -- prudent

  b) Noms
     exemple:

      vous entendez: le suivant
      vous dites: la suivante

      le client -- le passant -- l'assistant -- l'étudiant --
      le figurant -- le marchand -- le commerçant

** 10. Formez des noms (tous féminins) en ajoutant -ce /s/ à la fin de
   l'adjectif masculin.
   exemple:

      vous entendez: présent
      vous dites: la présence

      innocent -- décadent -- élégant -- insouciant -- adolescent --
      urgent -- intolérant -- fluorescent -- persévérant

Deuxième partie: /ã/ en syllabe inaccentuée

** 11. Mettez au passé composé les verbes suivants.
   exemple:

      vous entendez: il mange
      vous dites: il a mangé
      vous entendez: elle vend
      vous dites: elle a vendu

      il danse -- il chante -- il change -- il pense -- il range --
      il trempe -- elle tend -- elle attend -- elle descend --
      elle rend -- elle répand -- elle prétend

12. Faites des verbes en ajoutant le préfixe en- (em-), et la terminaison -er aux noms suivants.
   exemple:

      vous entendez: la bête
      vous dites: embêter

      la poche -- le cercle -- le cadre -- le gouffre -- la chaîne --
      la broche -- là paille -- le baume -- la terre -- la neige --
      le soleil -- la brume

13. Lisez en faisant des mots nouveaux: insérez le préfixe entre- à l'endroit marqué.

   une ⌃côte -- ⌃temps -- une ⌃vue -- un ⌃mets --
   une ⌃mise -- une ⌃ligne -- un ⌃sol -- une ⌃prise

I* 14. Répondez aux questions en suivant la phrase-patron. Vous utiliserez le pronom en et l'imparfait.
   exemple:
      vous entendez: Vous [vendez] des livres?
      vous dites: Plus maintenant; mais autrefois j'en vendais.

   Vous mangez des glaces?
   Vous chantez des romances?
   Vous dansez des valses?
   Vous commandez des troupes?
   Vous attendez des surprises?
   Vous pressentez des catastrophes?

* 15. Lisez les mots suivants: le /ɑ̃/ doit rester bien nasal.

   le mandat -- une gambade -- le scandale -- le gendarme --
   le bandage -- le fantasme -- la fanfare -- la pancarte --
   la campagne -- la Champagne

dans la...
16. Situation: où est ma tante? Répondez à la question en faisant les substitutions indiquées, dans la phrase-patron.

   Elle est dans [sa chambre].

   ...dans la cave.   ...dans la cuisine.   ...dans l'atelier.
   ...dans la salle à manger.   ...dans la salle de bains.
   ...dans la bibliothèque.   ...dans la serre.   ...dans la roseraie.

quand la...
17. Situation: quand partirez-vous? Répondez à la question en faisant les substitutions indiquées, dans la phrase-patron.

   Je partirai quand [la classe] sera finie.

   l'année -- la pièce -- la messe -- la réunion -- la soirée --
   la réception -- la répétition

** 18. Situation: conseils pour bien réussir une party et être un invité apprécié. Attention au contraste /a/-/ɑ̃/ en syllabe non accentuée.
      vous entendez: vous dites:

   Attendez votre ami.   J∅ l'attends.
   Entendez la musique.   J∅ l'entends.
   Amenez vos disques.   J∅ les amène.
   Emmenez les chiens dehors. J∅ les emmène.
   Apportez les boissons.   J∅ les apporte.
   Emportez les bouteilles vides. J∅ les emporte.
   Endormez le bébé.   J∅ l'endors.
   Adorez sa mère.   J∅ l'adore.

Troisième partie: contraste /an/-/ɑ̃/

* 19. Répétez les paires suivantes:

　　　　casse/canne -- date/dame -- passe/paonne -- face/femme --
　　　　vase/vanne -- jatte/Jeanne -- lac/l'âne

* 20. Répétez:

　　　　an/Anne -- quand/cane -- dans/dame -- faon/femme -- vend/vanne --
　　　　lent/l'âne -- cran/crane

** 21. Répétez le masculin, puis donnez le féminin des noms suivants.
　　　　exemple:
　　　　　　vous entendez:　　Jean
　　　　　　vous dites:　　　Jean/Jeanne

　　　　　　paon -- gitan -- paysan -- anglican -- musulman -- persan --
　　　　　　courtisan

22. Situation: que voit-on dans le harem du sultan? Répondez aux
　　　　questions en utilisant la phrase-patron et les substitutions indiquées.

　　　　Dans le harem il y a cent dames.
　　　　　　/aRɛm/

　　　　cent canes -- cent paonnes -- cent bananes -- cent pavanes --
　　　　cent caravanes -- cent courtisanes -- une seule sultane

Quatrième partie: contraste /ɛ̃/-/ɑ̃/

** 23. Mettez les mots suivants au singulier; ils sont tous masculins.
　　　　exemple:
　　　　　　vous entendez:　　des vents
　　　　　　vous dites:　　　un vent

　　　　　　des gants -- des temps -- des bambins -- des pantins --
　　　　　　des tremplins

　　　　Avec les mots suivants, attention à la liaison:

　　　　　　des ans -- des enfants -- des anciens -- des engins --
　　　　　　des angevins

24. Lisez les chiffres suivants:

　　　　30 -- 40 -- 60 -- 70 -- 100
　　　　20 -- 80 -- 25 -- 85 -- 90 -- 95
　　　　50 -- 120 -- 35 -- 45 -- 55 -- 65 -- 75 -- 105 -- 115 -- 125

Cinquième partie: liaison après en

I* 25. Situation: comment voyagez-vous? Où allez-vous?
　　　　Répondez aux questions en utilisant la phrase-patron et les
　　　　substitutions indiquées. Répétez:

Je voyage en avion.

...autobus.   ...autocar.   ...automobile.   ...hélicoptère.
...hydravion.

Je vais en Italie.

...Iran.   ...Irlande.   ...Israël.   ...Egypte.
...Afghanistan.   ...Inde.   ...Angleterre.   ...U.R.S.S.

26. Remplacez le verbe entendu par le verbe donné entre parenthèses.
    exemple:
          vous entendez: en venant   (allant)
          vous dites: en allant

          en regardant (écoutant) -- en résistant (obéissant) --
          en libérant (opprimant) -- en séparant (unifiant) --
          en partant (attendant) -- en voyant (entendant) --
          en renonçant (insistant)

** 27. Remplacez le nom complément par le pronom en.
    exemple:
          vous entendez: en achetant des pommes
          vous dites: en en achetant

          en allumant des cigarettes -- en écoutant des disques --
          en oubliant des réponses -- en utilisant des ciseaux --
          en ouvrant des boîtes -- en indiquant des routes --
          en imprimant des affiches -- en important des marchandises --
          en emportant des cadeaux -- en apportant des lettres --
          en empochant des billets -- en entendant des bruits

/ã/-/ɛ̃/
I* 28. Dialogue: vivre à la campagne

          Antoine-- Moi, la vie des villes, j'en ai assez! Je vais
                    m'installer à la campagne.

          Clément-- La vie aux champs, c'est sain, d'accord!
                    Mais tu n'as pas peur de t'embêter?

          Antoine-- Tant mieux! le calme, la tranquillité, c'est excellent
                    pour la santé.

          Clément-- Mais en province, il n'y a pas les avantages de Paris.

          Antoine-- Tant pis! Les charmes décadents de la grande capitale,
                    finalement... ça ne m'enchante pas, tu sais!

          Clément-- J'entends! Et cette campagne ravissante, elle est
                    dans ta Champagne natale?

          Antoine-- Non, pas en Champagne, en Provence.

          Clément-- La Provence est une province attirante, en effet.
                    Dans quel coin précisément?

          Antoine-- Entre Cannes et Antibes.

Clément-- Entre Cannes et Antibes! Tiens! pourquoi ça?

Antoine-- En écoutant le festival d'Aix... en allant au
festival de Cannes, je me sentirai encore parisien.

Clément-- En fait, tu veux bien être provençal, mais sans
devenir provincial.

/an/-/ɑ̃/

I* 29. Dialogue: au régime de bananes

La dame-- Bonjour, Madame. Vous avez encore des ananas?

La marchande--Oui, Madame. J'ai des ananas magnifiques.

La dame-- J'en prendrai quatre.

La marchande--Quatre ananas. Voilà. Et avec ça?

La dame-- Des bananes. J'en voudrais quarante.

La marchande--Quarante bananes! Combien avez-vous d'enfants?

La dame-- J'en ai quatre, Madame.

La marchande--Quarante bananes pour quatre enfants?!

La dame-- C'est que Suzanne, Jean, Jeanne et Anne sont tous
au régime, Madame.

La marchande--Au régime de bananes?

La dame-- De bananes et d'ananas, parfaitement!

Clé

	/ɛ̃/	/ɑ̃/	pas de voy-elle nasale	
1		X		chalande
2			X	bimane
3	X			aveindre
4		X		cambuse
5	X			linteau
6			X	chicane
7			X	galène
8		X		palanque
9		X		sicambre
10	X			saindoux

11. LA VOYELLE NASALE /õ/

PROFIL

11.1 Articulation of /õ/

The vowel in <u>bon</u> is transcribed either /õ/ or /ɔ̃/, since in terms of the height of the tongue it is intermediate between the /o/ of <u>beau</u> and /ɔ/ of <u>botte</u>. The phonetic symbol we will be using will be /õ/, since the sound is phonetically closer to /o/ than to /ɔ/.[1] In order to pronounce /õ/, round your lips and push them forward, with an opening a little larger than for /o/. Keep the tip of your tongue in contact with the back of the lower incisors, and raise the back of the tongue high and deep toward the pharyngeal wall. Let your breath escape simultaneously through your nose and mouth: /o/ ⟶ nasalizing ⟶ /õ/. Do not move your tongue or jaw during the articulation of the vowel. If you make any movement, it will result in a diphthong [õ^w] of English <u>bone</u>, <u>loan</u>, <u>moan</u> rather than the /õ/ of French <u>bon</u>, <u>long</u>, <u>mort</u>.

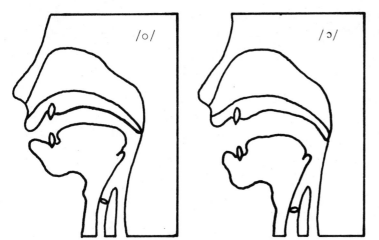
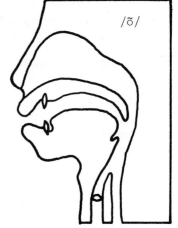

Chart 15: French /o/, /ɔ/, /õ/

---

[1]Some linguists prefer /ɔ̃/ for morphological rather than phonetic reasons. The relationship in pairs of words such as <u>bon-bonne</u>, <u>son-sonne</u>, <u>espion-espionne</u> can be shown more clearly by using the same symbol for the nasal and oral vowels: /ɔ̃/ vs. /ɔn/ instead of /õ/ vs. /ɔn/.

11.2 Orthographic Representation for /õ/

on, om   montons, ronde, tomber, plomb /plõ/

The grapheme un in a few words of Latin and foreign origin represents /õ/ rather than /ɛ̃/: acupuncture, secundo /sɛkõdo/, punch /põʃ/.

11.3 Nasal Vowel versus Oral Vowel + Nasal Consonant

1. As was the case with /ɛ̃/-/ɛn/ and /ɑ̃/-/an/ discussed in the preceding lessons, the contrast between /õ/ and /ɔn/ serves to distinguish between the masculine and feminine of nouns and adjectives and between nouns and verbs. You will need to differentiate /õ/ and /ɔn/ as clearly as possible, the former without a trace of any nasal consonant, and the latter without nasalizing the oral vowel.

espion-espionne   façon-façonne
patron-patronne   mention-mentionne
bon-bonne   station-stationne
mignon-mignonne   moisson-moissonne

2. Except for the liaison of on and bon, a vowel followed by a nasal consonant that belongs to the next syllable, or by mm, nn, mn is always oral rather than nasal: anomalie, économique, nommer, consommé, sonner, consonne, omnicolore /ɔmnikɔlɔR/, automne /ɔtɔn/.

11.4 Interferences

By now you can see that there are two major causes for the mispronunciation of any nasal vowel in French: substitution of an English nasalized vowel, and anticipation of the following consonants. Here are typical errors for the articulation of /õ/.

1. Inserting a slight /n/ after /õ/: répond */Rɛpõⁿ/, ronde */Rõⁿd/, monter */mõⁿte/, contrôle */kõⁿtRol/.

2. Nasalizing /ɔ/ before a pronounced nasal consonant: bonne */bɔ̃n/, consonne */kõsɔ̃n/, somme */sɔ̃m/, rognon */Rɔɲõ/. When (1) and (2) are combined, many morphological contrasts based on /õ/-/ɔn/ become indistinct.

3. Anticipating /f/ or /v/ during the articulation of /õ/: confort */kõᵐfɔR/, triomphe */tRiõᵐf/, convaincu */kõᵐvɛ̃ky/, converser */kõᵐvɛRse/.

4. Anticipating /p/ or /b/ by closing the lips during the articulation of /õ/: tromper */tRõᵐpe/, pompier */põᵐpje/, tomber */tõᵐbe/, sombre */sõᵐbR/, bombe */bõᵐb/. This may occur even when the consonant is silent, due to the influence of orthography: il rompt */ilRõᵐ/, prompt */pRõᵐ/, plomb */plõᵐ/.

5. Anticipating /k/ or /g/ by raising the back of the tongue toward the velum during the articulation of /õ/: <u>oncle</u> */õᵑkl/, <u>donc</u> */dõᵑk/, <u>concours</u> */kõᵑkuR/, <u>ongle</u> */õᵑgl/, <u>longue</u> */lõᵑg/, <u>diphtongué</u> */diftõᵑge/. This may occur, under the orthographic influence, even when the consonant is silent: <u>tronc</u> */tRõᵑ/, <u>long</u> */lõᵑ/.

6. Diphthongizing /õ/ by moving the tongue during the articulation of the vowel, as in the vowel of English <u>moan</u>: <u>prononce</u> */pRǫnõʷs/, <u>la ronde</u> */laRõʷd/, <u>téléphone</u> */tęlęfõʷn/.

7. Not raising the back of the tongue sufficiently and not keeping the lips well rounded, tense, and protruded. The resultant sound will be [ɔ̃] or [ɑ̃]: <u>montant</u> */mãtã/, <u>parlons</u> */paRlã/, <u>enfonce</u> */ãfãs/.

8. Trying to cut off the nasal vowel very abruptly and pronouncing the next consonant, especially a stop, instead of pronouncing the nasal vowel fully and making a smooth transition. This invariably results in a slight glottal stop, or a velar nasal consonant /ŋ/ as the velic valve is lowered during the pronunciation of the nasal vowel: <u>continuez</u> */kõᵑtinɥe/, */kõˀtinɥe/, <u>bonté</u> */bõᵑte/, */bõˀte/, <u>pompier</u> */põᵑpje/, */põˀpje/, <u>bondé</u> */bõᵑde/, */bõˀde/.

PRATIQUE

Prise de conscience articulatoire

1. Redites les mots suivants:

       ma   ment
       pas   pend
       sa   sans

    De la même façon, vous allez produire /õ/.
    Faites ainsi:
    Dites /o/, lèvres très arrondies et projetées en avant, ouverture de
    la bouche très petite. Sans bouger les lèvres, écartez légèrement
    les mâchoires et nasalisez: vous entendez /õ/.
    Répétez les mots suivants après le modèle:

       mot   mont
       pot   pond
       sot   son

    Dans les mots suivants, le /ɔ/ n'est pas nasalisé et il est plus
    ouvert que le /o/ précédent. Répétez après le modèle:

       botte   bonne
       sotte   sonne
       dot   donne

    Répétez encore:

      Lèvres bien écartées;
        sourire   /ɛ̃/   main-   pin   sein
      Bouche bien ouverte et
        détendue   /ɑ̃/   ment   pend   sans
      Lèvres très arrondies,
        ouverture très petite   /õ/   mont   pond   son

Discrimination auditive

2. Vous allez entendre une série de 12 mots de deux syllabes. Mettez
    une croix dans la colonne 1 si le mot que vous entendez contient
    /ɛ̃/, dans la colonne 2 s'il contient /ɑ̃/, dans la colonne 3 s'il
    contient /õ/, dans la colonne 4 s'il ne contient pas de voyelle
    nasale.

	/ɛ̃/	/ã/	/ɔ̃/	pas de voyelle nasale
1				
2				
3				
4				
5				
6				
7				
8				
9				
10				
11				
12				

Clé: p.151

Exercices d'apprentissage

Première partie: /ɔ̃/ en syllabe accentuée

* 3. Répétez après le modèle les paires suivantes:

beau/bon -- pot/pont -- tôt/ton -- dos/don -- mot/mon -- nos/non
faux/fond -- vos/vont -- sot/son -- lot/long
rôt/rond -- trop/tronc

* 4. Répétez:

bon/bonze -- pond/pondent -- ton/tombe -- don/donc --
mon/monde -- non/nonce
fond/fonce -- son/sonde -- jonc/jonche -- long/longe
rond/ronde -- tronc/tronche

* 5. Répétez:

le gain/le gant/le gond
le bain/le banc/le bond
le saint/le sang/le son
le plein/le plan/le plomb
le rein/le rang/le rond
le frein/le franc/le front

* 6. Répétez:

        pend/pond -- banc/bond -- tend/ton -- dent/don -- ment/mont
        rend/rond -- franc/front
        pense/ponce -- bande/bonde -- tante/tonte -- mande/monde
        fente/fonte -- lange/longe
        range/ronge -- grande/gronde -- branche/bronche -- tendre/tondre

7. Retrouvez le nom qui est à l'origine de chacun des verbes suivants.
    exemple:
        vous entendez: sonner
        vous dites: le son

  a) Noms masculins

      donner -- savonner -- bouillonner -- pardonner -- boutonner --
      papillonner -- carillonner -- réveillonner

  b) Noms féminins

      façonner -- moissonner -- actionner -- cloisonner -- passionner --
      questionner -- additionner -- confectionner -- révolutionner

8. Faites des noms en remplaçant la terminaison -er des verbes par
-ation. Tous les noms en -tion sont féminins.
    exemple:
        vous entendez: abdiquer
        vous dites: l'abdication

      déclarer -- acclamer -- célébrer -- accuser -- liquider --
      admirer -- séparer -- agiter -- libérer -- préparer --
      protester -- réfrigérer -- transplanter

9. Donnez le féminin des adjectifs suivants.
    exemple:
        vous entendez: blond
        vous dites: blonde

      second -- fécond -- vagabond -- rond -- profond
      long -- oblong
      prompt

I* 10. Transformez les ordres à l'impératif en utilisant il faut et le
subjonctif.
    exemple:
        vous entendez: Réponds à la question!
        vous dites: Il faut que tu répondes à la question.

      Ponds un poème! Tonds le gazon! Fonds de tendresse!
      Confonds cet imposteur! Corresponds avec ton cousin!
      Romps ce traité! Interromps ton travail!

Deuxième partie: /õ/ en syllabe inaccentuée

11. Répétez les verbes suivants et mettez-les au pluriel.

**   a) <u>exemple</u>:

         <u>vous entendez</u>:   je compte
         <u>vous dites</u>:   je compte/nous comptons

         je sonde -- je tombe -- je monte -- je songe -- je ronge --
         je trompe -- je triomphe

**   b) <u>exemple</u>:

         <u>vous entendez</u>:   tu comptes
         <u>vous dites</u>:   tu comptes/vous comptez

         tu fonces -- tu pompes -- tu plonges -- tu bronches --
         tu grondes -- tu sombres

* 12. Lisez les phrases suivantes après le modèle. Notez que les lèvres sont très arrondies et fermées pour toutes les voyelles.

         nous doutons -- nous poussons -- nous voulons -- nous pouvons --
         nous coupons -- nous bouchons -- nous soupons -- nous courons

         nous fumons -- nous luttons -- nous buvons -- nous dupons --
         nous cuvons -- nous jurons -- nous rusons -- nous truquons

** 13. Remplacez <u>nous</u> par <u>on</u>.
<u>exemple</u>:

         <u>vous entendez</u>:   nous poussons
         <u>vous dites</u>:   on pousse

         nous doutons -- nous boudons -- nous coupons -- nous soupons --
         nous louchons

         nous fumons -- nous buttons -- nous dupons -- nous jurons --
         nous rusons

         nous couvons -- nous cuvons -- nous courons -- nous curons

14. Faites des mots nouveaux en ajoutant le préfixe <u>con-(com-)</u>.
<u>exemple</u>:

         <u>vous entendez</u>:   prendre
         <u>vous dites</u>:   comprendre

         poser -- venir -- tenir -- former -- fondre -- promettre --
         un disciple -- un père -- un patriote

15. Faites des mots nouveaux en insérant <u>contre</u> à l'endroit marqué.

         ˰fait -- ˰dire -- une ˰attaque -- un ˰poids -- une ˰façon --
         à ˰pied -- à ˰cœur -- à ˰jour -- un ˰maître --
         le ˰espionnage

<u>Troisième partie</u>: contraste /ɔn/-/õ/

* 16. Attention à la prononciation de cette combinaison de sons. Ecoutez les paires de mots suivants et comparez. Le premier mot est

américain, le deuxième français.

    bun   bonne
    dun   donne
    sun   sonne

Répétez les séries de mots suivants après le modèle. Le /ɔ/ est partout le même.

    bosse/botte/bonne -- dogue/dot/donne -- soc/sotte/sonne --
    noce/note/nonne -- l'os/lotte/l'homme

* 17. Lisez les paires de mots et les mots suivants après le modèle:

    don/donne -- son/sonne -- ton/tonne -- long/l'homme --
    gond/gomme -- pont/pomme -- rond/ronne

    la bonbonne -- la consonne -- il se pomponne -- il ronchonne --
    il ronronne -- le trombone

18. Répétez le masculin et donnez le féminin des adjectifs et des noms suivants.

    a) exemple:
            vous entendez: bon
            vous dites: bon/bonne

        mignon -- glouton -- gascon -- polisson

    b) exemple:
            vous entendez: un lion
            vous dites: un lion/une lionne

        un lion -- un espion -- un sauvageon -- un baron -- un patron --
        un breton -- un vigneron

** 19. Répétez les formes données, puis remplacez on par nous et accordez le verbe.
    exemple:
            vous entendez: on donne
            vous dites: on donne/nous donnons

        on sonne -- on tonne -- on somme -- on gomme -- on nomme --
        on cogne -- on rogne -- on grogne

Quatrième partie: contrastes entre les voyelles nasales

    /õ/-/ã/
** 20. Situation: en France, la tendance nouvelle est de dire on à la place de nous, mais elle n'est pas encore acceptée de tout le monde et on--pardon!--nous corrigerons la faute faite par le modèle.
    exemple:
            vous entendez: on mange
            vous dites: Non! nous mangeons.

on campe -- on danse -- on chante -- on pense -- on change --
on range -- on attend -- on entend -- on descend

21. Situation: l'harmonie règne, on est tous d'accord pour dire on.
exemple:
    vous entendez: Mangeons!
    vous dites: Oui! on mange.

    Campons!   Dansons!   Chantons!   Pensons!   Changeons!
    Rangeons!   Attendons!   Entendons!   Descendons!

** 22. Remplacez, dans chaque phrase, le nom complément par le pronom en.
exemple:
    vous entendez: Mangeons du pain.
    vous dites: Mangeons-en.

    Chantons des vers.   Dansons des valses.   Pensons des choses.
    Changeons de costume.   Rangeons des bouteilles.
    Vendons des fleurs.   Attendons des nouvelles.
    Entendons des voix.   Descendons des nuages.

/ã/ inaccentué et /õ/ accentué
** 23. Lisez les mots suivants:

    le jambon -- la chanson -- le menton -- le manchon -- le tendon --
    la tension -- le champion -- le tampon -- la pension --
    la sanction -- l'ascension -- l'abandon -- le champignon --
    la tentation -- le pantalon

24. Situation: êtes-vous des étudiants typiques? Répondez aux questions
en imitant la phrase-patron.
exemple:
    vous entendez: Avez-vous des livres?
    vous dites: Nous en avons.

    Lisez-vous des livres?   Voyez-vous des films?
    Mettez-vous des jeans?   Faites-vous des devoirs?
    Buvez-vous des sodas?   Mangez-vous des yogourts?
    Réclamez-vous des vacances?

/õ/ inaccentué et /ã/ accentué
* 25. Lisez les mots suivants:

    longtemps -- content -- constant -- Mont Blanc -- nonchalant --
    la confiance -- la conscience -- l'abondance -- la compétence --
    la consonance -- le contresens -- le contrevent -- le contretemps

* 26. Lisez les phrases suivantes après le modèle.

    Buvons en chantant.   Chantons en dansant.
    Dansons en rêvant.   Rêvons en marchant.
    Marchons en lisant.   Lisons en mangeant.
    Mangeons en parlant.   (Mais ne parlons pas la bouche pleine.)

/ɛ̃/ - /ã/ - /õ/

** 27. Mettez les expressions suivantes au singulier.
exemple:
      <u>vous entendez</u>:   de grands ponts
      <u>vous dites</u>:   un grand pont

      de grands dons -- de grands fonds -- de grands noms --
      de grands sons -- de grands blonds -- de grands plombs --
      de grands fronts -- de grands troncs

** 28. Situation: vous répondez avec enthousiasme aux propositions qui sont
faites. Répétez la phrase-patron avec les substitutions nécessaires.
exemple:
      <u>vous entendez</u>:   Achetons un chien!
      <u>vous dites</u>:   Oui! Achetons-en /un. *no glottal stop*

      Adoptons un bébé!   Ecoutons un opéra!   Occupons un poste!
      Ouvrons un coffre!   Allumons un cigare!   Avalons un cognac!

<u>Cinquième partie</u>: liaisons après les mots en /õ/

A. /õ/ reste nasal

** 29. Remplacez <u>nous</u> par <u>on</u> dans les phrases suivantes.
exemple:
      <u>vous entendez</u>:   nous avons
      <u>vous dites</u>:   on a

      nous avançons -- nous aidons -- nous imaginons -- nous objectons --
      nous utilisons -- nous attendons -- nous entendons --
      nous apportons -- nous emportons -- nous importons

I* 30. Situation: on vous fait les mêmes propositions que dans l'exercice 28,
mais c'est trop tard: vous êtes en train de le faire.
exemple:
      <u>vous entendez</u>:   Si on achetait ce chien?
      <u>vous dites</u>:   Non, on en achète déjà un. *no glottal stop*

      Si on adoptait ce bébé?   Si on écoutait cet opéra?
      Si on occupait ce poste?   Si on ouvrait ce coffre?
      Si on allumait ce cigare? Si on avalait ce cognac?

31. Situation: Grand'mère cherche encore ses lunettes. Faites-lui
différentes suggestions. Faites la liaison quand c'est nécessaire.
     (Où sont mes lunettes?)

      Elles sont dans ton sac.

      ...armoire.   ...tiroir.   ...auto.   ...étui.
      ...placard.   ...livre.   ...écritoire.   ...assiette.

32. Remplacez le nom par celui qui est entre parenthèse. Faites bien la
liaison.

exemple:

    <u>vous entendez</u>:   mon copain (ami)

    <u>vous dites</u>:   mon ami

    mon copain (ami) -- ton père (oncle) -- son chat (ours) --
    mon tricot (ouvrage) -- son train (autobus) -- mon saint (ange) --
    mon travail (emploi) -- ton bénéfice (intérêt) --
    son passé (avenir)

B. /õ/ devient /ɔn/: le masculin sonne exactement comme le féminin

* 33. Lisez les phrases suivantes après le modèle.

    un bon père -- une bonne mère -- un bon enfant

34. Mettez l'adjectif <u>bon</u> devant les noms suivants. Faites la liaison quand c'est nécessaire et n'oubliez pas que dans ce cas <u>bon</u> se prononce /bɔn/.

    un père -- un oncle -- une fille -- un garçon -- un ami --
    une amie -- un étudiant -- un dîner -- un article --
    une attitude -- un apéritif -- un hiver -- une année --
    un anniversaire

/õ/-/ã/

I* 35. <u>Dialogue</u>: <u>service compris</u>

    Durand--   Garçon! Il y a longtemps que nous attendons!

    Le garçon--Je vous demande pardon...

    Durand--   Je ne suis pas content!

    Le garçon--Le dimanche, il y a tant de monde!...

    Durand--   C'est bon! Je veux une bière blonde, une grande.

    Le garçon--Une grande bière blonde? Il n'y en a plus.

    Durand--   Passons... Un blanc de blanc bien frais.

    Le garçon--Nous n'en avons pas.

    Durand--   Comment! C'est un scandale! Un pinot noir de
                Pernant, alors.

    Le garçon--Le patron n'a pas encore passé la commande.

    Durand--   Bon sang! Ni Pinot noir, ni blonde, ni blanc de
                blanc! C'est une honte, une abomination!

    Le garçon--Il y a tant de clients, avec le pont de l'Ascension...

    Durand--   Ce n'est pas une raison! Mais alors, qu'est-ce qu'on
                peut avoir comme boisson?

    Le garçon--De l'orangeade ou des citrons pressés.

    Durand--   Bon! Ce sera un citron pressé, avec des glaçons, et
                un carafon d'eau d'Evian. Et l'addition...

Le garçon--Voilà, Monsieur. Ça fait dix francs tout rond.

Durand--   Service compris?

Le garçon--Oui, Monsieur, le service est compris... mais
            pas le pourboire.

Durand--   Alors vous, pour le culot, vous avez le pompon!

/õ/-/ɔn/

I* 36.   Dialogue: l'oncle de Bayonne

Léon--   Dis donc, Simone, il est très bon ce jambon de
          Bayonne; qui te l'a donné?

Simone-- C'est l'oncle Raymond, avec une bonbonne de vin
          de Jurançon.

Léon--   Ce cher oncle Raymond, avec ses histoires gasconnes...
          il aime la bonne table et la bonne vie. Il faut
          qu'on lui téléphone.

Simone-- Bonne idée, mais ce n'est pas le bon moment: il doit
          faire un somme, et si on le réveille, il ronchonne.

Léon--   C'est bon, patronne! Tu as toujours raison.

Simone-- Tiens, on sonne! Je n'attends personne...

Léon--   C'est l'oncle Raymond, avec la petite Yvonne.

Simone-- Elle n'a plus son air de sauvageonne.

Léon--   Comme elle est mignonne, cette polissonne!

Simone-- Oncle Raymond, Yvonne, montez donc: grâce à vous
          on réveillonne.

/ɛ̃/-/ã/-/õ/

I* 37.   Dialogue: un bon banc et un bon bain

Francine--   Ce matin, nous allons visiter des bains romans.

Tante Andrée--Des bains romans? A Menton? Ce sont plutôt
              des bains romains.

Francine--   Des bains romains? Non, ce sont des bains romans,
              je l'ai lu dans le Michelin.

Tante Andrée--Hmm! Ce n'est pas convaincant. Tes bains romans,
              c'est un bon roman!

Francine--   Comment, un bon roman? Je te dis que ce sont
              des bains romans.

Tante Andrée--Bain roman, bain romain ou bon roman, j'en ai plein
              les jambes de cette excursion...

Francine--   Tiens, voilà un banc... asseyons-nous un bon moment.

Tante Andrée--Dis donc, qu'est-ce que tu en penses? Ton banc,
        c'est un banc roman ou un banc romain?

Francine--   Je n'ai pas l'intention de discuter! Un banc
        gothique si tu veux... mais c'est un bon banc.

Tante Andrée--Un bon banc maintenant, et dans un instant:
        un bon bain.

Francine--   Un bon bain... méditerranéen.

Clé

	/ɛ̃/	/ɑ̃/	/ɔ̃/	pas de voyelle nasale	
1			X		lapon
2		X			calendes
3	X				épreindre
4				X	soutane
5		X			escampe
6			X		poncif
7	X				improuve
8				X	baumier
9		X			empeigne
10			X		palombe
11		X			bandeau
12			X		pontage

12. LES VOYELLES /e/ ET /ɛ/

PROFIL

12.1 Articulation of /e/ and /ɛ/

1. As indicated in Chart 5 (p.8), there are three series of mid vowels in French: /e/-/ɛ/, /ø/-/œ/, /o/-/ɔ/. The height of the tongue is approximately the same--higher mid for /e/-/ø/-/o/, and lower mid for /ɛ/-/œ/-/ɔ/. The higher sounds are often called <u>closed vowels</u> (<u>voyelles fermées</u>) while the lower ones are referred to as <u>open vowels</u> (<u>voyelles ouvertes</u>), indicating the relative degree of the aperture of the mouth. In many words the distribution of the closed and open vowels in stressed syllables is complementary and fairly predictable.[1]

2. For the pronunciation of /e/, begin with the articulatory position for /i/, presented in Lesson 7. Your lips should be spread out horizontally and their corners tightly drawn back, as if you were smiling. Keep the lips very tense, with very little space between the exposed upper and lower teeth. The tip of your tongue touches the back of the lower incisors while the blade rises high toward the palate. Say /i/, but without moving your tongue during the articulation so that you will not say the diphthong /iʲ/. Then, drop your jaw just slightly, creating more distance between the upper and lower incisors, and try to say /i/ again. The resultant sound is /e/: /i/⟶ lowering⟶ /e/. Repeat saying a long /e/, as long as your breath can hold, with tense muscles. Look in a mirror to make sure your tongue does not move and the quality of /e/ does not change from the beginning to the end of articulation.

3. There are two English vowels that somewhat resemble the French /e/. One is a lower high, lax vowel /I/ of <u>fit</u>, <u>mit</u>, <u>sit</u>. Compared to the French /e/ in <u>fée</u>, <u>mes</u>, <u>ces</u>, it is pronounced with lips not spread as horizontally or kept tense. The other is /eʲ/, a diphthong as in <u>fate</u>, <u>mate</u>, <u>sate</u>. Compared to the French /e/, it is longer, it begins with a vowel lower than /e/, and ends up with a glide made by the movement of the blade of the tongue toward the palate. In order to pronounce the French /e/, you must draw the corners of your mouth back, raise the blade of your tongue high toward the palate, and keep your vocal organs very tense. Compare the vowels of the following English and French words (in each series the French word comes last).

f<u>i</u>t, f<u>a</u>te, f<u>ée</u>   d<u>i</u>n, d<u>ei</u>gn, d<u>é</u>
m<u>i</u>t, m<u>a</u>te, m<u>es</u>   n<u>y</u>mph, n<u>ei</u>gh, n<u>é</u>
s<u>i</u>t, s<u>a</u>te, c<u>es</u>   T<u>i</u>m, t<u>a</u>me, th<u>é</u>

---

[1]For this reason, some linguists consider them to be allophones of a new series of phonemes, /E/, /Œ/, /O/ (that is, /E/=[e], [ɛ]; /Œ/=[ø], [œ]; /O/=[o], [ɔ]).

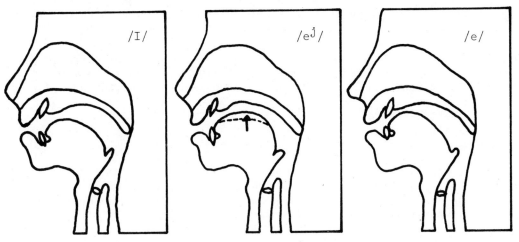

Chart 16: English /I/, /eʲ/ and French /e/

4. The French /ɛ/ is quite similar to the English /ɛ/ of met, set, tell. Both are monophthongs, but the French /ɛ/ is a little lower, that is, your jaw drops down a little more so that there is more space between the blade of the tongue and the palate. Your lips and tongue are kept much more tense for the articulation of the French /ɛ/. Compare the vowels in the following English and French words.

debt, dette	led, laide
get, guette	less, laisse
jet, jette	mess, messe

12.2 Variants of /e/ and /ɛ/: [ɛ̣] and [ę]

1. The vowels /e/ and /ɛ/ mentioned in the preceding section are normally found in stressed syllables. Their distribution is complementary in that /e/ occurs in stressed open syllables while /ɛ/ occurs in stressed closed syllables, as illustrated below.

clé-claire	gré-grève
dé-dette	né-nèfle
fée-fête	thé-thème

There are, however, a few word-final graphemes that represent a vowel intermediary between /e/ and /ɛ/ in stressed open syllables, shown by the phonetic symbol [ɛ̣]--the dot under the vowel indicating that it is more closed than normally shown by the symbol. Study the following pairs of words. The first word of each pair has the higher [e], while the second has the lower [ɛ̣].

né-naît	épée-épais
clé-claie	parlé-parlais
pré-près	poignée-poignet

2. A long vowel is shown by a colon /:/. This sign is omitted at
the end of a rhythmic group in which the last vowel is lengthened. The
omission is possible because the lengthening is automatic and predictable. However, there are a few words such as maître, in which some
speakers lengthen the vowel even if it is not at the end of a rhythmic
group: /mɛ:tR/. For such speakers, the following constitutes minimal
pairs. The first word of each pair contains /ɛ/, and the second, /ɛ:/.

mettre-maître	lettre-l'être
faites-fête	belle-bêle
Bette-bête	vaine-veine

3. In unstressed open and closed syllables, as in the first syllable of été and perdez, the vowel may vary in the mid range from as
high as [e] to as low as [ɛ], depending on the nature of the syllable,
the level and style of speech, and the regional backgrounds of speakers.[2]
On the whole, the vowel in unstressed position is more open than the /e/
of parlé but more closed than the /ɛ/ of père. We will use the symbol
[ẹ] for this sound, the diacritical mark indicating that it is more open
than [e] in stressed open syllables.[3]

[ẹ]-[e]: été, télévisé, préféré, cédé, répété
[ẹ]-[ɛ]: échec, épithète, éternel, réserver, précède

12.3 Orthographic Representation

As we have just mentioned, the alternation of the mid vowels is
determined partly by the phonological environment and partly by the
orthography. Except for [ẹ], the vowels [e], [ẹ], [ɛ] are in complementary distribution.

1. [e] occurs in stressed, open syllables. Exceptions are noted
under (3) and (5):

é	chanté, bonté, pensée, poignée
-ez	parlez, allez, nez
-er	(verb endings) manger, aller
	(polysyllabic words) premier, boulanger

2. [ɛ] occurs in stressed, closed syllables. There are no exceptions:

---

[2]Some phoneticians recognize as many as five varieties of mid vowels,
depending on whether the syllable is stressed or unstressed and what
consonant follows them.

[3]One of the factors that influence the occurrence of a particular
variety of vowel in unstressed syllables is metaphony or vowel harmony.
When the vowel is followed by a high, stressed vowel, it also becomes
high (édit, séjour, blessure). If it is not followed by a high, stressed
vowel, it is lower (étang, déjà, blessait).

e	sec, celle, tel, perte
é è	père, mère, répète, Hélène
ê ê	rêve, tête, bête, vous êtes
ai	baisse, laide, plaignent
ei	seize, pleine, peigne

3. [ɛ] occurs in stressed, open syllables, when the orthography is as follows:

-et, -êt	effet, projet, prêt, forêt
-ect	respect, aspect, suspect
-ès	progrès, exprès, excès
-ai, -aî	balai, épais, parfait, laid, claie
	plaît, parlaient, parlait, voudrais, voudrai[4]

4. [ɛ̣], an intermediary sound between [e] and [ɛ], occurs in unstressed open and closed syllables:[5]

e	rester, effet, intelligent, dessiner
é è	télévision, étang, élévage, développer
ê	bêtise, mêler, prêter, arrêter
ai, aî	maison, taisez, connaîtrez
ei	peigner, enseigner, seizième

5. [e] occurs in monosyllabic words:[6]

-es	mes, tes, ses, ces, des, les, tu es
et	et

12.4 Interferences

As you will see in Pratique, the pronunciation of [ɛ̣] is recommended but not absolutely necessary, since it may be replaced by [e] (but never by the lowest [ɛ]). The height of the tongue for [ɛ̣] varies, depending often on phonological conditions. The following types of errors must be avoided.

1. Diphtongizing stressed [e], [ɛ̣], [ɛ] as /eᴶ/: enchanté */ɑ̃ʃɑ̃teᴶ/, musée */myzeᴶ/, poignée */pwaɲeᴶ/, mangez */mɑ̃ʒeᴶ/; prêt */pReᴶ/, exprès */ɛkspReᴶ/, suspect*/syspeᴶ/; chaise*/ʃeᴶz/, treize */tReᴶz/, vaine */vɛ̃ᴶn/.

---

[4]Some "purists" maintain that the verb ending -ai is pronounced [e] while -ais, -ait, -aient are [ɛ] or [ɛ̣]. Such distinctions are not observed in normal speech.

[5]See Appendix 2 for the sound-symbol relationship between the graphemes é, ê, è, e in unstressed syllables and the vowels /e/, /a/, /ə/.

[6]Some people also pronounce mais, très, est with [e], while others open it to [ɛ̣].

156

2. Nasalizing the vowel before a pronounced nasal consonant: <u>mène</u>
*/mɛ̃n/, <u>scène</u> */sɛ̃n/, <u>laine</u> */lɛ̃n/, <u>peigne</u> */pɛ̃ɲ/; <u>ménage</u> */mɛ̃naʒ/,
<u>freiner</u> */fRɛ̃ne/, <u>mnémonique</u> */mnɛ̃monik/, <u>peignez</u> */pɛ̃ɲe/.

3. Replacing /e/ with /ɛ/ in stressed open syllables, especially
in an attempt to avoid diphthongizing the vowel: <u>parlez</u> */paRlɛ/,
<u>arrivée</u> */aRivɛ/, <u>dernier</u> */dɛRnjɛ/, <u>boulanger</u> */bulɑ̃ʒɛ/, <u>donnez-les</u>
*/dọnelɛ/.

4. Neutralizing [ẹ] to /ə/ (or substituting the English /ɪ/ for [ẹ]):
<u>effet</u> */əfẹ/, <u>élève</u> */əlɛv/, <u>réchauffer</u> */Rəʃofe/, <u>général</u> */ʒẹnəRal/,
<u>intéressé</u> */ɛ̃təRẹse/, répartir */RəpaRtiR/, considérable */kõsidəRabl/,
respect */Rəspẹ/, responsable */Rəspõsabl/, il verra */ilvəRa/. This kind
of articulation will lead to a loss of contrast between <u>j'ai dit-je dis</u>,
<u>j'ai fait-je fais</u>, <u>j'ai fini-je finis</u>, and others.

Leçon 12
/e/–/ɛ/

PRATIQUE

Prise de conscience auditive

1. Ecoutez et comparez:

en syllabe fermée:

met	mettent
bet	bête
led	laide
less	laisse
mess	messe
bell	belle
pen	peine

La voyelle américaine et la voyelle française sont très semblables:
la différence la plus audible est que la voyelle française /ɛ/,
en syllabe finale, est plus longue que la voyelle américaine.

Ecoutez encore:

mate	mettent
bait	bête
laid	laide
lace	laisse
mace	messe
bale	belle
pain	peine

La voyelle américaine, longue, tendue et diphtonguée, ne ressemble
pas à la voyelle française /ɛ/, qui n'est pas diphtonguée.

Ecoutez et comparez:

en syllabe ouverte:

bay	bée
day	dé
Fay	fée
gay	gué
lay	les
say	cé

Ici, la voyelle américaine est diphtonguée et elle est beaucoup plus
ouverte que la voyelle française /e/.

Conclusion: le /ɛ/ français en syllabe fermée n'est pas difficile
à prononcer pour des Américains. Le /e/ en syllabe ouverte demande
un effort particulier.

Discrimination auditive

2. Vous allez entendre 8 séries de trois mots; chaque fois que vous
entendez un mot français, vous mettrez une croix dans la case
correspondante.

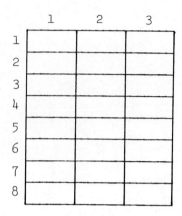

Clé: p.166

Prise de conscience articulatoire

/ε/

* 3. Quelques-uns des mots français que vous avez entendus vont être répétés;
     dites-les après le modèle.

     bête -- guête -- leste -- peste -- sexe -- laide --
     messe -- peine

/e/

* 4. Pour produire /e/, mettez les lèvres dans la même position que pour
     /i/, écartez les dents très légèrement et répétez après le modèle.

     /iiii/ -- /eeee/

     /i/-/e/ -- si/cé -- di/dé -- ti/té -- bi/bé -- pie/pé --
     vie/vé -- mie/mé -- nid/nez

* 5. Dites ensuite les séries de trois syllabes suivantes:

dents serrées, lèvres écartées et tendues	/i/	si	di	bis	mie	lit
dents assez serrées, lèvres écartées et tendues	/e/	cé	dé	bé	mé	lé
dents écartées, lèvres détendues	/ε/	sec	dette	baisse	mèche	laide

Exercices d'apprentissage

Première partie: /e/

* 6. Répétez les mots suivants après le modèle. Gardez pour le /e/ final
     la même position des lèvres que pour le /i/.

la scie -- la cité -- l'acidité -- l'agilité -- l'activité --
l'affinité -- l'avidité -- la civilité -- la timidité --
la rigidité -- la virilité -- la virginité

** 7. Répétez l'impératif singulier et donnez l'impératif pluriel des
verbes suivants.
exemple:
    <u>vous entendez</u>:   débite
    <u>vous dites</u>:   débite/débitez

cite -- vide -- guide -- imite -- limite -- liquide --
visite -- milite -- irrite

habite -- agite -- invite -- évite -- dévide -- décide --
hésite -- édite -- élide -- récite -- réside

8. Donnez la deuxième personne pluriel des verbes suivants.
exemple:
    <u>vous entendez</u>:   Nous parlons.
    <u>vous dites</u>:   Vous parlez?

Nous lisons.   Nous passons.   Nous poussons.
Nous dansons. Nous chantons. Nous mangeons.
Nous buvons.   Nous montons.   Nous sortons.
Nous entrons.

9. Faites des mots nouveaux en ajoutant la terminaison -ée aux noms
donnés. Le genre du nouveau mot est toujours féminin.
exemple:
    <u>vous entendez</u>:   une cuve
    <u>vous dites</u>:   une cuvée

une bouche -- un bol -- une niche -- une poigne -- une table --
un soir -- une gorge -- une chambre

Ajoutez la terminaison -née:

un jour -- un tour -- un four

** 10. Mettez au passé composé les verbes suivants. Notez qu'ils se
conjuguent tous avec le verbe être.
exemple:
    <u>vous entendez</u>:   il naît
    <u>vous dites</u>:   il est né

il passe -- il arrive -- il entre -- il reste -- il monte --
il tombe -- il rentre -- il remonte -- il retombe

11. Situation: on vous dit de faire quelque chose; vous répondez que
vous allez le faire.
exemple:
    <u>vous entendez</u>:   Entrez!
    <u>vous dites</u>:   Jɇ vais entrer.

Chantez!   Mangez!   Dansez!   Passez!   Montez!
Poussez!   Sautez!   Tombez!   Pleurez!

I* 12. Situation: on vous demande si vous faites quelque chose;
vous répondez que c'est déjà fait.
exemple:
vous entendez: Tu chantes?
vous dites: J'ai déjà chanté.

Tu manges?   Tu danses?   Tu sautes?   Tu pousses?
Tu plonges? Tu nages?   Tu tapes?   Tu tires?
Tu pleures?

13. Répétez la phrase-patron en substituant les noms de fruits donnés
et en modifiant en conséquence le nom de l'arbre. La syllabe
ajoutée sera toujours -iers /je/.

Il y a des [pommes] sur mes [pommiers].

dattes....   poires....   mûres....   fraises....
prunes....   bananes.... framboises....   grenades....

I* 14. Situation: vous n'êtes pas allé(e) faire les courses, c'est votre
grand'mère (souvent appelée Mémé en France) qui les a faites à
votre place.
exemple:
vous entendez: Tu es allé(e) chez l¢ [boucher]?

vous répondez: Non, c'est Mémé qui est allée chez l¢ [boucher].

2 syllabes: bottier -- laitier -- plombier -- crémier
3 syllabes: pâtissier -- boulanger -- charcutier -- cordonnier

I* 15. Situation: vous n'êtes pas très sportive! On vous demande si
vous allez faire quelque chose, mais vous êtes fatiguée de le faire.
exemple:
vous entendez: Vous allez [sauter]?
vous répondez, avec impatience:

Ah! non alors! J'ai assez [sauté] comme ça.

danser -- skier -- plonger -- nager -- boxer -- chasser --
pêcher -- patiner

I* 16. Situation: on vous propose de faire quelque chose, mais vous en êtes
fatigué(e).
exemple:
vous entendez: Vous venez [sauter]?
vous répondez, avec lassitude:

[Sautez] si vous voulez, moi, j'ai assez [sauté].

skier -- danser -- boxer -- plonger -- nager -- chasser --
camper -- marcher

Deuxième partie: /ε/ et contraste /e/-/ε/

* 17. Répétez les paires de mots suivants:

cé/cède -- chez/chaise -- lé/lève -- nez/neige --
pied/piège -- dé/dette -- mé/messe -- fée/fête --
pé/pêche
ré/rêve -- gré/graisse -- pré/prêche

* 18. a) Lisez après le modèle les lettres de l'alphabet suivantes:

/e/: b -- c -- d -- g -- p -- t -- v -- w
/ε/: f -- l -- m -- n -- r -- s -- z

b) Lisez les sigles:

PC -- PV -- UV
CGT -- PDG -- PTT -- PCV -- UDR
CFDT -- SNCF -- RATP -- ORTF -- RSVP

* 19. Répétez après le modèle les paires de formes verbales suivantes:

tu jettes/vous je̸tez -- tu sèmes/vous se̸mez --
tu gèles/vous ge̸lez -- tu mènes/vous me̸nez --
tu emmènes/vous emme̸nez -- tu amènes/vous ame̸nez --
tu achètes/vous ache̸tez -- tu appelles/vous appe̸lez --
tu épelles/vous épe̸lez

** 20. Donnez l'indicatif présent, première personne, des verbes entendus
à l'impératif.
exemple:
vous entendez: Séchez!
vous dites: Je sèche!

Laissez!   Léchez!   Baissez!   Bêchez!   Quêtez!
Guettez!   Cédez!   Fouettez!

* 21. Répondez aux questions en suivant la phrase-patron et en faisant
les substitutions appropriées.
exemple:
vous entendez: Tu cèdes?
vous dites: Je cède et j'ai cédé.

Tu sèches?   Tu lèches?   Tu pêches?   Tu sièges?
Tu saignes? Tu gères?   Tu règnes?

22. Noms en -ette et verbes en -er. Répétez la phrase patron en
utilisant les substitutions indiquées. Les noms sont faits en
remplaçant la terminaison -er du verbe par -ette; ils sont tous
féminins.
Répétez:

Une [sucette] pour [sucer].

sonner -- cacher -- taper -- pincer -- baver -- chausser --
coucher -- causer -- racler -- balayer -- allumer

Mots en /-εR/*

* 23. Répétez les paires de mots suivants. Le /ε/ doit rester bien
ouvert, et le /R/ final doit être bien articulé et tout à fait
audible.

thèse/terre -- seize/serre -- chaise/cher -- pèse/père --
neige/nerf -- beige/Berre -- vais-je/verre -- j'aide/j'erre --
fève/fer -- lève/l'air

24. Situation: <u>les deux font la paire</u>. Ajoutez le mot <u>une paire</u>
devant chacun des noms donnés; <u>des</u> deviendra <u>de</u>.
<u>exemple</u>:
vous entendez: des gants
<u>vous dites</u>:   une paire de gants

des bas -- des chaussettes -- des souliers -- des bottes --
des draps -- des ciseaux -- des lunettes -- des joues --
des claques

I* 25. Situation: <u>je suis perplexe</u>. Répétez la phrase-patron en faisant
les substitutions indiquées:

Qu'est-c∉ que⌐j'achète à la bouchère? Répétez.
 /ε/   /ε/   /ε/

la laitière -- la fermière -- la mercière -- la crémière --
la boulangère -- la pâtissière -- la bijoutière -- la couturière

26. Situation: <u>chacun avec sa chacune</u>. Répétez la phrase-patron en
faisant les substitutions appropriées:

Le boucher aime la bouchère.
   /e/ /ε/   /ε/

le vacher -- le berger -- le meunier -- le laitier --
le fermier -- le boulanger -- le pâtissier -- le cuisinier --
le charcutier

** 27. Répétez l'adjectif masculin et donnez le féminin.
<u>exemple</u>:
vous entendez: premier
<u>vous dites</u>:   premier/première

entier -- dernier -- singulier -- familier -- dépensier --
grossier -- régulier -- routinier -- particulier

28. Situation: votre ami a "un drôle d'air"; vous lui faites des
commentaires. Répétez la phrase-patron en faisant les substitutions

---

*Les mots en /-εn/ sont dans la leçon /ε̃/, les mots en /-εl/ dans la leçon
/l/, les mots en /-εj/ dans la leçon /j/.

indiquées.

Vous avez ⌐l'air⌐fâché.

2 syllabes: gêné -- vané -- blessé -- pressé
3 syllabes: fatigué -- fasciné -- terrifié
4 syllabes: désorienté -- découragé -- désespéré
5 syllabes: démoralisé

29. Situation: retour du marché. Répondez aux questions en faisant les substitutions nécessaires.
exemple:
vous entendez: Où avez-vous acheté [ce lait]?
vous répondez: Jɇ l'ai acheté chez [la laitière].
vous entendez: Et [ces œufs]?
vous répondez: Jɇ les ai achetés chez [la fermière].

Où avez-vous acheté ce lait? ...la laitière.
Et ces œufs? ...la fermière.
Et ces pains? ...la boulangère.
Et ce jambon? ...la charcutière.
Et ce rôti de boeuf? ...la bouchère.
Et ces gâteaux? ...la pâtissière.
Et ce fromage? ...la crémière.
Et ce bracelet? ...la bijoutière.

Troisième partie: mots en -ais, -ait (-aie, -aies) et en -et (-ect)

Vous pouvez prononcer ces mots avec [ɛ̣], c'est-à-dire un peu plus fermé que [ɛ], comme les Parisiens, ou [e] comme la plupart des Français; mais ne diphtonguez pas.

** 30. Donnez l'imparfait des verbes suivants.
exemple:
vous entendez: je parle
vous dites: je parlais

je tape -- je passe -- je pousse -- je danse -- je chante --
je mange -- je monte -- je tombe -- je marche -- je rentre

I* 31. Situation: vous refusez une invitation, parce que vous n'êtes pas sûr de bien vous tenir. Lisez les phrases suivantes:

Si je pouvais, je viendrais.
Si je venais, je boirais.
Si je buvais, je chanterais.
Si je chantais, je danserais.
Si je dansais, je tomberais.
Si je tombais, je dormirais.
Si je dormais, je ronflerais.

* 32. Lisez les mots suivants après le modèle.

un bouquet -- un poulet -- un sachet -- un cachet --
un poignet -- un guichet -- un sifflet -- un objet --
un gourmet -- un projet -- un trajet

33. Répétez le féminin et donnez le masculin des adjectifs suivants.
exemple:
vous entendez: coquette
vous dites: coquette/coquet

complète -- simplette -- muette -- violette -- secrète --
discrète -- concrète -- proprette -- grassouillette

34. Mettez les verbes suivants à la troisième personne du singulier
de l'indicatif présent.
exemple:
vous entendez: mettre
vous dites: il met

omettre -- commettre -- soumettre -- admettre -- remettre --
permettre -- promettre -- transmettre

/e/
I* 35. Dialogue: où est la place du marché?

L'étranger--   Excusez-moi, Madame, où est la place du marché?

Madame Macé-- C'est assez compliqué... Vous voyez la boutique
du pâtissier?

L'étranger--   A côté du boucher?

Madame Macé-- Non, ça, c'est le boulanger. Le pâtissier est
plus bas, à côté du café Chez Dédé.

L'étranger--   Ah oui! J'y suis allé dimanche dernier.

Madame Macé-- Bon! Vous prenez l'allée des marronniers,
en face du pâtissier...

L'étranger--   ...je suis l'allée des marronniers, et je suis
au marché!

Madame Macé-- Non! Vous tournez à droite, rue André Chénier,
et vous traversez au passage clouté...

L'étranger--   De l'autre côté du passage clouté... c'est le marché?

Madame Macé-- Non, attendez! Vous arrivez devant le poissonnier...
et vous entrez...

L'étranger--   Pourquoi faut-il entrer chez le poissonnier?

Madame Macé-- Pour demander où est le marché: c'est assez
compliqué, vous voyez!

/ɛR/

I* 36. Dialogue: ma belle-mère est une perle.

Claire-- Bonjour, Sylvère! Où est Ginette? Elle va bien, j'espère.

Sylvère-- Ginette? Elle est partie pour une semaine au bord de la mer.

Claire-- Mon cher Sylvère, te voilà célibataire! Il te faut ta mère!

Sylvère-- Ma mère est à Bagnères avec mon père.

Claire-- A Bagnères? Pourquoi pas à la mer?

Sylvère-- A Bagnères, les hôtels sont moins chers que dans les stations balnéaires.

Claire-- Et ton frère?

Sylvère-- Pierre? Il est en train de faire des affaires en Angleterre.

Claire-- Quelle misère! Te voilà bien solitaire!

Sylvère-- Mais non! il y a ma belle-mère...

Claire-- Ta belle-mère! Elle n'est pas à Bagnères? ou à la mer?

Sylvère-- Non, elle reste ici: elle est mercière et elle préfère son commerce.

Claire-- Ah, ah! elle ne te perd pas de vue!

Sylvère-- Peut-être, mais elle me sert de cuisinière: tous les soirs, elle me fait des desserts... extraordinaires!

Claire-- Tu ne crois pas que tu exagères?

Sylvère-- A peine: ma belle-mère, c'est une perle!

/e/-/ɛ/

I* 37. Dialogue: des parents modernes

André-- Chère Madame, permettez-moi de vous présenter ma fiancée: Hélène d'Epernay.

Mme Richelme--Mademoiselle, je suis ravie de rencontrer la fiancée d'André que je connais depuis tant d'années.

André-- Je te présente Madame Richelme, dont je t'ai souvent parlé.

Hélène-- C'est vrai, André m'a souvent vanté votre gentillesse. Appelez-moi Hélène, s'il vous plaît, cela me ferait plaisir.

Mme Richelme--Il faudrait que vous veniez avec André à ma prochaine soirée, Hélène, le premier mai. Je tiens à vous présenter à tous mes amis.

Hélène--   Je pense que vous connaissez déjà ma mère: elle
            vous a rencontrée chez la comtesse de Beauharnais.

Mme Richelme--En effet, je crois me le rappeler: votre mère est
            antiquaire, n'est-ce pas? et votre père est
            maire de Poitiers.

André--   C'est le contraire: le père d'Hélène est anti-
            quaire et c'est sa mère qui est maire.

<u>Clé</u>

	1	2	3
1		X	
2			X
3	X		
4			X
5		X	
6		X	
7	X		
8		X	

bet	<u>bête</u>	bait
gate	get	<u>guête</u>
<u>leste</u>	lest	laced
led	laid	<u>laide</u>
men	<u>mène</u>	mane
paste	<u>peste</u>	pest
<u>sexe</u>	sakes	sex
mate	<u>mette</u>	met

13. LE VOYELLES /o/ ET /ɔ/

PROFIL

13.1 Articulation of /o/ and /ɔ/

1. Both /o/ and /ɔ/ are back rounded mid vowels. The former is often referred to as the "closed" o, and the latter, the "open" o. They are produced by rounding the lips and raising the back of the tongue toward the pharyngeal wall. The vowel /o/ was presented in Lesson 7. Round your lips and push them forward, leaving an opening as if you were holding a pencil in your mouth. Raise the back of the tongue, bunching it toward the uvula and the pharyngeal wall. It is important not to move your tongue during the articulation of /o/; otherwise, you will create a glide and the resulting sound will be a diphthong.[1] Look into a mirror and practice saying a long /o/ sound while making sure your jaw does not move.

2. For the pronunciation of /ɔ/, round your lips, but not as much as for /o/, and drop your jaw so that the tongue height will also be lower than for /o/. The French /ɔ/ is shorter and more open than the /ɔ/ of English bought and caught, and less open than the /ɑ/ of cot and not. Furthermore, it is pronounced with greater muscle tension than these English vowels. Compare the following words in terms of tongue height, lip rounding, and muscular tension. The last word of each series is French.[2]

       caught-cot-cotte   dawn-Don-donne
       sought-sot-sotte   Maud-mod-mode
       naught-not-note   wrought-rot-rote

13.2 Distribution of /o/ and /ɔ/

1. The occurrence of /o/ and /ɔ/ in stressed syllables is determined partly by the phonological environment and partly by the orthography. Generally speaking, /o/ always occurs in stressed open syllables, while /ɔ/ occurs in stressed closed syllables. Examine the distribution of /o/ and /ɔ/ in the following pairs of words.

       beau-bonne   pot-pomme

---

[1] The /oʷ/ of English is not only a diphthong, but it is also lower than the French /o/.

[2] As mentioned in 0.6.1, the /ɔ/-/ɑ/ distinction does not exist in some areas of the United States.

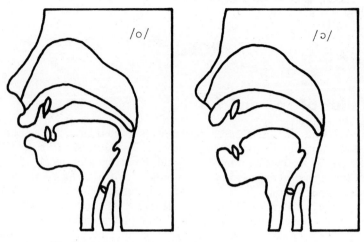

Chart 17: French /o/ and /ɔ/

dos-dot   sot-sotte
mot-molle   veau-vote

In addition, however, /o/ also occurs in stressed closed syllables in words such as gauche, côte, pose, atome. The occurrence of
/o/ in these words is largely determined by the orthography, and will
be discussed in the next section.

2. In unstressed syllables, the vowel can vary from the higher
[o] to the lower [ɔ]. In a word such as géographie, the o can be
pronounced with either vowel, although most speakers of French will say
a vowel intermediate between the two.[3] We represent this intermediate
sound with the phonetic symbol [ǫ], the diacritical sign indicating that
it is lower than the stressed /o/ of l'eau but higher than the stressed /ɔ/
of l'or. Examine the occurrence of [ǫ], [o], [ɔ] in the following words.

auto   [ǫto]   monologue [mǫnǫlɔg]
moto   [mǫto]   Dordogne   [dǫRdɔɲ]

13.3 Orthographic Representation

1. /o/ always occurs in stressed, open syllables.

---

[3]Metaphony, as explained in Lesson 12 (footnote 2) may play a role:
if the following vowel is high and stressed, it can "pull up" the [ǫ] to
a higher variety: poli, connu, aussi. Derivation can also influence the
pronunciation of [ǫ]. If the root morpheme or the original word has /o/,
words derived from it often have a higher variety of [ǫ]: beau-beauté
(cf. botté), haut-hausser, gros-grossesse, rose-rosé, pose-poser, dos-
dossier.

o   numéro, moto, mécano
ô   tôt, aussitôt, bientôt, allô
au   chaud, faut, tuyau, animaux
eau   château, morceau, Chenonceaux

   2. /o/ also occurs in stressed, closed syllables with the following graphemes:

o   grosse, fosse, adosse[4]
o + /z/   pose, rose, chose, Berlioz
o + /m/,/n/   (mostly of Greek origin)
               atome, idiome, aérodrome, hyppodrome,
               zone, amazone
au   (except before /R/)
               gauche, autre, saute, pause
aô   Saône
ô   côte, vôtre, drôle, fantôme, pluviôse, arôme

(handwritten, right margin)
o + tion = /o/
potion = /posjɔ̃/
notion = /nosjɔ̃/

   3. /ɔ/ occurs in stressed, closed syllables except in the graphemes
noted above, under (2):

o   note, poste, port, école, os[4]
au   (before /R/)
           Laure, hareng-saur, maure
-um /ɔm/   (of Latin and foreign origin: see 9.6)
           album, maximum, radium, rhum

     Because of the orthographic influence, there are minimal pairs
in stressed closed syllables contrasting /o/ and /ɔ/. Examine the
following pairs of words. The first word of each pair contains /o/,
and the second word, /ɔ/.[5]

              côte-cotte   rauque-roc
              nôtre-notre   saule-sol
              Aude-ode   saute-sotte
              l'auge-loge   Beaune-bonne
              paume-pomme   Beauce-bosse

   4. [o̞] occurs in all unstressed positions:

o   monosyllabe, sonore, soleil, nocturne
ô   côté
au   auto, mauvais, automne
eau   beauté, peaussier

_____

   [4]The words grosse, fosse, adosse have /o/ while all other words
have /ɔ/: gosse, bosse, noce, os. The singular of os is pronounced
/ɔs/, and the plural, /o/.
   [5]In addition, Paule and Paul are also distinguished by /o/-/ɔ/.

13.4 Interferences

1. Moving the lips and the tongue during the articulation of /o/, so that a glide is produced and the vowel becomes a diphthong: gauche */goᵂʃ/, numéro */nymęRoᵂ/, prose */pRoᵂz/, drôle */dRoᵂl/, château */ʃatoᵂ/, animaux */animoᵂ/.

2. Diphthongizing /ɔ/, especially in words that have English cognates with /oᵂ/: poste */poᵂst/, note */noᵂt/, vote */voᵂt/, Rome */Roᵂm/, code */koᵂd/.

3. Substituting the American English /a/ for the French /ɔ/. The former is produced with lower tongue height and with the lips just slightly rounded or not rounded at all: code, choc, bosse, cotte, dot, stop, loque, poche pronounced like the English words cod, shock, boss, cot, dot, stop, lock, posh.

4. Confusing /o/ and /ɔ/, that is, pronouncing /ɔ/ instead of /o/, and /o/ instead of /ɔ/: autre */ɔtR/, pause */pɔz/, idiome */idjɔm/, saute */sɔt/, vôtre */vɔtR/; pomme */pom/, notre */notR/, poste */post/, note */not/.

5. Nasalizing [o], [ɔ], [ǫ] before a nasal consonant: Rhône */Rõn/, Beaune */bõn/, atome */atõm/, automne */ǫtɔ̃m/, album */albõm/, nommer */nǫ̃me/.

6. Neutralizing an unstressed [ǫ] to /ə/, or even deleting it altogether: chocolat */ʃǫkəla/, accolade */akəlad/, philosophie */filəzǫfi/. This error will cause the loss of distinction in minimal pairs such as pronom-prenons, poser-peser, posons-pesons.

7. Substituting the English /əm/ for the French /ɔm/ in words of Latin origin ending in -um: minimum */miniməm/, album */albəm/, planétarium */planętaRjəm/, aquarium */akwaRjəm/.

Leçon 13
/o/-/ɔ/

PRATIQUE

Prise de conscience auditive

1. Ecoutez et comparez:

en syllabe fermée:

pose	pose
rose	rose
coat	côte
dome	dôme
soul	saule
sore	saure

en syllabe ouverte:

dough	dos
foe	faux
sew	sot
low	l'eau
toe	tôt
beau	beau

Vous avez déjà entendu ces mots dans la leçon 7 et vous avez constaté que le /o/ français n'est pas diphtongué.

Ecoutez encore:

en syllabe fermée

dot	dot
lot	lotte
cod	code
posh	poche
shock	choc
lock	loque
stop	stop

Dans les mots américains, la voyelle n'est pas diphtonguée, mais elle est moins arrondie, plus ouverte et plus brève que le /ɔ/ français en syllabe finale.

Prise de conscience articulatoire

/o/

* 2. Redites les mots de la leçon 7 (ex. 17). Les lèvres sont très fermées et très arrondies:

dos -- beau -- sot -- faux
clause -- pôle -- Gaule -- maure

/ɔ/

* 3. Répétez les mots suivants. Les lèvres sont assez ouvertes et arrondies:

dot -- botte -- sotte -- phoque
cloche -- Paul -- sol -- mort

Dites ensuite les séries de quatre syllabes suivantes:

/u/	sou	bout	doux	clou
/o/ sot	sot	beau	dos	clos
/o/ saule	saule	Beauce	dose	close
/ɔ/	sol	bosse	dot	cloche

bouche presque fermée,
lèvres très arrondies /u/ sou bout doux clou
et projetées en avant
bouche un peu plus ouverte, sot beau dos clos
lèvres très arrondies /o/
et projetées en avant saule Beauce dose close
bouche assez ouverte,
lèvres arrondies /ɔ/ sol bosse dot cloche

Discrimination auditive

5. Vous allez entendre 8 séries de trois mots. Ils contiendront tous le son /o/ ou le son /ɔ/, une fois chacun. Vous mettrez le symbole phonétique de la voyelle entendue dans la case qui correspond au mot.

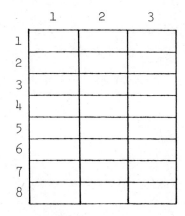

	1	2	3
1			
2			
3			
4			
5			
6			
7			
8			

Clé: p.178

Exercices d'apprentissage

Première partie: /o/

A. En syllabe ouverte

* 6. Répétez les mots suivants:

     pot -- mot -- beau -- veau -- faux -- tôt -- dos -- sot --
     zoo -- chaud
     gros -- croc -- broc -- trop

* 7. Lisez après le modèle les noms suivants; ce sont tous des noms de petits d'animaux.

     un lionceau -- un louveteau -- un baleineau -- un pigeonneau --
     un dindonneau -- un souriceau -- un renardeau

8. Faites des mots nouveaux en ajoutant aux noms donnés la terminaison
   -eau. Tous les noms nouveaux seront masculins.
   exemple:
   > vous entendez: une table
   > vous dites: un tableau

   une tombe -- une pomme -- une chape -- une bande --
   une terre -- une ronde -- une corde -- une prune --
   une troupe -- une trousse

9. Donnez le pluriel des noms et **adjectifs** suivants.
   exemple:
   > vous entendez: un cheval royal
   > vous dites: des chevaux royaux

   un total global -- un canal régional -- un métal original --
   un signal conjugal -- un capital national -- un journal libéral --
   un radical impartial -- un arsenal principal --
   un général sentimental

10. Situation: c'est le mariage de Pierrot et Margot; quel cadeau
    achèterons-nous pour eux? Répétez la phrase-patron en substituant
    les mots indiqués et en ajoutant alternativement _Pierrot_ et _Margot_:

    Un chapeau pour Margot, un manteau pour Pierrot.

gâteau	couteau
plateau	tonneau
anneau	tableau
fourneau	bureau
berceau	château

I* 11. Situation: un(e) ami(e) vous demande d'admirer ce qu'il/elle vient
    d'acheter. Répondez à ses questions d'après la phrase-patron en
    faisant les substitutions indiquées.
    > vous entendez: As-tu vu mon nouveau [chapeau]?
    > vous dites: Il est très beau, ton nouveau [chapeau].

    piano -- maillot -- bibelot -- canot -- bateau -- râteau --
    tricot -- drapeau

** 12. Remplacez l'impératif entendu par _il faut_ et le verbe à l'infinitif.
    exemple:
    > vous entendez: Parlons!
    > vous dites: Il faut parler.

    Sautons!   Plongeons!   Nageons!
    Sortons!   Partons!   Dormons!
    Réfléchissons!   Obéissons!   Finissons!

** 13. Situation: vous êtes dans une agence de voyage. L'employée vous
    propose des destinations. Tout vous tente.
    exemple:
    > vous entendez: Le Canada?
    > vous dites: C'est ça! Allons au Canada!

Le Mexique?   Le Chili?   Le Brésil?   Le Luxembourg?
Le Portugal?   Le Mali?   Le Sénégal?   Le Maroc?
Le Japon?

B.   En syllabe fermée

* 14.   Répétez les adjectifs suivants:

haut/haute -- chaud/chaude -- faux/fausse -- gros/grosse

Répétez les mots suivants:

pause -- dose -- chose -- cause -- close -- glose -- rose --
prose
jaune -- paume -- sauce -- Claude -- gauche -- Paule -- drôle

* 15.   Lisez le menu après le modèle:

Escargots -- Turbot -- Jambonneau
Gigot d'agneau -- Epaule de veau
Entrecôte -- Daube
Haricots -- Artichauts -- Poireaux
Livarot -- Gâteaux
Abricots -- Pruneaux -- Reines-claudes
Bordeaux -- Porto -- Côtes du Rhône

Deuxième partie: /ɔ/ et contraste /o/-/ɔ/

* 16.   Lisez les mots suivants après le modèle:

la note -- la botte -- le vote -- la dot -- la motte --
la mode -- le phoque -- la toque -- la vogue -- la drogue

* 17.   Répétez les paires suivantes:

sot/sotte -- beau/botte -- veau/vote -- dos/dot --
faux/phoque -- tôt/toque -- mot/mode -- peau/pomme --
nos/notre -- vos/votre

* 18.   Répétez les paires suivantes:

saute/sotte -- côte/cotte -- haute/hotte -- Beauce/bosse --
rauque/roc -- paume/pomme -- saule/sol -- môle/molle --
Paule/Paul -- le vôtre/votre

** 19.   Répétez la phrase-patron en faisant les substitutions indiquées:

Mettez votre manteau et vos souliers.

chapeau   gants.
tricot   bas.
maillot   lunettes noires.
kimono   sandales.

175

I* 20. Situation: un personnage peu discret veut s'attribuer tout ce qui appartient à votre famille. Vous protestez. Attention à l'accord des adjectifs et pronoms possessifs.
exemple:
vous entendez: C'est ma maison!
vous dites: Ce n'est pas votre maison, c'est la nôtre!

C'est mon livre!   C'est mon verre!   C'est mon chat!
C'est ma chaise!   C'est ma table!   C'est ma lampe!
Ce sont mes cousins!   Ce sont mes parents!
Ce sont mes enfants!

[ɔ] en syllabe non-finale
* 21. Répétez les paires de mots suivantes. Le [ɔ] du deuxième mot de chaque paire doit rester ouvert.

la note/la notice -- la botte/le bottier -- la sotte/la sottise --
la mode/le modèle -- le coq/la coquette -- la bosse/le bossu --
la poche/la pochette -- la somme/le sommet -- le vol/le voleur --
la folle/la folie

/ɔR/*
* 22. Répétez les paires de mots suivantes. Le /ɔ/ doit rester bien ouvert et le /R/ final doit être bien articulé et tout à fait audible.

sotte/sort -- botte/bord -- pote/port -- motte/mord --
cotte/corps -- note/nord -- dot/dors -- lotte/l'or

* 23. Répétez l'impératif deuxième personne du singulier entendu, puis donnez la première personne du pluriel.
exemple:
vous entendez: Sors!
vous dites: Sors/Sortons!

Adore!   Ignore!   Honore!   Abhorre!   Implore!
Explore!
Sors!   Dors!   Mords!   Tords!
Porte!   Apporte!   Emporte!   Importe!   Exporte!

24. Faites des noms composés en ajoutant un porte- devant les noms donnés.
exemple:
vous entendez: plume
vous dites: un porte-plume

clés -- voix -- mine -- feuille
bagages -- manteau -- savon -- monnaie -- couteau
parole -- serviette -- bonheur

** 25. Situation: vous répondez affirmativement, avec une certaine impatience, aux questions posées.

---

*Les mots en /ɔn/ sont dans la leçon /õ/; les mots en /ɔl/ sont dans la leçon /l/.

exemple:

    vous entendez: Tu ne ris plus?

    vous répondez: Si, je ris encore.

    Tu ne manges plus?   Tu ne bois plus?   Tu ne danses plus?
    Tu ne sors plus?   Tu ne dors plus?   Tu ne mords plus?

I* 26. Situation: vous n'êtes pas pressé. Répondez aux questions en suivant le patron et en faisant les substitutions appropriées.
exemple:

    vous entendez: Tu as bu ton café?

    vous répondez: Non, je ne l'ai pas encore bu.

    Tu as lu le journal?   Tu as vu ce film?
    Tu as mangé ta soupe?   Tu as lavé la vaisselle?
    Tu as fait ton lit?   Tu as fini ton travail?
    Tu as sorti le chien?   Tu as rangé ta chambre?

I* 27. Tord-langues ('tongue-twisters')

    Si Paule est sotte, Paul n'est pas sot.
    J'ôte ma pomme de ta paume,
      et mon saule de ton sol.

/o/

I* 28. Dialogue: sans défaut

    M. Boileau--Madame, je cherche quelque chose de beau: c'est
                pour un cadeau.

    Paule--   Voulez-vous voir nos émaux royaux?

    M. Boileau--Non, il me faut quelque chose de plus nouveau.

    Paule--   Et nos bibelots Art nouveau, sur ce plateau,
              à gauche?

    M. Boileau--Non, quelque chose de plutôt gros, qui en impose.

    Paule--   Un tableau de Picasso?

    M. Boileau--Je ne suis pas un sot: si ce n'est pas un faux,
              il vaut trop cher pour moi.

    Paule--   Mais Monsieur, nos tableaux sont tous faux.

    M. Boileau--Et vos bibelots?

    Paule--   Nos bibelots et nos émaux sont faux aussi.

    M. Boileau--C'est une fraude! Vos prix sont trop hauts pour des faux.

    Paule--   Mais ce sont de beaux faux: des imitations sans
              défaut.

    M. Boileau--Des faux sans défaut! C'est trop drôle! Tant pis!
              J'achèterai des roses: douze douzaines de vraies
              roses jaunes.

Paule-- Comme cadeau, c'est beau, mais ce n'est pas nouveau.

M. Boileau--Il vaut mieux du beau pas nouveau que du faux
même sans défaut.

/ɔR/

I* 29. Dialogue: rapporte-moi un porte-savon.

Théodore-- Tu sors, Corinne?

Corinne-- Oui, Théodore, je sors.

Théodore-- Si tu sors, rapporte-moi un porte-savon.

Corinne-- Si tu veux que je te rapporte un porte-savon, donne-
moi ton portefeuille.

Théodore-- Où est ton porte-monnaie?

Corinne-- Mon porte-monnaie est filiforme.

Théodore-- Encore vide! Miséricorde! Notre argent s'évapore!

Corinne-- Tout est hors de prix et nous ne roulons pas
sur l'or, depuis qu'on t'a mis à la porte d'Import-
Export.

Théodore-- Tous mes projets avortent. Pas de chance: c'est
mon sort!

Corinne-- Tu as tort: tu n'as pas fait d'efforts.

Théodore-- Ma santé n'est pas forte; je dois dormir énormément.

Corinne-- Tu dis n'importe quoi! Tu es en pleine forme, et
tu dévores.

Théodore-- Tu veux me donner des remords. Je voudrais être mort.
Tu veux un divorce?

Corinne-- Théodore! Tu ne l'ignores pas: je t'adore.

Théodore-- Alors Corinne, si tu m'adores, tu me rapportes...
un porte-bonheur. D'accord?

/o/-/ɔ/

I* 30. Dialogue: une dot sur le dos

Odile-- Maman, je voudrais des bottes en peau de phoque.

Mme Claude--Des bottes en peau de phoque? A Paris, ce serait
rigolo!

Odile-- Si, des bottes en peau de phoque, comme les Esquimaux,
c'est très chaud.

Mme Claude--Il vaut mieux des bottes en veau: c'est la mode.

Odile-- La mode, je m'en moque! Il me faut des bottes en
phoque, comme mes copines.

Mme Claude--Elles sont sottes. Le phoque, ça va au Canada,
        mais à Paris ça dénote, ça fait trop sport.

Odile--   Tu as vu les modèles Dior, dans les journaux?
        Des toques, des manteaux et de grosses bottes,
        tout en phoque. C'est tout à fait en vogue.

Mme Claude--Et ça coûte une fortune! Pour s'habiller
        "Haute-Couture" il faut des sommes folles.

Odile--   Chez Nicole et Colette, le bottier de l'avenue
        d'Eylau, il y a des occasions formidables.

Mme Claude--Tu n'as qu'à t'offrir ça avec ton argent de poche.

Odile--   Si je passe mon bachot, est-ce que j'aurai
        des bottes en phoque, comme cadeau?

Mme Claude--Ma parole, Odile! Tu n'es pas raisonnable:
        tu porterais ta dot sur ton dos!

Clé

	1	2	3			
1	ɔ	o	o	motte	maux	mot
2	o	ɔ	o	cause	cosse	causse
3	o	o	ɔ	tôt	taupe	top
4	o	ɔ	ɔ	côte	cotte	comme
5	ɔ	ɔ	o	sol	sole	saule
6	o	o	ɔ	haute	ose	hotte
7	o	ɔ	ɔ	Saône	sonne	somme
8	o	ɔ	o	vôtre	votre	vautre

14. LES VOYELLES /ø/ ET /œ/

PROFIL

14.1 Articulation of /ø/ and /œ/

1. Both /ø/ and /œ/ are front rounded mid vowels. For /ø/, round your lips and push them out as for /o/. Push the blade of your tongue up toward the palate, as for /e/ described in 12.1. For /œ/, drop your jaw slightly, creating more room between the palate and the tongue. The lips are less rounded than for /ø/. Note that American English has no sounds similar to these French vowels.

2. The series of vowels /i-e-ɛ/, /y-ø-œ/, and /u-o-ɔ/ are inter-related. See Chart 5 and locate the relative positions of these vowels. The first two series are front vowels, while the third is back vowels. The last two are rounded vowels, while the first is unrounded. The height of the tongue is approximately the same for /i-y-u/ (high), /e-ø-o/ (higher mid), and /ɛ-œ-ɔ/ (lower mid). Study the lip formation and tongue positions for /e-ø-o/ in the chart below.

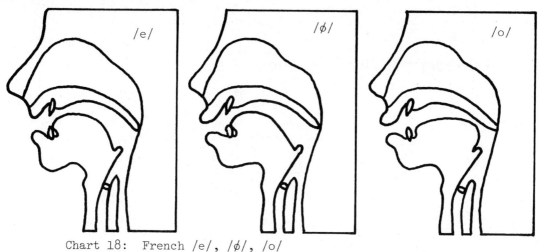

Chart 18: French /e/, /ø/, /o/

14.2 Distribution of /ø/ and /œ/

1. The distribution of the two vowels is determined by the kind of syllable in which they are found. In a stressed open syllable, /ø/ is the only possible vowel: <u>dangereux</u>, <u>contagieux</u>, <u>avec eux</u>.

2. In a stressed closed syllable, /œ/ is the normal vowel, with the exceptions noted in (3) below. Compare the occurrence of /ø/ and

179

/œ/ in the following words:[1]

/ø/: œufs, bœufs, eux, vigoureux, veut, peut
/œ/: œuf, bœuf, leur, vigueur, veulent, peuvent

3. /ø/ also occurs in stressed, closed syllables if the syllable ends in /z/, /t/, or /tR/.

/ø/: creuse, curieuse, meute, neutre, feutre
/œ/: peuple, neuf, œuvre, feuille, accueil

There are only two minimal pairs in which /ø/ and /œ/ can be contrasted. The vowel /ø/ is longer than /œ/:

jeûne /ʒø:n/, jeune /ʒœn/
veule /vø:l/, veulent /vœl/

4. In unstressed open and closed syllables, either /ø/ or /œ/ can be used. Most speakers of French use a sound intermediate between the two.[2] This sound is represented by the symbol [ǿ], the diacritical mark indicating that it is more open than [ø] but more closed than [œ]. Note the occurrence of the three vowels in the words below.

malheureux /malǿRø/   cueilleur /kǿjœR/
peureuse /pǿRøz/   neuvaine /nǿvɛn/
Europe /ǿRɔp/   jeudi /ʒǿdi/

14.3 Orthographic Representation

Both /ø/ and /œ/ are represented by the following graphemes.

eu[3]   /ø/:   feu, deux, menteuse, monsieur /məsjø/
         /œ/:   jeune, seul, menteuse, neuve
œu   /ø/:   bœufs, œufs, vœu
         /œ/:   bœuf, œuf, sœur, cœur
ueil   /œj/: (after c or g only)
                accueil, recueil, cueille, orgueil

14.4 Interferences

1. Substituting the English /uʷ/ of boot, /U/ of book, or /ʌ/ of but for /ø/ and /œ/: peu */puʷ/, ceux */suʷ/, peuvent */puʷv/, peut-

---

[1]The singular of œuf and bœuf is pronounced /œf/, /bœf/, but the plural is /ø/, /bø/.
[2]Words derived from a root morpheme that has /ø/ tend to have a higher variety of /ø/: neutre-neutraliser, émeute-émeutier, creux-creuser, deux-deuxième.
[3]Excluding the eu in all the forms of avoir in which it occurs and represents /y/. See Lesson 8.4.

être */pUtɛtR/, creuser */kRUze/, veulent */vUl/, seulement */sUlmã/, jeune */ʒʌn/, bœuf */bʌf/, neuf */nʌf/.

2. Substituting the English /ɝ/ of purr or /Uə/ of tour for /œR/: professeur */pRǫfęsɝ/, */pRǫfęsUə/, docteur */dǫktɝ/, */dǫktUə/, ascenseur */asãsɝ/, */asãsUə/.

3. Substituting the English /ju^W/ or /jU/ in cognates: neutraliser */nju^WtRalize/, Europe */jURɔp/, Eugène */jUʒɛn/, euphonie */ju^Wfǫni/, thérapeutique */tępRapju^Wtik/.

4. Pronouncing the sequence /œj/ and /øj/ as /ɔj/: œil */ɔj/, feuille */fɔj/, recueil */Rkɔj/, accueil */akɔj/, cueillir */kɔjiR/, orgueilleux */ǫRgɔjø/.

5. Confusing /ø/ and /œ/ in stressed positions: jeune */ʒøn/, seul */søl/, neuf */nøf/, peuvent */pøv/; neutre */nœtR/, menteuse */mãtœz/, émeute */ęmœt/.

Leçon 14
/ø/-/œ/

PRATIQUE

/ø/
Prise de conscience articulatoire

1. Pour produire /ø/, les lèvres sont dans la même position que pour /o/
   et la langue dans la même position que pour /e/. Dites un /e/ prolongé, lèvres bien étirées, dents assez serrées; puis, sans bouger
   la langue, rapprochez les lèvres et projetez-les en avant.
   Essayez maintenant de répéter après le modèle--sans bouger la langue:

    /eeee/-/øøøø/

    é/eu -- cé/ceu -- dé/deu -- fé/feu -- mé/meu -- né/neu --
    jé/jeu -- vé/veu

2. Dites ensuite les séries de trois syllabes suivantes:

lèvres étirées, langue tendue vers l'avant	/e/	ces	fée	pé	dé	vé
lèvres arrondies, langue tendue vers l'avant	/ø/	ceux	feu	peu	deux	veut
lèvres arrondies, langue massée vers l'arrière	/o/	sot	faux	pot	dos	veau

Discrimination auditive

3. Vous allez entendre 8 séries de trois mots. Ils contiendront tous
   le son /o/, le son /u/ ou le son /ø/, une fois chacun. Vous mettrez
   le symbole phonétique de la voyelle entendue dans la case qui correspond au mot.

	1	2	3
1	ø	u	o
2	u	ø	o
3	o	ø	u
4	o	u	o
5			o
6			ø
7	e	ø	o
8	e	ø	o

Clé: p.190

Exercices d'apprentissage

<u>Première partie</u>: /ø/

A. En syllabe ouverte

* 4. Répétez les paires de mots suivants:

        pé/peu -- bé/bœufs -- dé/deux -- nez/nœud -- gué/gueux --
        vé/veut -- fée/feu -- ces/ceux -- gé/jeu -- blé/bleu --
        pré/preux

* 5. Répétez les mots suivants après le modèle. Gardez pour le /ø/ final
    la même position des lèvres que pour le /y/ de la syllabe précédente;
    baissez la langue.

        fumeux -- juteux -- muqueux -- musculeux -- fabuleux --
        populeux -- nébuleux -- anguleux -- sulfureux

* 6. Répétez les paires de mots suivants après le modèle:

        pou/peu -- bout/bœufs -- doux/deux -- nous/nœud -- goût/gueux --
        vous/vœu -- fou/feu -- sou/ceux -- joue/jeu

* 7. Répétez les mots suivants après le modèle. Les lèvres sont dans la
    même position pour le /ø/ final et pour le /u/ de la syllabe précé-
    dente:

        coûteux -- mousseux -- douteux -- caillouteux -- langoureux --
        vigoureux -- amoureux -- douloureux

* 8. Répétez les paires de phrases suivantes:

        j'ai douze ans/j'ai deux ans
        j'ai douze ânes/j'ai deux ânes
        j'ai douze îles/j'ai deux îles
        j'ai douze oncles/j'ai deux oncles
        j'ai douze hommes/j'ai deux hommes
        j'ai douze aides/j'ai deux aides
        j'ai douze olives/j'ai deux olives
        j'ai douze amendes/j'ai deux amendes
        j'ai douze amis/j'ai deux amis
        j'ai douze enfants/j'ai deux enfants
        j'ai douze élèves/j'ai deux élèves

9. Transformez les noms suivants en adjectifs au masculin en supprimant
    l'article et en ajoutant la terminaison <u>-eux</u>.
    <u>exemple</u>:
        <u>vous entendez</u>:   le nuage
        <u>vous dites</u>:   nuageux

la neige -- le sable -- la houle -- la mousse -- l'épine --
la montagne -- la roche -- la terre -- la pierre -- l'herbe --
l'ombre -- la brume -- l'orage -- la poussière

10. Transformez les noms suivants en adjectifs au masculin en supprimant
l'article et en ajoutant la terminaison -ieux.
exemple:
vous entendez: l'audace
vous dites: audacieux

l'astuce -- l'éloge -- le délice -- le silence -- la malice --
la conscience -- la grâce -- le caprice -- l'injure

11. Situation: le petit déjeuner

a) Répondez à toutes les questions par la même réponse.
exemple:
vous entendez: Voulez-vous des [pommes]?
vous dites: J'en veux deux.

Voulez-vous des oranges?   ...des bananes?
...des biscottes?   ...des croissants?   ...des brioches?
...des œufs?

b) Répondez à toutes les questions par la même réponse.
exemple:
vous entendez: Voulez-vous du pain?
vous dites: J'en veux un peu.

Voulez-vous du lait?   ...du café?   ...du sucre?
...du beurre?   ...du miel?   ...de la confiture?

c) Répondez aux questions de la façon appropriée:
à des par: J'en veux deux.
à du par: J'en veux un peu.

Voulez-vous des croissants?   Voulez-vous du café?
Voulez-vous du sucre?   Voulez-vous des oranges?
Voulez-vous des brioches?   Voulez-vous du beurre?
Voulez-vous des bananes?   Voulez-vous des œufs?
Voulez-vous du sel?

** 12. Répétez les expressions idiomatiques suivantes en insérant un peu
à l'endroit indiqué.
exemple:
vous entendez: Il fait ⌃ chaud.
vous dites: Il fait un peu chaud.

Il fait ⌃ froid.   Il fait ⌃ frais.   J'ai ⌃ soif.
J'ai ⌃ faim.   J'ai ⌃ sommeil.   J'ai ⌃ honte.
J'ai ⌃ froid.   J'ai ⌃ chaud.

I* 13. Situation: vous prenez des résolutions qui seront suivies d'effets.
Répétez la phrase-patron en utilisant successivement les verbes
donnés:

Jé veux [partir] et jé vais [partir].

voter -- changer -- savoir -- finir -- maigrir -- réussir -- travailler

I* 14. Situation: vous demandez à votre ami(e) si vous pouvez faire la même chose que lui/elle.
exemple:
vous entendez: Je pars.
vous dites: Est-cé que jé peux partir avec toi?

Je dîne.   Je chante.   Je danse.   Je plonge.   Je nage.
Je rentre.   Je monte.   Je dors.   Je rêve.

I* 15. Situation: invitations acceptées. Répondez aux questions en faisant les substitutions indiquées.
exemple:
vous entendez: Voulez-vous manger?
vous répondez: Jé veux bien manger un peu.

Voulez-vous lire?   ...boire?   ...danser?   ...chanter?
...sortir?   ...marcher?   ...parler?

16. Situation: un(e) ami(e) vous fait une confidence qui vous étonne.
exemple:
vous entendez: J'ai envie de partir.
vous dites: Tu veux partir?

J'ai envie de boire.   ...chanter.   ...marcher.   ...dormir.
...crier.   ...travailler.

B. En syllabe fermée: /øz/

* 17. Répétez les adjectifs suivants après le modèle:

mousseux/mousseuse -- houleux/houleuse -- neigeux/neigeuse --
sableux/sableuse -- épineux/épineuse -- montagneux/montagneuse

** 18. Situation: ils sont faits pour s'entendre. Répétez la phrase-patron en utilisant les différents adjectifs donnés.

Il est [pieux] et elle est [pieuse].

2 syllabes: soigneux -- studieux -- sérieux -- curieux
3 syllabes: minutieux -- chatouilleux -- généreux -- orgueilleux

19. Situation: le destin d'une grande coquette. Faites des adjectifs au féminin en ajoutant -euse aux noms donnés.
exemple:
vous entendez: le désir
vous dites: désireuse

le charme -- l'amour -- le courage -- l'aventure -- le scandale -- la honte

Deuxième partie: /œ/ et contraste /ø/-/œ/

* 20. Répétez les paires de mots suivantes. Pour passer de /ø/ à /œ/, gardez les lèvres arrondies et projetées en avant, mais écartez les dents nettement.

>   œufs/œuf -- bœufs/bœuf -- nœud/neuf -- vœu/veuf -- ceux/seul -- il veut/ils veulent -- il peut/ils peuvent -- il meut/ils meuvent

>   Mots en /œR/*
* 21. Répétez les séries de mots suivantes. Allongez la voyelle devant /R/.

>   l'œuf/l'heure -- bœuf/beurre -- peuvent/peur
>
>   l'heure -- beurre -- peur -- sœur -- cœur -- fleur

  22. Répétez les paires suivantes.

*   a) /ɛR/-/œR/:

>   l'air/l'heure -- serre/sœur -- père/peur -- mère/meurt -- Berre/beurre -- plaire/pleure

*   b) /ɔR/-/œR/:

>   l'or/l'heure -- sort/sœur -- port/peur -- mort/meurt -- bord/beurre -- corps/cœur

  23. Donnez le masculin des noms féminins suivants.
  exemple:
>   vous entendez: une actrice
>   vous dites: un acteur
>
>   une lectrice -- une aviatrice -- une auditrice -- une monitrice -- une directrice -- une créatrice -- une traductrice -- une institutrice

  24. Situation: à chacun son bien. Répondez affirmativement aux questions, en remplaçant les noms par le pronom possessif approprié.
  exemple:
>   vous entendez: Ce sont les chiens de vos cousins?
>   vous dites: Oui, ce sont les leurs.
>
>   C'est la fille de vos voisins?
>   C'est le bébé de vos amis?
>   Ce sont les motos de vos copains?
>   C'est la voiture de vos parents?
>   Ce sont les chats de vos tantes?
>   C'est la chambre de vos frères?
>   Ce sont les chevaux de vos sœurs?
>   C'est le château de vos ancêtres?

---

*Les mots en /œj/ sont dans la leçon /j/.

I* 25. Situation: <u>des individus peu intéressants</u>. A partir du verbe,
donnez les deux noms, masculin et féminin pluriel.
<u>exemple</u>:
    <u>vous entendez</u>: Il mentent.
    <u>vous dites</u>:   Les menteurs et les menteuses!

Ils volent.   Ils gaffent.   Ils rasent.   Ils trichent.
Ils rabâchent.   Ils gaspillent.   Ils pleurnichent.
Ils ronchonnent.   Ils rouspètent.

I* 26. Situation: <u>méfiez-vous de lui!</u> Répondez aux questions en utilisant
les adjectifs donnés.
<u>exemple</u>:
    <u>vous entendez</u>: Est-il menteur?
    <u>vous dites</u>:   Oui, il est un peu menteur.

Est-il blagueur?   ...bluffeur?   ...farceur?   ...tricheur?
...coureur?   ...noceur?   ...dragueur?   ...fraudeur?

27. Situation: <u>égalité des sexes</u>. Nous pratiquons les mêmes sports et
nous ferons les mêmes métiers. Répétez la phrase-patron avec les
substitutions indiquées.

Elle est [plongeuse], il est [plongeur].

nageuse -- skieuse -- danseuse -- lutteuse -- patineuse --
chanteuse -- masseuse -- coiffeuse -- vendeuse --
blanchisseuse -- travailleuse

28. Situation: vous répondez à une série de questions indiscrètes ou
brutales.

a) Répondez à toutes les questions par: J'en ai peu.

Avez-vous des rêves?   ...des craintes?   ...des soucis?
...des passions?   ...des idées?   ...des opinions?
...des certitudes?

b) Répondez à toutes les questions par: J'en ai peur.

Etes-vous malade?   ...triste?   ...stupide?
...détesté(e)?   ...exploité(e)?   ...déprimé(e)?
...désespéré(e)?

c) Répondez aux questions de la façon appropriée:
à <u>Avez-vous...?</u> par: J'en ai peu.
à <u>Etes-vous...?</u> par: J'en ai peur.

Etes-vous malade?   Avez-vous des rêves?
Avez-vous des idées?   Etes-vous apathique?
Avez-vous des craintes?   Etes-vous timide?
Avez-vous des vices?   Etes-vous triste?
Etes-vous exploité(e)?   Avez-vous des certitudes?
Etes-vous déprimé(e)?   Avez-vous des inhibitions?

/ø/

I* 29. Dialogue: la main au feu

> Gracieuse--Je veux faire du feu.
>
> Mathieu-- Du feu? c'est dangereux de jouer avec le feu.
>
> Gracieuse--Tu es odieux! Ce n'est pas un jeu: il fait un peu
> froid.
>
> Mathieu-- ...et il pleut; avec ce temps brumeux, on se sent
> paresseux.
>
> Gracieuse--Moi, j'ai le ventre creux, ça me rend nerveuse.
>
> Mathieu-- Tu veux que je fasse des œufs?
>
> Gracieuse--C'est ça! Une omelette bien moelleuse.
>
> Mathieu-- Tu sais que je suis un maître-queux fameux!
>
> Gracieuse--Ne sois pas vaniteux! Je veux une omelette copieuse,
> plantureuse, miraculeuse.
>
> Mathieu-- Sèche ou baveuse?
>
> Gracieuse--Entre les deux: crémeuse, avec un peu de sel et
> beaucoup de poivre.
>
> Mathieu-- Tes vœux seront comblés: j'y mettrai un soin minutieux.
>
> Gracieuse--Tant mieux! Moi, je ne bouge pas: je ne quitte pas
> le feu des yeux.
>
> Mathieu-- ...mais n'y mets pas la main!

/œR/

I* 30. Dialogue: l'heure, c'est l'heure.

> Le promeneur--Quelle heure est-il?
>
> Le farceur-- Exactement... l'heure qu'il était hier, à la
> même heure.
>
> Le promeneur--J'ai peur que tout à l'heure tu passes un mauvais
> quart d'heure.
>
> Le farceur-- J'en mets ma main sur le cœur: dans une demi-heure,
> ce sera l'heure d'être à l'heure.
>
> Le promeneur--A l'heure à quelle heure?
>
> Le farceur-- A l'heure juste. Comme le disait mon aïeul:
> l'heure, c'est l'heure; avant l'heure ce n'est pas
> l'heure, après l'heure ce n'est plus l'heure.
>
> Le promeneur--Tu n'es qu'un mystificateur! Ça te portera malheur.
>
> Le farceur-- Monsieur, je ne suis qu'un pauvre rêveur: je n'ai
> jamais l'heure sur moi.

Le promeneur--Va voir ailleurs si j'y suis: attention à ton
              postérieur.

Le farceur-- Monsieur, un peu de pudeur: dites-le avec
              des fleurs!

/ø/-/œR/

I* 31. <u>Dialogue</u>: <u>beurre</u>, <u>œufs</u>, <u>fromage</u>

Mme Pleumeur--Bonjour, Monsieur Malbœuf.

Le vendeur-- Bonjour, Madame Pleumeur. Qu'est-ce que je vous
donne ce matin?

Mme Pleumeur--Je veux du fromage, du beurre et des œufs.

Le vendeur-- Nous avons du bleu d'Auvergne délicieux, très
onctueux et pas ruineux.

Mme Pleumeur--Donnez-moi donc du bleu: deux cent cinquante
grammes de bleu.

Le vendeur-- Voilà, et avec ça, du beurre?

Mme Pleumeur--Oui, un peu de beurre à la motte.

Le vendeur-- Beurre doux? ou demi-sel?

Mme Pleumeur--Mon mari ne veut que le demi-sel. Si je sers
du beurre doux, il est furieux.

Le vendeur-- Bien sûr, il est breton! Le beurre de Lisieux,
ça l'écœure.

Mme Pleumeur--Deux cents grammes de beurre, Monsieur Malbœuf.

Le vendeur-- Et avec ça?

Mme Pleumeur--Ces œufs, c'est combien?

Le vendeur-- Ceux-là: deux francs la douzaine.

Mme Pleumeur--Donnez-moi deux œufs.

Le vendeur-- Deux œufs ou douze œufs?

Mme Pleumeur--Seulement deux œufs, des moins vieux.

Le vendeur-- Tout est frais ici: si nous vendions de vieux œufs,
nous ne ferions pas de vieux os.

190

Clé

	1	2	3
1	ø	u	o
2	u	ø	o
3	o	ø	u
4	o	u	o
5	ø	u	o
6	o	ø	u
7	ø	u	o
8	u	ø	o

peu   pou   pot

doux   deux   dos

vos   vœu   vous

tôt   tout   taux

ceux   sou   sot

beau   bœufs   bout

queue   cou   Caux

fou   feu   faux

15. LES SEMI-CONSONNES /ɥ/ ET /w/

PROFIL

15.1 Articulation of /ɥ/

1. There are three semiconsonants in French: /ɥ/, /w/, and /j/.
They are related to the vowels /y/, /u/, /i/ but are pronounced with a
much narrower air passage and form a single syllable with the following
vowel. Note below that the high vowels become semiconsonants when they
are followed by another vowel. The formation of semiconsonants and
exceptions will be discussed in Lessons 15 and 16.

        /y/-/ɥe/: sue-suer, tue-tuer
        /u/-/we/: noue-nouer, loue-louer
        /i/-/je/: scie-scier, nie-nier

2. The sound /ɥ/, sometimes referred to as ué in French, is a
semiconsonant that derives from the vowel /y/, discussed in Lesson 8.
The position of the speech organs is identical to that for /y/, with
the lips tightly rounded and protruded, and the blade of the tongue
raised high toward the palate. But /ɥ/ is pronounced with a very narrow
passage between the tongue and the palate and with a very abrupt onset.
The speech organs move quickly to the following vowel, which forms the
nucleus of the syllable.
        English has no sound comparable to /ɥ/. In words such as
assuage and persuade, u is pronounced either as a nonsyllabic /w/ or
syllabic /juʷ/ or /jU/.

15.2 Orthographic Representation of /ɥ/

    Both /y/ and /ɥ/ are represented by the same grapheme. Normally,
/y/ before another vowel becomes /ɥ/.

u   /y/: du, lu, rue, tu, nu
        /ɥ/: duel, lueur, ruelle, tuer, nuage

15.3 Formation of /ɥ/

1. When the vowel /y/ is followed by /i/, it becomes /ɥ/ and the
combination is pronounced /ɥi/: fuit, fuir, huit, lui, depuis, nuit,
suis, suivre. In the sequence /ɥi/, the tongue height and position
hardly changes, so that the only noticeable change is the very rapid
unrounding of lips from /ɥ/ to /i/. With other vowels, /y/ and /ɥ/
can be in free variation. In words such as those listed for /ɥ/ in
15.2, the semiconsonant can be pronounced as a full vowel, so that they
become two-syllable words. However, the tendency of most speakers of

French is to pronounce /ɥ/ rather than /y/.

2. Compare the pronunciation of u in the following pairs of words.
Note that the semiconsonant /ɥ/ always occurs before the vowel /i/,
no matter what consonants there may be in front of it.

> buis, bruit /bɥi/, /bRɥi/
> fuit, fruit /fɥi/, /fRɥi/
> puis, pluie /pɥi/, /plɥi/

Compare the pronunciation of u in the pairs of words below. Note that
in the second word, the full vowel /y/ occurs.[1] In other words, /y/
does not become /ɥ/ if it is preceded by a consonant + liquid cluster
(a liquid is either /l/ or /R/), unless the following vowel is /i/.

> ruelle, cruelle /Rɥɛl/, /kRyɛl/
> lueur, gluant /lɥœR/, /glyɑ̃/
> ruade, truand /Rɥad/, /tRyɑ̃/

15.4 Articulation of /w/

1. The position of the speech organs for /w/ is the same as for
/u/, presented in Lesson 8: the lips are tightly rounded and pushed
forward, while the back of the tongue is bunched back toward the pharyngeal wall. But the sound /w/, sometimes called oué in French, is produced with a very abrupt onset and the speech organs move quickly to
the following vowel which is the nucleus of the syllable.

2. The semiconsonant /w/ also exists in English. The lip-rounding
is most noticeable in the syllable-initial position when /w/ is followed
by a back vowel (wool, would, won't). It is less prominent before a
front vowel (we, wait, wet), and considerably less at the end of a syllable, occurring as part of the diphthongs /oʷ/ and /ɑʷ/ (low, cow).
In French, /w/ occurs usually before front vowels, and the lips
are as tightly rounded and pushed out as for /ɥ/. Compare the relatively
lax muscular tension of the English /w/ and the tenseness of the French
/w/ in we-oui, west-ouest, watt-ouate, wan-oint.

15.5 Orthographic Representation for /w/

Note that the grapheme ou represents /u/ and /w/, the latter occurring before another vowel.

ou	/u/ :	loup, doux, toujours
	/w/ :	Louis, doué, fouet, ouest
oi, oî /wa/		oiseau, voix, boîte
oy /waj/		voyage, moyen, employer
oin /wɛ̃/		loin, moins, besoin
oe, oê /wa/		moelle, moelleux, poêle

---

[1]Note also that the first word of each pair consists of a single
syllable, while the second consists of two.

w, wh   watt, whisky[2]

15.6 Formation of /w/

1. The distribution of /u/-/w/ is somewhat similar to that of /y/-/ɥ/. Before another vowel, /u/ normally becomes /w/.

ou, ouest	doux, douane
loup, Louis	fou, enfouir
noue, nouer	joue, jouer

In slow and emphatic speech, /u/ and /w/ can be in free variation. As a result, you may hear words such as doué, jouer, nouer, souhait pronounced in two syllables, that is, with /u/ rather than /w/.

2. If the following sound is a semiconsonant /j/ rather than a vowel, /u/ does not become /w/ since there must be a vowel to support the syllable.

nouer, nouille /nwe/, /nuj/
fouet, fouiller /fwe/, /fuje/
souhaiter, souiller /swete/, /suje/

After a stop + liquid consonant cluster, the vowel /u/ is also retained.

roué, troué /Rwe/, /tRue/
louer, cloué /lwe/, /klue/
ouest, prouesse /west/, /pRues/

15.7 Interferences

1. Substituting the English /w/ for /ɥ/, i.e., raising the back of the tongue rather than the front, and insufficiently rounding the lips:[3] huit */wit/, puis */pwi/, depuis */dəpwi/, suivre */swivR/, lui */lwi/, juin */ʒwɛ̃/, persuadé */pɛRswade/.

2. Insufficient rounding of the lips and a weak articulation of /w/, as in English: words such as oui, ouest, ouate, oing, oued, Edouard pronounced as if they were we, west, watt, wan, wed, Edward.

3. Pronouncing the vowels /y/ or /u/ instead of the semiconsonants /ɥ/ or /w/: ruine */Ryin/, bruit */bRyi/, truite */tRyit/,

---

[2] Only in words of foreign origin, especially from English. Most of the words from English retain /w/ as in watt /wat/, whisky /wiski/, water /wateR/, sandwich /sɑ̃dwitʃ/, except wagon /vagõ/. Most words from German retain /v/, as in wisigoth /vizigo/, wagnérien /vagneRjɛ̃/.
[3] Substitution of /wi/ for /ɥi/ occurs in some French dialects, but it is not a feature of International French.

pluie */plɥi/, construire */kõstRyiR/, Louis */lui/, enfouir */ɑ̃fuiR/.

4.   Conversely, pronouncing /ɥ/ or /w/ when the vowels /y/ or /u/ should be retained: cruel */kRɥɛl/, gluant */glɥɑ̃/, cloué */klwe/, prouesse */pRwɛs/, brouet */bRwɛ/, trouer */tRwe/.

5.   Pronouncing /wa/, /wɛ/ as almost two syllables by adding a slight /o/ before /w/--possibly because of the spelling oi--instead of making an abrupt onset for /w/: oiseau */ᵒwazo/, oisivité */ᵒwazivite/, oint */ᵒwɛ̃/, besoin */bəzᵒwɛ̃/, loin */lᵒwɛ̃/.

6.   Pronouncing /wa/ as /ɔ/ or /ɑ/, that is, without the tense rounding of the lips, or as /ᵂɔ/ or /ᵂɑ/, with imperceptible rounding of lips: voyage */vɔjaʒ/, croyez */kRᵂɔje/, croissant */kRᵂɔsɑ̃/, soixante */sᵂɔsɑ̃t/, froideur */fRᵂɑdœR/.

7.   Palatalizing the combinations /tɥ/, /dɥ/, /sɥ/, /zɥ/ as /tʃ/, /dʒ/, /ʃ/, /ʒ/ as done in English: actuel */aktʃwɛl/, mutuel */mytʃwɛl/, individuel */ɛ̃dividʒwɛl/, traduire */tRadʒwiR/, sensuel */sɑ̃ʃwɛl/, visuel */viʒwɛl/, casuel */kaʒwɛl/.

PRATIQUE

Prise de conscience articulatoire

1. Pour prononcer /ɥ/ il faut d'abord pouvoir prononcer /y/ correctement. Le /ɥ/ est un /y/ très court, sur lequel on passe très rapidement: tout le poids de la syllabe porte sur la voyelle qui le suit.
   Répétez les mots suivants en écoutant bien le rythme:

	2 syllabes ⟶ 1 syllabe	
avec /i/	pu-i	puis
	su-i	suis
	lu-i	lui
	fu-i	fui
	bu-i	buis
	cu-i	cuit
avec /e/	pu-er	puer
	bu-ée	buée
	su-ée	suée
	nu-ée	nuée
	tu-er	tuer
avec /a/	su-a	sua
	tu-a	tua
avec /ã/	su-ant	suant
	tu-ant	tuant

* 2. Le /w/ est facile à prononcer, parce qu'il existe en anglais.
   Comparez:

we	oui
west	ouest

   C'est un /u/ rapide: le poids de la syllabe porte sur la voyelle qui le suit.
   Répétez les mots:

avec /i/	oui
	Louis
avec /e/	bouée
	vouée
	nouée
	loué
avec /a/	loi/loua
	toi/toua
	vois/voua

Discrimination auditive

3. Vous allez entendre 8 séries de trois mots. Ils contiendront tous le son /ɥ/ ou le son /w/, une fois chacun. Vous mettrez le symbole phonétique de la semi-consonne entendue dans la case qui correspond au mot.

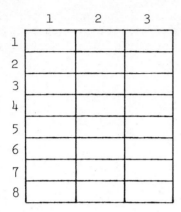

Clé: p.202

Exercices d'apprentissage

Première partie: /ɥi/

Notez la position de la langue pour les syllabes avec /i/: bout de la langue près des dents, mâchoires presque fermées. Vous devez retrouver la même position après chaque consonne.

* 4. Répétez après le modèle les séries de syllabes suivantes:

      si/su-i/sui   ti/tu-i/tui   fi/fu-i/fuis
      pi/pu-i/pui   bi/bu-i/bui   ji/ju-i/jui
      ni/nu-i/nuit   qui/cu-i/cuit   li/lu-i/luit
      ri/ru-i/rui

* 5. Répétez les mots suivants après le modèle:

      suie -- suite -- tuile -- fuite -- buis -- puis -- juif --
      nuit -- cuisse -- lui -- ruine

I* 6. Situation: vous répondez aux nouvelles qu'on vous donne par le commentaire approprié.

vous entendez:	vous dites:
J'ai obtenu une bourse!	J'en suis ravi(e).
Je ne pourrai pas venir!	J'en suis désolé(e).
Ma mère est très malade!	J'en suis navré(e).
Il a passé son examen!	J'en suis étonné(e).
J'ai fini mon devoir!	J'en suis content(e).

Il a pris tout l'argent!   J'en suis indigné(e).
Nous n'irons pas à Paris!   J'en suis déçu(e).
Que pensez-vous de ce garçon?   J'en suis folle.
(de cette fille?)   (J'en suis fou.)

I* 7. Répondez aux questions en suivant le patron. Attention: ...pu y, deux syllabes; ...puis, une syllabe.
exemple:
vous entendez: Tu [penses à tes vacances]?
vous dites: Je n'ai pas pu [y penser] depuis deux jours.

Tu joues aux échecs?   Tu dînes au restaurant?
Tu dors chez toi?   Tu travailles au bureau?
Tu participes à la discussion?   Tu renonces aux cigares?
Tu résistes aux tentations?   Tu crois au Père Noël?

I* 8. Répondez aux conseils donnés en suivant le patron.
exemple:
vous entendez: [Dormez!]
vous dites: Je ne pense pas que je puisse [dormir].

Dansez!   Chantez!   Mangez!   Sortez!   Partez!
Restez!   Venez!   Souriez!

** 9. Transformez les phrases données en suivant le patron. Chaque phrase nouvelle commencera par il faut que suivi du verbe pouvoir au subjonctif.
exemple:
vous entendez: Je peux dormir.
vous dites: Il faut que je puisse dormir.

Il peut manger.   Elle peut respirer.   Nous pouvons tourner.
Vous pouvez partir.   Tu peux venir.   Ils peuvent lire.
Elles peuvent écrire.   On peut protester.

10. Donnez la troisième personne du singulier au présent de l'indicatif des verbes suivants.
exemple:
vous entendez: nuire
vous dites: il nuit
vous entendez: appuyer
vous dites: il appuie

fuir -- luire -- cuire -- conduire -- séduire -- s'enfuir
appuyer -- essuyer -- s'ennuyer
produire -- traduire

/ɥi/-/wi/   /y/ et /ɥ/: pointe de la langue en avant
/u/ et /w/: dos de la langue massé vers l'arrière

* 11. Répétez les syllabes suivantes en observant bien le contraste dans les mouvements articulatoires.

```
u-i/huis     ou-i/oui
lu-i/lui     Lou-i/Louis
nu-i/nuit    nou-i/inouï
fu-i/fuit    fou-i/fouine
ju-i/juif    jou-i/joui
```

I* 12. Répétez la phrase-patron en faisant les changements appropriés.
exemple:
vous entendez: Luce [veut du thé].
vous dites: Louis, lui, n'en [veut] pas.

Luce mange des escargots.   Luce met des gants.
Luce lit des romans.   Luce fait des crêpes.
Luce joue des sonates.   Luce boit du lait.
Luce fume des Gauloises.   Luce parle de ses aventures.

I* 13. Répondez à la question en suivant la phrase-patron et en changeant
chaque fois le dernier nom.
exemple:
vous entendez: Est-ce que Louis a donné des [pommes] à Luce?
vous dites: Oui, Louis lui a donné huit [pommes], aujourd'hui.

pêches -- dattes -- noix -- poires -- fraises --
cerises -- fruits*

* 14. Dans l'exercice précédent, le dernier mot fruit est particulièrement
difficile à prononcer. Dangers: il arrive que, soit le /R/ soit le
/ɥ/ disparaissent. Répétez les syllabes et les mots suivants:

```
ru/ru-i/ruine
dru/dru-i/druide
bru/bru-i/bruit
tru/tru-i/truie
fru/fru-i/fruit
```

* 15. Répétez les séquences suivantes:

```
une rue, du riz et des ruines
        dru et druide
  des frites et des fruits
  des bris, des brus et des bruits
des tris, des trucs, des truies et des truites
```

* 16. Répétez les verbes suivants:

```
il s'instruit -- vous construisez -- nous détruisons --
il faut reconstruire -- ça s'ébruite
```

_____

*/Rɥi/: s'il vous est impossible de dire correctement les séquences
consonne + /Rɥi/ en une seule syllabe (exemple: /fRɥi/), il vaut mieux les
dire en deux syllabes (/fRy-i/) que de sauter un phonème.

* 17. Révision. Lisez les mots suivants après le modèle.

la Suisse -- la suite -- la poursuite -- le suicide --
le Jésuite -- le casuiste
la tuile -- gratuit
la cuisse -- le cuivre -- le biscuit -- le circuit -- la cuillère
le linguiste
la nuit -- minuit
l'huile -- la pluie -- le parapluie--les fluides

Deuxième partie: /ɥ/ + voyelle autre que /i/*

Note: dans ce cas, il est toujours possible de dire deux syllabes
(/y/-voyelle) au lieu d'une (/ɥ/+voyelle).

* 18. Lisez les mots suivants après le modèle en faisant bien le contraste
entre /w/ et /y/ ou /ɥ/ selon vos possibilités: exemple: toi /twa/,
mais tua /ty-a/ ou /tɥa/.

soi/sua -- nouage/nuage
noué/nuée -- dénoué/dénué -- bouée/buée -- souhait/suée --
mouette/muette
joint/juin -- soin/suin -- touant/tuant
loueur/lueur
floué/fluet
roi/rua -- rouet/rué -- rouelle/ruelle

** 19. Répondez aux énoncés par des questions, en suivant la phrase-patron.
Essayez de prononcer tu as /tɥa/ et tu es /tɥe/ en une seule
syllabe.
exemple:
vous entendez: J'ai faim.
vous dites: Tu as faim?
vous entendez: Je suis fatigué.
vous dites: Tu es fatigué?

J'ai soif.   Je suis content.   J'ai mal.   Je suis malade.
J'ai peur.   J'ai sommeil.   J'ai tort.   Je suis heureux.
J'ai raison.

** 20. Répétez les verbes suivants et mettez-les au passé composé.
exemple:
vous entendez: il mue
vous dites: il mue/il a mué

il pue -- il rue -- il remue -- il salue -- il évolue --
il diminue -- il continue -- il éternue

21. Répétez chaque verbe donné et dites aussitôt après le participe
présent.
exemple:
vous entendez: il sue
vous dites: il sue/suant

---

*/ɥi+j/ est dans la leçon /j/.

il tue -- ça pue -- il remue -- il atténue -- ça exténue --
il évacue -- il salue -- il constitue -- ça fluctue --
ça influe -- il conclue

22. Donnez le féminin des adjectifs suivants.
   <u>exemple</u>:
   <u>vous entendez</u>:   sinueux
   <u>vous dites</u>:   sinueuse

   <u>2 syllabes</u> (3, si vous dites /y-øz/):
   sinueux -- fastueux -- luxueux -- onctueux -- fructueux --
   somptueux -- vertueux -- tortueux
   <u>3 syllabes</u> (4, si vous dites /y-øz/):
   impétueux -- incestueux -- majestueux -- affectueux --
   respectueux -- voluptueux -- présomptueux
   <u>L'adjectif suivant est toujours dit en 3 syllabes</u>:
   monstrueux

* 23. Lisez les mots suivants:

   suave -- la douane
   la Suède -- une chouette -- échouer
   une nuance -- des louanges
   gradué -- dévoué -- visuel -- l'alouette
   cruel -- prouesse
   Dom Juan -- en jouant

/ɥi/

I* 24. <u>Dialogue</u>:   <u>tout de suite</u>

   Lui-- Tu es prête?

   Elle-- J'arrive tout de suite.

   Lui-- Le train pour la Suisse part à huit heures vingt-huit
         exactement, tu sais?

   Elle-- Je suis prête dans une minute. Il faut que j'essuie
          les cuillères à café.

   Lui-- Louis nous conduit à la gare dans dix-huit minutes...

   Elle-- Je te dis que j'arrive tout de suite.

   Lui-- Louis attend depuis huit minutes déjà.

   Elle-- Tu m'ennuies et lui aussi!

   Lui-- Tu as pris des fruits et des biscuits pour le voyage?

   Elle-- Des biscuits? Je n'ai pas eu le temps d'en faire cuire.

   Lui-- Tant pis! Mais viens tout de suite! Louis s'ennuie...

   Elle-- Zut! Tu lui diras, à celui-là, que je ne pars plus en
          Suisse... que je me suis enfuie... suicidée... n'importe
          quoi!

Lui-- Quelle tuile! Nous n'allons plus en Suisse, alors...

Elle-- Mais si... j'arrive tout de suite!

Lui-- Ça fait dix minutes que tu viens tout de suite!

Elle-- Cette fois-ci, c'est vrai: qui m'aime me suive!

/ɥ/
/w/ } + voyelle

I* 25. Dialogue: visions de Louisiane

/ye/   yi/

Eloi-- Toi, tu as l'air de t'exténuer aujourd'hui: tu es là
depuis trois heures sans remuer.

Antoine--Je dois produire un texte... pour une revue mensuelle...
et je ne suis pas doué pour écrire.

Eloi-- Je suis persuadé du contraire. Lis-moi ce que tu as
fait: je te dirai si tu as échoué.

Antoine--Tu es bien dévoué, mais je dois t'avouer que mon texte
est dénué de continuité.

Eloi-- Je vois: ce sont des phrases sans suite... Lis
toujours!

Antoine--Titre: un soir de juin dans l'estuaire du Mississippi.

Eloi-- Ça va être majestueux.

Antoine--Les méandres sinueux des ruisseaux boueux s'amenuisent
au loin, dans les buées.

Eloi-- Ton sens des nuances est inouï! Poursuis: j'attends
la suite.

Antoine--Les lueurs du soleil couchant s'épanouissent en reflets
luisants sur les marais de Louisiane.

Eloi-- Somptueux! Ça rappelle Baudelaire.

Antoine--La lune, dans une trouée de nuée découpe la silhouette
du sanctuaire derrière les cyprès noueux.

Eloi-- Chateaubriand! l'effet est fastueux!

Antoine--Enfoui dans les buissons, un joueur de flûte égrène
un menuet désuet dans la nuit.

Eloi-- Du Verlaine! C'est une prouesse! Tu m'éblouis:
tu es un écrivain talentueux!

Antoine--Je souhaite que tu aies raison, mais je ne suis pas
si présomptueux: ma muse est épuisée!

Clé

	1	2	3
1	w	ɥ	w
2	ɥ	ɥ	w
3	ɥ	w	ɥ
4	w	w	ɥ
5	w	ɥ	w
6	w	w	ɥ
7	w	ɥ	w
8	ɥ	w	w

1. pois   pua   pouah
2. suer   suée   souhait
3. luit   Louis   lui
4. toi   toua   tua
5. soi   sua   soie
6. joins   joint   juin
7. roué   ruée   rouet
8. rua   roi   roua

16. LA SEMI-CONSONNE /j/ (LE YOD)

PROFIL

16.1 Articulation of /j/

1. The sound /j/ is often referred to as the yod. It is a palatal
semiconsonant produced at the same point of articulation as for /i/,
presented in Lesson 7. It is short and consonant-like, articulated with
great tension and strong air pressure between the blade of the tongue
and the palate. It is somewhat like a fricative consonant, though the
friction is barely audible, if at all, especially in comparison with
the full fricative consonants /ʃ/ of chat and /ʒ/ of joue. Note the
differences and similarities of /ʃ/, /ʒ/ and /j/ in cher-gère-hier. As
with other semiconsonants in French, /j/ begins with an abrupt onset
and is produced with a very narrow air passage. The muscular tension is
the strongest at word-initial and intervocalic positions. Compare the
yod in hier-piller-pille, yod-œillet-œil, Iéna-cahier-caille.

2. For the pronunciation of /j/, the lips are in position for the
next vowel; for example, they are unrounded in hier and rounded for
yeux. The blade of the tongue is raised very high toward the palate,
almost touching it (if it touches the palate the English consonant /dʒ/
of judge will result). It must be articulated very energetically and,
at the end of a syllable, released clearly and fully as if it were
followed by a short /ə/.

3. English also has a yod. But it is articulated with very lax
muscles as compared to the French yod, and with a larger air passage
between the palate and the blade of the tongue. The tongue is also
raised further back, and the onset is not as abrupt as in French. Compare the yod sounds in the following pairs of English and French words.
Even at the word-initial and intervocalic positions, the English yod
is pronounced with less muscular tension. The difference in articulatory
tension is also obvious in the syllable-final position.

year-hier	bayou-bayou	a bay-abeille
yon-Yonne	voyage-voyage	buy-baille
you-yeux	royal-royal	tie-taille

4. In English, the yod tends to palatalize the preceding alveolar
consonants, converting them to palatal consonants. The palatalization
process of /t/→/tʃ/, /d/→/dʒ/, /s/→/ʃ/, /z/→/ʒ/ is optional, occurring in rapid speech, as in won't you, did you, miss you, tease you, or
obligatory inside a word as in procedure (proceed + ure), culture
(cult + ure), pressure (press + ure), exposure (expose + ure), and all

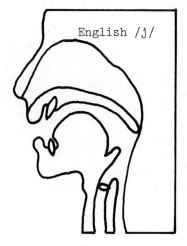
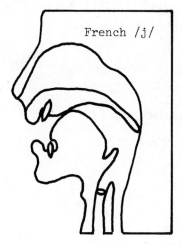

Chart 19: English /j/ and French /j/

words ending in -ion as in question, nation, vision. In French, however, this type of palatalization never takes place. Compare, for instance, the English and French pronunciation of the underlined parts of
the following words:

pressure	/...ʃɚ/, /...syR/
position	/...ʃən/, /...sjõ/
question	/...tʃən/, /...tjõ/
invasion	/...ʒən/, /...zjõ/
national	/...ʃnəl/, /...sjonal/
natural	/...tʃrəl/, /...tyRɛl/

16.2 Orthographic Representation of /j/

Note that the grapheme i represents both the vowel /i/ and the
semiconsonant /j/. Their distribution will be discussed in the next
section.

i	/i/:	ici, midi
	/j/:	hier, riez, premier
y + vowel[1]		yod, yacht, Lyon
vowel + y[2]		crayon, ayez, payeur, tuyau, essuyer

---

[1]Most words beginning with y are of foreign origin: yacht, yaourt
(yogourt), yankee, yod, yoga. They permit neither elision nor liaison:
le yacht /ləjɔt/, les yachts /lejɔt/.

[2]In most words, ay is pronounced /ɛj/, as in ayons, ayez, crayon,
essayer. In a few proper names, it represents /aj/: La Fayette, Bayonne,
Hendaye, Biscaye, and also in mayonnaise.

vowel + il[3]	ail /aj/, travail, pareil, œil, rail
vowel + ill[3]	maillot, conseiller, fouille
cons. + ill[3]/ij/	fille, famille, piller
/i/ + vowel	vendriez /vãdRije/ (see next section)

16.3 Formation of /j/

1. Unlike the semiconsonants /ɥ/ and /w/ which occur only before a vowel, /j/ can occur before a vowel (hier, bien) or after a vowel (travail, feuilleton). As noted in the preceding section, the post-vocalic yod is usually represented by the graphemes -il and -ill-.

2. In the prevocalic position, the distribution of /i/ and /j/ is quite similar to those of /y/-/ɥ/ and /u/-/w/. The vowel /i/, when followed by another vowel, normally becomes /j/.

rit, riez	/Ri/, /Rje/
nie, nions	/ni/, /njõ/
dit, Dior	/di/, /djɔR/
Marie, Marianne	/maRi/, /maRjan/

In slow, emphatic speech, /i/ and /j/ may be in free variation: lions (from lier) /ljõ/, /lijõ/, niait /njɛ/, /nijɛ/, scia /sja/, /sija/, riant /Rjã/, /Rijã/. Note in the second pronunciation of these words that if the vowel /i/ is retained, there is a transitional yod between the /i/ and the following vowel.

3. The vowel /i/ does not become /j/ after a stop + liquid cluster, as in the second word of each pair below. Again, there is a transitional yod between the /i/ and the following vowel.

riez, criez	/Rje/, /kRije/
liant, client	/ljã/, /klijã/
riant, triangle	/Rjã/, /tRijãgl/
lier, plier	/lje/, /plije/

As a result, in words such as cendrier, oublier, prier, multiplier, the pronunciation of -ier is /ije/ rather than */je/.

4. The common verb endings -ions and -iez are pronounced in two ways. The normal pronunciation of these endings is /jõ/ and /je/. But if they are preceded by a stop + liquid combination, the i must be pronounced as a full vowel, hence /ijõ/, /ije/.[4] In the examples below,

---

[3]Note the presence of a vowel grapheme before these. For words such as avril /avRil/, fusil /fuzi/, distiller /distile/, see 17.2.

[4]This is in a sense an extension of the "law of three consonants" mentioned in Lesson 3 in conjunction with the e caduc. A succession of three consonants, including a semiconsonant, such as stop + liquid + semiconsonant, is not possible in French.

the first word of each pair ends in /e/ or /je/, while the second word ends in /ije/ because of the stop + liquid cluster (/tR/, /bR/, /dR/).

entrez, entriez	vendiez, vendriez
célébrez, célébriez	attendiez, attendriez
montrez, montriez	mettiez, mettriez

If the consonant + liquid combination can be broken up by the e caduc between the two, then the preference is to retain the /ə/ and pronounce -ions, -iez as /jõ/, /je/. This is why the pronunciation of atelier, hôtelier is /atəlje/, /ǫtəlje/ rather than */atlije/, */ǫtlije/. Note below the retention of e caduc in the second word of each pair to avoid the succession of consonant + liquid + semiconsonant.

appelons, appelions	/aplõ/, /apəljõ/
serons, serions	/sRõ/, /səRjõ/
chanterons, chanterions	/ʃãtRõ/, /ʃãtəRjõ/
ferons, ferions	/fRõ/, /fəRjõ/

5. Verbs ending in -iions, -iiez, -yions, -yiez in theory have two yod sounds, that is, a yod pronounced twice as long. In normal, rapid speech, however, the distinction between /j/ and /jj/ disappears, so that the pairs of verb forms, like those below, are pronounced alike. The difference in the forms is discernible only from the context of the speech.

étudions, étudiions	voyons, voyions
copions, copiions	essayons, essayions
riez, riiez	essuyez, essuyiez

16.4 Interferences

Typical pronunciation errors are due to two sources: from English, in which the yod is articulated weakly and palatalization of consonants is common, and from within French, due to the learner's unawareness of when /j/ rather than /i/, or /i/ instead of /j/, must be pronounced.

1. Not pronouncing the yod energetically, with very tense muscles and the blade of the tongue raised high toward the palate, and with an abrupt onset. The weak articulation of /j/ makes the French words such as fille, sille, bille, quille sound like fee, see, bee, key; baille, paille, ail like buy, pie, eye; yeux, hier, mieux like you, year, mew.

2. Pronouncing /j/ as /i/: hier */ijɛR/, premier */pRəmije/, essaye */ǫsɛi/, mieux */mijø/, bien */bijɛ̃/, mangions */mãʒijõ/, sentiez */sãtije/.

3. Pronouncing /ij/ as /j/ after a consonant + liquid combination: triomphe */tRjõf/, criait */kRjɛ/, brièvement */bRjɛvmã/, cliente */kljãt/, prier */pRje/, montrions */mõtRjõ/, seriez */sRje/.

4. Confusing /ɛj/ (/ęj/) and /aj/, both represented by the grapheme ay: ayez */aje/, ayons */ajõ/, Bayonne */bęjɔn/, Biscaye */biskę/, */biskɛj/, Hendaye */ãdę/, */ãdɛj/.

5. Palatalizing /tj/, /dj/, /sj/, /zj/ into /tʃ/, /dʒ/, /ʃ/, /ʒ/: question */kęstʃõ/, étiez */ętʃje/, Etiemble */ętʃjãbl/; aidions */ędʒõ/, étudiant */ętydʒjã/, Dieu */dʒjø/; monsieur */məʃø/, national */naʃɔnal/, tradition */tRadiʃjõ/, initier */iniʃje/; télévision */tęlęviʒõ/, décision */dęsiʒjõ/, osiez */ɔʒje/.

6. Deleting the yod after /ʒ/ ("palatal absorption"): régional */Ręʒɔnal/, religion */Rəliʒõ/, contagieux */kõtaʒø/, songiez */sõʒe/, corrigions */kɔRiʒõ/.

Leçon 16
Yod /j/

PRATIQUE

Prise de conscience auditive

1. Ecoutez et comparez:

    yod à l'initiale:

yacht	yacht
yell	hier
yawn	Yonne

    yod entre voyelles:

voyage	voyage
bayou	bayou
mayonnaise	mayonnaise

    yod en finale:

my	maille
pie	paille
buy	baille

    Ecoutez de nouveau les mots anglais:

    yacht -- yell -- yawn; le son /j/ est ferme, très audible,
    voyage -- bayou -- mayonnaise; le son /j/ est faible,
    my -- pie -- buy; le son /j/ est très faible, c'est la fin d'une
    diphtongue.

    Ecoutez de nouveau les mots français:

    yacht -- hier -- Yonne
    voyage -- bayou -- mayonnaise
    maille -- paille -- baille; le son /j/ est partout net et ferme.

Prise de conscience articulatoire

*   2. Dites le son /i/, prolongez-le. Fermez progressivement les mâchoires
        jusqu'à ce que la langue touche presque le palais. Remarquez la
        sensation de frottement: /iiii/ ⟶ /j/
        Dites maintenant les syllabes suivantes. Chaque fois que le son /j/
        est dit, vous devez retrouver la même sensation de frottement.
        Répétez après le modèle:

        you -- you -- you
        you -- ba -- you -- ba -- you -- ba -- you -- bayou
        you --ba -- you -- ba -- you -- baille

Discrimination auditive

3. Vous allez entendre 8 séries de trois mots similaires. Chaque fois
    que vous entendrez un mot français, vous mettrez une croix dans la
    case correspondante.

	1	2	3
1		√	
2		√	√
3			√
4		√	
5	√	√	
6	√		√
7			√
8			√

Clé: p.216

Exercices d'apprentissage

Première partie: /j/ après consonne

* 4. Lisez les mots suivants après le modèle. Remarquez bien le nombre
       de syllabes.

    1 syllabe: science -- lien -- lieu -- lion -- nièce -- pièce --
                    siège -- via

    2 syllabes: piano -- violon -- violette -- fiancé -- diamant --
                    diarrhée -- diocèse -- liaison -- lieutenant -- piété

    3 syllabes: biologie -- biographie -- diabétique -- diagnostic

** 5. Répétez les verbes suivants qui sont au présent, et mettez-les à
        l'imparfait.
        exemple:
        vous entendez: nous chantons
        vous dites: nous chantons/nous chantions

        nous lisons -- vous buvez -- nous montons -- vous toussez --
        nous écoutons -- vous entendez -- nous finissons -- vous courez --
        nous parlons -- vous partez

** 6. Répétez les verbes au futur suivants, et mettez-les au conditionnel
        présent. Notez que /ə/ est toujours prononcé lorsque la syllabe
        suivante commence par une consonne suivie d'un yod.
        exemple:
        vous entendez: vous chanterez
                    1   2   3
        vous dites: vous chanterez/vous chanteriez
                    1   2 3 1   2 3 4
        vous entendez: vous parlerez
                    1   2 3 4
        vous dites: vous parlerez/vous parleriez
                    1   2 3 4 1   2 3 4

vous danserez -- vous penserez -- vous nagerez -- vous sauterez --
vous dînerez -- vous passerez

vous marcherez -- vous sifflerez -- vous chercherez

I* 7. <u>Situation</u>: vous invitez le prince Rodolphe ou la princesse
Caroline à venir chez vous. Vous êtes prêt(e) à faire bien des
choses pour que son séjour soit agréable. Changez les temps
en suivant le patron.
<u>exemple</u>:
<u>vous entendez</u>:   Si vous venez, nous serons heureux.
<u>vous dites</u>:   Si vous veniez, nous serions heureux.

Si vous parlez, nous écouterons.
Si vous dansez, nous chanterons.
Si vous mangez, nous dînerons.
Si vous plongez, nous nagerons.
Si vous marchez, nous nous promènerons.
Si vous vous arrêtez, nous nous reposerons.
Si vous partez, nous pleurerons.
Si vous revenez, nous nous réjouirons.

8. <u>Situation</u>: <u>il ne manque de rien</u>. Transformez les phrases suivantes
en remplaçant <u>il a</u> par <u>il y a</u>.
<u>exemple</u>:
<u>vous entendez</u>:   Il a un verre dans sa main.
<u>vous dites</u>:   Il y a un verre dans sa main.

Il a une lampe sur sa table.
Il a un stylo sur son bureau.
Il a des rôtis dans son four.
Il a cent cravates dans son placard.
Il a trois voitures dans son garage.
Il a des bouteilles dans sa cave.
Il a des chèques dans sa poche.
Il a une fortune dans son coffre.
Il a une femme dans sa vie.
Il a des secrets dans son passé.

<u>Deuxième partie</u>: /j/ entre voyelles

* 9. Répétez les mots suivants après le modèle. Attention à la fermeté
du yod, et à la qualité de la voyelle précédente.

/i/ -- billet -- fillette -- millet -- piller -- habiller -- papillon
/a/ -- vaillant -- bailler -- cahier -- caillou -- ailleurs
/ɛ/ -- veiller -- meilleur -- treillis -- merveilleux
/œ/ -- cueillir -- œillet -- Neuilly -- endeuiller
/u/ -- douillet -- mouillé -- bouillon -- fouillé -- brouillé

/ij/
Lorsque la graphie qui se lit <u>yod</u> est précédée de deux consonnes,
on lit /ij/; exemple: <u>criez</u> /kRi-je/ et il y a deux syllabes.

* 10.   Répétez les mots suivants après le modèle:

   2 syllabes: criez -- priez -- pliez -- triez
                 crions -- prions -- plions -- trions
   3 syllabes: suppliez -- oublions -- publiez -- déplions --
                 encrier -- cendrier -- sucrier -- février -- ouvrier
   4 syllabes: multiplier -- rapatrier -- s'expatrier -- calendrier --
                 vinaigrier

   oy, ay, uy suivi de voyelle
   Attention à la lecture des mots suivants: ici, la graphie y égale
   deux i: le premier se combine avec la voyelle précédente, le second
   est un yod, initial, de la syllabe suivante: exemple: voyage
                                                              i i

* 11.   Répétez chaque paire de mots:

        voie/voyage -- soie/soyeux -- sois/soyez -- joie/joyeux --
        foi/foyer -- moi/moyen -- doit/doyen -- noix/noyau --
        loi/loyal -- roi/royal -- crois/croyant -- toi/tutoyer --
        aies/ayez -- craie/crayons -- gai/égayer -- effraie/effrayer

  12.   Répétez les mots suivants. Attention: il y aura successivement
        /ɥi//j/. Prononcez bien les deux semi-consonnes.

*   a) fuis/fuyant -- essuie/essuyez -- ennui/ennuyeux

*   b) Le mot suivant est particulièrement difficile à prononcer:
            bruyant. Répétez après le modèle les séquences suivantes:

                bris/bruit -- bris/brillant
                bris/bruit -- brillant/bruyant

*   c) Lisez après le modèle:

                la cuillère -- juillet -- le tuyau -- l'écuyer
                le gruyère -- la bruyère

  13.   Faites des verbes en ajoutant la syllabe /je/ aux noms suivants.
        exemple:
                vous entendez: paie
                vous dites: payer

                emploi -- essai -- balai -- convoi -- monnaie -- aboi --
                envoi -- pagaie -- appui -- ennui -- raie -- relai

** 14. Situation: l'homme (la femme) d'affaires voyage beaucoup. Répétez
        la phrase-patron en faisant les substitutions indiquées. Faites
        bien les enchaînements consonantiques.

            (Vous allez à Londres?)
            Il faut que j'aille à Londres.
                           /aja/

        /ʒa-ja/: ...à Paris.   ...à Détroit.   ...à Moscou.
                 ...à Pékin.   ...à Montréal.

/ʒa-jo/: ...au Mexique.   ...au Japon.   ...au Canada.
          ...au Portugal.   ...au Danemark.
/ʒa-jɑ̃/: ...en Chine.   ...en Grèce.   ....en France.
          ...en Pologne.   ...en Allemagne.
          ...en Angleterre.

**15. Situation: vous n'allez pas jusqu'au bout de vos actes. Remplacez
les phrases entendues par leur équivalent.
exemple:
   vous entendez: Je suis presque tombé.
   vous dites: J'ai failli tomber.
                  /faji/

J'ai presque sauté.   Je suis presque entré.
J'ai presque dansé.   J'ai presque fumé.
Je suis presque sorti.   Je suis presque parti.
J'ai presque menti.   Je suis presque mort.
J'ai presque compris.

faillir - to almost

**16. Mettez à la deuxième personne du singulier les verbes suivants.
exemple:
   vous entendez: J'y suis allé.
   vous dites: Tu y es allé.
             /tyje/
   vous entendez: J'y ai dansé.
   vous dites: Tu y as dansé.
             /tyja/

J'y suis monté.   J'y ai dîné.   J'y suis entré.
J'y ai parlé.   J'y suis tombé.   J'y ai joué.
J'y suis venu.   J'y ai pensé.

17. Donnez la première personne du pluriel des verbes suivants.
exemple:
   vous entendez: souiller
   vous dites: nous souillons

mouiller -- tailler -- bailler -- travailler -- essayer --
essuyer -- cueillir -- bouillir -- tressaillir

18. Entre l'article et le nom, intercalez vieux /vjø/ ou vieil /vjɛj/
dans les phrases suivantes. Attention aux enchaînements consonantiques.
exemple:
   vous entendez: un garçon
   vous dites: un vieux garçon
   vous entendez: un ami
   vous dites: un vieil ami

un homme -- un copain -- un oncle -- un savant -- un artiste --
un ours -- un singe -- un professeur -- un arbre -- un enfant

Troisième partie: /j/ en finale de mot

* 19. Répétez après le modèle les paires de mots suivants. Appuyez
fermement la langue sur le palais, chaque fois que vous devez
dire yod:

> un billet/une bille -- une fillette/une fille --
> un maillet/une maille -- un œillet/un œil --
> un feuillet/une feuille

* 20. Répétez après le modèle les séries de mots suivants. Attention
à la qualité de la voyelle qui précède le yod.
Le premier mot de chaque série est donné pour établir correctement
la voyelle. Prolongez la voyelle qui précède yod, gardez les
lèvres dans la même position; seule la mâchoire bouge pour articuler yod.

> lèvres étirées, sourire
> /i/: la bise -- la bille -- la fille -- la quille --
> la grille -- la vanille -- il s'habille --
> la Bastille
> lèvres détendues, bouche bien ouverte
> /a/: la patte -- la paille -- la maille -- il baille --
> le rail -- la médaille -- les fiançailles --
> Versailles
> lèvres détendues, bouche assez ouverte
> /ɛ/: la bête -- l'abeille -- la veille -- la vieille --
> l'oreille -- la bouteille -- le soleil --
> Marseille
> lèvres assez fermées, arrondies
> /œ/: l'œuf -- l'œil -- la feuille -- l'accueil -- le seuil --
> le fauteuil -- l'orgueil -- Auteuil
> lèvres très fermées, très arrondies
> /u/: ça mousse -- ça mouille -- la nouille -- la douille --
> la fouille -- la grenouille -- la citrouille --
> Pot-bouille

21. Mettez au singulier les verbes suivants, même personne.
exemple:
> vous entendez: nous nous habillons
> vous dites: je m'habille

> vous vous réveillez -- nous travaillons -- vous vous maquillez --
> nous conseillons -- vous accueillez -- vous vous grouillez --
> nous nous embrouillons -- vous sommeillez -- nous nous recueillons

** 22. Répondez aux trois types de questions, selon le patron.

> Veut-il des pommes? Je ne crois pas qu'il en veuille.
> Va-t-il en France? Je ne crois pas qu'il y aille.
> Faut-il partir? Je ne crois pas qu'il le faille.

Veut-elle des poires?   Faut-il chanter?
Va-t-il à l'église?   Faut-il applaudir?
Veulent-ils du vin?   Vont-ils à la poste?
Veut-on des impôts?   Va-t-on à la plage?
Faut-il s'arrêter là?

23. Situation: une étudiante politiquement engagée. Un(e) ami(e) vous demande de l'accompagner au cinéma, mais vous êtes très occupé par des choses bien plus sérieuses. Utilisez le patron avec les substitutions indiquées.

I*   a) vous entendez: vous dites:

Tu viens au cinéma avec moi?
                    Ah non! Il faut qu¢ j'aille au cours.
Et après le cours?
                    Ah non! Il faut qu¢ j'aille à la réunion.
Et après la réunion?
                                          à la discussion.

        la discussion?
                                          au comité.

        le comité?
                                          au défilé.

        le défilé?
                                          au meeting.

        le meeting?
                                          à la manifestation.

        la manifestation?
                                          aux barricades.

I*   b) Situation: Tu viens chez Nana? Même jeu.
        vous entendez: vous dites:

Tu viens chez Nana, ce soir?
                    Ce soir?! Il faut qu¢ j'aille chez l¢ délégué.
Et demain?
                    Demain?! Il faut qu¢ j'aille chez l¢ directeur.
Et lundi?
                    Lundi?!
                                          chez l¢ doyen.

        mardi?
                                          chez l¢ recteur.

        mercredi?
                                          chez l¢ ministre.

        jeudi?
                                          chez l¢ président.

/j/ en finale
I* 24. Dialogue: en famille, sous la treille

La mère-- Mettons la table sous la treille.

Le père-- Ça nous abritera du soleil.

La mère-- Pourquoi prends-tu cet air de deuil?

215

Le père-- C'est en voyant les feuilles: elles commencent à
tomber.

La mère-- Mais leurs couleurs: c'est une merveille! Je vais
en décorer la corbeille.

Le père-- Ces fruits attirent les abeilles.

Le gosse--Il faut qu'on les écrabouille.

La mère-- Non, je te le déconseille: les abeilles font du
bon miel.

Le gosse--Les guêpes, ce n'est pas pareil! Je les tue en un clin
d'œil.

Le père-- Entends-tu ce bouvreuil qui gazouille?

Le gosse--Il mange nos groseilles: c'est une fripouille.

La mère-- J'aime bien l'odeur du chèvre-feuille.

Le père-- Oui, ça ressemble à la vanille.

La mère-- Comme on est bien sous la treille!

Le père-- Comme on est bien en famille!

/j/ dans tous les contextes
I* 25. Dialogue: c'est la fête à la grenouille.

Mireille--Quel sale temps! Le soleil n'a pas brillé depuis la
fin février.

Eliane-- Et pourtant nous sommes en juillet.

Mireille--On ne peut plus se fier au calendrier.

Eliane-- Ce temps me donne sommeil, c'est incroyable!

Mireille--Je vais essayer d'aller chez l'épicier.

Eliane-- Avec un temps pareil! Vous allez vous noyer!

Mireille--Voyons! Soyez sérieuse; je ne suis pas une nouille.

Eliane-- Il pleut, il mouille,
C'est la fête à la grenouille!

Mireille--Je dois acheter une andouille, de la glace à la vanille,
et une bonne bouteille.

Eliane-- Soyez gentille: rapportez-moi des jonquilles ou des
œillets.

Mireille--Pas moyen: le fleuriste est en voyage. Il a fallu
qu'il aille chez sa fille de Marseille.

Eliane-- Marseille! Quel veinard! Il va s'en payer du soleil,
lui!

Clé

	1	2	3
1		X	
2		X	X
3			X
4		X	
5	X	X	
6	X		X
7		X	
8			X

tie   <u>taille</u>   tie

yawl   <u>yole</u>   <u>yole</u>

buoy   boy   <u>boy</u>

by   <u>baille</u>   buy

<u>mail</u>   <u>maille</u>   my

<u>ail</u>   eye   <u>aille</u>

ye   <u>y est</u>   yeah

say   say   <u>seille</u>

17. LA CONSONNE LATERALE /l/

PROFIL

17.1 Articulation of /l/

1. The sound /l/ is called a lateral consonant because the tip or the blade of the tongue touches the upper part of the mouth, allowing the air to escape through the passages on both <u>sides</u> of the tongue. The point of articulation for the French lateral is postdental; the tip of the tongue is in firm contact with the back of the upper incisors. In order to make this contact, the tongue is raised more than for the English /l/.

2. There are at least three allophones for the English lateral consonant. When it is before a vowel or between two vowels, as in <u>leaf</u>, <u>believe</u>, the tip of the tongue makes contact with the alveolar ridge behind the upper teeth. This is the so-called <u>light l</u>, and it comes fairly close to the postdental <u>l</u> of French. The other allophone, called <u>dark l</u>, occurs at the end of a syllable or before another consonant, as in <u>feel</u>, <u>felt</u>. For this sound, transcribed [ɫ], the blade of the tongue gets closer to the palate and the back is raised toward the velum. The tip of the tongue may or may not be in contact with the alveolar ridge. The <u>dark l</u> is weakly released, and because the back of the tongue is raised toward the velum, it often has the resonance of a back vowel, like /U/. Due to the tongue movement, there is often a /ə/-like transitional vowel between a front vowel and [ɫ]. Compare, for instance, the vowels of <u>seed</u> [siʲd] and <u>seal</u> [siʲəɫ]. The third allophone, [l̩] is called the <u>syllabic l</u>. It is pronounced like the dark <u>l</u> and occurs after consonants such as /t/, /d/, /n/, /s/, /z/: <u>little</u>, <u>ladle</u>, <u>tunnel</u>, <u>missile</u>, <u>fizzle</u>. It is longer than the other allophones and constitutes a syllable by itself.

[l]	[ɫ]	[l̩]
<u>l</u>ead	fee<u>l</u>	beet<u>l</u>e
ta<u>l</u>ent	to<u>l</u>d	tunne<u>l</u>
ce<u>ll</u>ar	se<u>l</u>dom	sizz<u>l</u>e

3. The substitution of the English /l/ for the French /l/ results in a very different acoustic impression. To begin with, the French lateral is postdental, whereas the English lateral is alveolar. Furthermore, French anticipates the following vowel; thus the lips are spread horizontally during the pronunciation of /l/ for <u>lit</u>, while they are tightly rounded for <u>lu</u>, <u>loup</u>. This anticipatory movement is far less prominent in English.
    The final or preconsonantal /l/ in French remains postdental,

and it is released clearly and quickly. In English, however, the
tongue is not placed in position quickly, so that there is often a
"parasitic" sound, as in well [wɛəɫ]. Moreover, it is held longer and
weakly released, as mentioned earlier; this articulation results in a
vowel-like sound. As a matter of fact, it is possible to approximate
the dark l merely by raising the back of the tongue to the height of
the vowel /U/ of book: Bill [bIɫ], [bI^U], seal [siᴊɫ], [siᴊ^U], silk
[sIɫk], [sI^Uk]. The substitution of the syllabic [l̩] for French /l/ also
gives a very different impression, since it will add a short syllable at
the end of words such as yodle, article, muscle, peuple, possible, trouble
where French has none. In all these words the /l/ and the consonant before
it belong to the same syllable as the preceding vowel, and the postdental
/l/ should be released quickly.

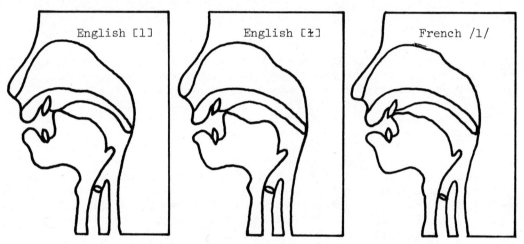

English [l]   English [ɫ]   French /l/

Chart 20: English [l], [ɫ] and French /l/

17.2 Orthographic Representation

l   loup, fil, veulent, peuple
ll   aller, appelle, folle

    1. Word-initial ill- may be pronounced /il/, or /ill/ with the /l/
held in position twice as long as usual: illégal, illustre, illégitime,
illicite.[1]

    2. Word-final -il represents three pronunciations: /il/, /i/,
/j/. The second one, /i/ with a silent l, occurs only in a limited
number of words, most of which are listed below.[2]

---

   [1]This is also true of words beginning with imm- /im/, /imm/ and
inn- /in/, /inn/: immortel, immobile, immonde, immédiat, inné,
innombrable, innocuité.
   [2]The l in words such as chenil and nombril is often pronounced today.

/il/: mil, il, fil, avril, puéril, civil, exil
/i/: chenil, coutil, fusil, gentil, nombril, outil, persil, sourcil
/j/: rail, travail, soleil, orteil, orgueil

3. In addition, the l in the following words is silent: fils /fis/, pouls /pu/, soûl, saoûl /su/ (but soûle, saoule /sul/), Belfort /befɔR/,[3] cul /ky/, and l after au as in Renault /Rəno/, aulx /o/, Chaulnes /ʃon/, Gaultier /gotje/.

4. The spelling -ill- represents /il/ in a few words: ville, mille, tranquille, pénicilline, distiller, osciller, bacille, and words derived from them, such as village, millier, million, tranquillité, distillation.

17.3 Interferences

1. Substituting the dark l in word-final and preconsonantal positions: calcul */kałkył/, belge */bɛłʒ/, quelqu'un */kęłkɛ̃/, calme */kałm/, palme */pałm/, foule */fuł/, appelle */apɛł/, mademoiselle */madmwazɛł/.

2. Substituting /w/ or /U/ for preconsonantal /l/: soldat */soᵂda/, multiple */myᵂtipl/, dolmen */doᵂmɛn/, talc */taᵂk/, fulgurant */fyᵂgyRᾶ/, calque */kaᵂk/. Excessively vocalized word-final /l/, approaching /U/, will result in a loss of distinction between -al and -aux: animal-animaux, journal-journaux, principal-principaux, national-nationaux--in extreme cases, pronounced as /aᵁ/ and /oᵂ/, respectively.

3. Using syllabic [l̩] in the word-final position when the /l/ is preceded by another consonant: muscle */myskl̩/, peuple */pøpl̩/, il yodle */iljɔdl̩/, multiple */myltipl̩/, possible */posibl̩/, article */aRtikl̩/.

4. Confusing the various pronunciations represented by the graphemes il and ill: fusil */fyzil/, sourcil */suRsij/, cil */si/, */sij/, outil */util/, */utij/, village */vijaʒ/, distiller */distije/, mille ('mile') */mij/.

---

[3] Alternate pronunciation /bɛlfɔR/ also exists.

Leçon 17
/l/

PRATIQUE

Prise de conscience auditive

1. Ecoutez et comparez:

/l/ à l'initiale:	league	ligue
	leg	lègue
	loop	loupe

/l/ en finale:	eel	île
	veal	vile
	bell	belle
	sell	selle
	pool	poule
	fool	foule

Ecoutez de nouveau les mots anglais et les mots français; vous remarquerez que les l à l'initiale ne sont pas très différents. En finale, il n'est pas facile de percevoir la différence entre les l eux-mêmes, mais la différence de qualité des voyelles qui précèdent est évidente.

Prise de conscience articulatoire

* 2. La pointe de la langue, pour dire /l/ touche les dents du haut, comme pour dire /t/, /d/ ou /n/; l'air s'échappe par les deux côtés de la langue.
Répétez les séries de mots suivantes en vous concentrant sur le point où la langue doit frapper, à la fin de chaque mot:

    Cid/site/cil -- vide/vite/ville -- Gide/gîte/Gilles
    cède/cette/celle -- j'aide/jette/gèle
    boude/boute/boule -- soude/soute/soule -- coude/coûte/coule
    code/cotte/col
    Jude/jute/Jules

Discrimination auditive

3. Vous allez entendre 8 séries de trois mots similaires. Chaque fois que vous entendrez un mot français, vous mettrez une croix dans la case correspondante.

	1	2	3
1			
2			
3			
4			
5			
6			
7			
8			

Clé: p.226

Exercices d'apprentissage

Première partie: /l/ en finale

* 4. Répétez les séries de mots suivantes. Attention à la position de la
langue pour /l/: la pointe de la langue touche les dents du haut
pour /t/ et /l/.

    batte/bal -- date/dalle -- mat/malle -- patte/pâle
    botte/bol -- vote/vol -- motte/molle -- sotte/sole
    boute/boule -- soute/soule -- joute/joule -- coûte-coule
    bite/bile -- fîtes/file -- mite/mille -- vite/vile

* 5. Répétez les séries suivantes:

    bal -- bol -- boule -- belle -- bile -- bulle
    sale -- sol -- soule -- selle -- seul -- cil
    malle -- molle -- moule -- mêle -- mille -- mule
    pâle -- Paul -- poule -- pêle -- pile
    valent -- vol -- vêle -- veulent -- ville

** 6. Répétez les verbes suivants et mettez-les à la première personne du
singulier au présent.
    exemple:
        vous entendez: mouler
        vous dites: mouler/je moule

        voler -- fouler -- gueuler -- rouler -- crouler
        rigoler -- s'affoler -- se consoler

** 7. Donnez le singulier des noms suivants.
    exemple:
        vous entendez: des journaux
        vous dites: un journal

        des animaux -- des bocaux -- des idéaux -- des signaux --
        des canaux -- des généraux -- des minéraux -- des capitaux --
        des hôpitaux -- des cardinaux

** 8. Faites des adjectifs avec les noms suivants.
   exemple:
        vous entendez: facilité
        vous dites: facile

        docilité -- imbécilité -- gracilité -- agilité -- débilité --
        fragilité -- sénilité -- fertilité -- hostilité -- futilité

9. Donnez la troisième personne du singulier des verbes suivants.

** a) Avec il
   exemple:
        vous entendez: filer
        vous dites: il file

        exiler -- mutiler -- jubiler -- défiler -- empiler --
        enfiler -- compiler -- assimiler

** b) Avec elle. Attention: la dernière syllabe sera toujours /ɛl/,
   même si le e est muet dans l'infinitif.
   exemple:
        vous entendez: geler
        vous dites: elle gèle
        vous entendez: se rappeler
        vous dites: elle se rappelle

        exceller -- révéler -- démêler -- appeler -- se rappeler --
        se quereller -- ruisseler -- se renouveler

** 10. Faites des verbes à la deuxième personne du singulier (présent) en
   transformant les noms donnés.
   exemple:
        vous entendez: l'adulation
        vous dites: tu adules

        la circulation -- la stimulation -- l'ondulation --
        l'articulation -- la manipulation -- l'accumulation --
        la capitulation -- la dissimulation

11. Situation: dîner du soir (suite à Déjeuner du matin de Prévert).
    Répétez les énoncés entendus, sous forme de questions avec inversion.
    exemple:
        vous entendez: Elle part.
        vous dites: Part-elle?

        Il vient.   Elle ouvre.   Il entre.   Il se tait.
        Elle le regarde.   Elle sourit.   Il lit.   Elle rit.
        Il parle.   Elle chante.   Elle mange.   Il boit.
        Il crie.   Il dort.   Elle pleure.

12. Situation: ils ont été faire des achats. On vous dit ce qu'il a
    maintenant; dites ce qu'elle a en utilisant les noms féminins mis
    en parenthèses.

exemple:

    <u>vous entendez</u>:   Il a un beau manteau. (robe)
    <u>vous dites</u>:   Elle a une belle robe.

Il a un beau manteau. (robe)
Il a de nouveaux souliers. (bottes)
Il a un beau pantalon. (jupe)
Il a un nouveau veston. (jaquette)
Il a un beau chandail. (blouse)
Il a de nouveaux gants. (moufles)
Il a un nouveau prestige. (grâce)

13. <u>Situation</u>: vous répondez avec fermeté à un(e) ami(e) qui s'étonne de ce que vous faites. La première syllabe de chaque réponse est /ʒəl/; arrondissez bien les lèvres pour /ə/.
exemple:

    <u>vous entendez</u>: Tu fais ça?
    <u>vous dites</u>:   Je le fais!

Tu dis ça?   Tu mets ça?   Tu bois ça?   Tu manges ça?
Tu fumes ça? Tu veux ça? Tu crois ça? Tu prends ça?

** 14. Dans les phrases suivantes, remplacez le pronom démonstratif <u>ça</u> par le pronom personnel <u>le</u>. Notez que le <u>e</u> de <u>le</u> sera partout supprimé; les premières syllabes à prononcer seront /tyl/, /vul/ ou /nul/.
exemple:

    <u>vous entendez</u>: Tu dis ça.
    <u>vous dites</u>:   Tu le dis.

Vous savez ça. Nous connaissons ça. Tu vois ça.
Vous croyez ça. Nous servons ça. Vous mettez ça.
Tu tiens ça. Nous faisons ça. Nous fermons ça.
Tu roules ça.

15. Répétez les expressions suivantes. Dans la deuxième partie de chaque paire, le <u>e</u> de <u>le</u> n'est pas prononcé et le /l/ devient le dernier son de la syllabe précédente.
exemple: (il n'a) pas l'eau/pas le vin
           /pal - vɛ̃/

* a) (il n'a) pas l'heure/pas le temps --
pas l'énergie/pas le courage -- pas l'âge/pas le droit

* b) (elle part) sans l'avoir/sans le savoir --
sans l'attendre/sans le chercher -- sans l'entendre/sans le voir --
sans l'emporter/sans le porter -- sans l'ouvrir/sans le couvrir

* c) (il est) sous l'échelle/sous le tabouret --
sous l'escalier/sous le plancher --
sous l'armoire/sous le buffet -- sous l'assiette/sous le plat --
sous l'oreiller/sous le drap

* d) (c'est) dans l'eau/dans le sac -- dans l'air/dans le vent --
dans l'âme/dans le cœur -- dans l'ombre/dans le soleil

*   e) (je vais) chez l'épicier/chez le boucher --
            chez l'infirmière/chez le docteur --
            chez l'amiral/chez le général --
            chez l'instituteur/chez le professeur --
            chez l'évêque/chez le pape

I* 16.   Situation: elle connaît tout le monde. Vous remplacerez successivement le dernier mot de la phrase-patron par les noms donnés. Le e de le n'est pas prononcé; la syllabe est chaque fois /tul/.

     Elle connaît tout [le monde]. Répétez.

     ...le bureau.   ...le service.   ...le collège.
     ...le quartier.   ...le village.   ...le canton.
     ...le département.   ...le pays.   ...le continent.

Deuxième partie: /l/ avant consonne et /l/ après consonne

17. Lisez les mots suivants après le modèle; le /l/ doit être très audible, toujours:

*   a) valser -- un palmier -- la Baltique -- la Belgique -- un delta -- tellement -- pêle-mêle -- un soldat -- le voltage -- un poltron -- un boulevard -- soulever -- un sultan -- vulgaire -- un Bulgare

*   b) le golfe -- la valse -- un Belge -- un Celte -- le calme -- un calque -- la palme -- une valve -- une vulve -- la pulpe -- le talc -- le filtre

* 18. Lisez les mots suivants après le modèle. Attention au compte des syllabes: en anglais, visible a trois syllabes (le /l/ fait une syllabe); en français, visible a deux syllabes.

2 syllabes: possible -- tangible -- sensible -- horrible -- terrible
3 syllabes: invincible -- éligible -- impossible -- compatible -- ostensible
4 syllabes: intelligible -- irrésistible -- compréhensible -- intraduisible

La terminaison -able signifie: qui peut être [verbe]. Les terminaisons s'écrivent ainsi:
         -quer ⟶ -cable
         -cer ⟶ -çable
         -guer ⟶ -gable
         -ger ⟶ -geable

19. Faites des adjectifs avec les verbes suivants, en changeant -er en -able.
exemple:
     vous entendez: adorer
     vous dites: adorable

2 syllabes: aimer -- manger -- laver -- blâmer -- envier
3 syllabes: éduquer -- expliquer -- effacer -- remplacer -- naviguer -- négocier -- calculer -- raisonner

4 <u>syllabes</u>: assimiler -- imaginer -- impressionner -- réconcilier

* 20. <u>Lisez les mots suivants après le modèle</u>:

un cycle -- un disciple -- un article -- le double --
un couple -- un rouble -- des troubles-- un noble --
un monocle -- un oncle -- une fable -- un cable -- le sable --
un obstacle -- un miracle -- ample -- un exemple -- soluble --
un muscle

I* 21. <u>Dialogue</u>: <u>Isabelle est trop belle.</u>

Marcel-- Michel, que t'arrive-t-il? Tu es tout pâle.

Michel-- Je souffre d'un mal subtil, mortel, fatal.

Marcel-- Où as-tu mal? A la vésicule, la clavicule, la rotule?

Michel-- Ne rigole pas! Ce mal brutal est mental.

Marcel-- Je suis un psychologue habile et un ami loyal.

Michel-- Marcel, ceci est confidentiel.

Marcel-- Ma discrétion est totale.

Michel-- Tu te rappelles Isabelle? Isabelle Duval?

Marcel-- Celle qui allait à l'école maternelle avec ta sœur
         jumelle?

Michel-- Justement, c'est elle. Regarde ce journal.

Marcel-- Qu'est-ce qu'on dit d'elle?

Michel-- Elle se marie: voilà la nouvelle.

Marcel-- Sensationnel!

Michel-- Elle est folle!

Marcel-- Parce qu'elle se marie? C'est naturel pour les demoiselles!

Michel-- Je suis amoureux d'elle: sourit-elle? je jubile.

Marcel-- C'est futile!

Michel-- Parle-t-elle? je l'adule.

Marcel-- Ridicule!

Michel-- Pleure-t-elle? je m'affole.

Marcel-- Faribole!

Michel-- Bref, je suis fou d'elle: elle m'ensorcelle.

Marcel-- Le sait-elle?

Michel-- Je l'ai dit à ma jumelle.

Marcel-- Et pas à elle?

Michel-- Elle est trop belle, Isabelle.

I* 22. Dialogue: une amie véritable

Solange-- Mathilde et Albine sont inséparables.

Yolande-- C'est incompréhensible, incroyable!

Solange-- Mathilde est très aimable, sociable.

Yolande-- Oui, mais Albine est si instable et irritable.

Solange-- Mathilde est si charitable: c'est admirable.

Yolande-- Mais elle est aussi très sensible et Albine est souvent désagréable.

Solange-- C'est excusable: elle a eu une enfance abominable.

Yolande-- Mathilde est raisonnable, Albine très excitable.

Solange-- Mathilde est capable de supporter ses manières déplorables.

Yolande-- La patience de Mathilde est remarquable, mais Albine est incorrigible.

Solange-- Mathilde la croit éducable.

Yolande-- Que diable! C'est une situation inexcusable, inqualifiable, intolérable!

Solange-- Garde ton calme; moi je pense qu'une amitié si durable, c'est formidable.

Yolande-- "Qu'un ami véritable est une douce chose!"*

*La Fontaine

Clé

	1	2	3			
1	X		X	s'il	seal	cil
2	X	X		île	il	eel
3		X	X	bell	bêle	belle
4	X			coule	cool	cool
5		X		peal	pile	pill
6		X	X	fool	foule	foule
7	X		X	tel	tell	telle
8		X	X	call	colle	col

18. LES CONSONNES /p/, /t/, /k/
LES CONSONNES /t/, /d/, /n/

PROFIL

18.1 Articulation of syllable-initial /p/, /t/, /k/

1. The consonants /p/, /t/, /k/ are called <u>stops</u>, <u>plosives</u> or <u>occlusives</u> because in their production the air passage is momentarily closed and then suddenly opened so that the air is released with great force. In French, the sound /p/ is bilabial, /t/ is postdental, and /k/ is palatal or velar,[1] these terms indicating where the stoppage of the air (point of articulation) occurs. As with all other consonants, the lips are rounded or unrounded depending on what vowel follows stop consonants: <u>pis-pu</u>, <u>thé-tôt</u>, <u>qui-cou</u>.

2. In English, /p/, /t/, /k/ are bilabial, alveolar, and palatal or velar,[1] respectively. At the beginning of a syllable, they are <u>aspirated</u>, that is, accompanied by an extra puff of air. This aspiration is most audible when the consonant is in the word-initial position, and less so in the intervocalic position. There is little or no aspiration if the consonant is preceded by /s/. Compare the pronunciation of /p/, /t/, /k/ in the following pairs of words.

pin-spin	pot-spot
team-steam	tone-stone
kin-skin	cool-school

You can see the difference between an aspirated and an unaspirated consonant by holding a lighted match or a piece of thin tissue paper about two or three inches from your mouth. Keep repeating the word <u>spin</u>; the light will flicker or the tissue paper will move slightly. Then say <u>pin</u>; the light will go out, or almost go out, or the tissue paper will move much farther away from your mouth. Both phenomena are caused by the extra puff of air accompanying the word-initial /p/.

3. In French, syllable and word-initial /p/, /t/, /k/ are articulated with greater muscle tension in the glottis than in English, and are virtually unaspirated. As a result, when compared to English, they sound much "softer," sometimes almost like /b/, /d/, /g/ of English: compare <u>paper-papier</u>, <u>too-tout</u>, <u>key-qui</u>.

---

[1] In both French and English, the point of articulation for /k/ (and /g/) depends on what the following vowel is. Before a front vowel, it is forward, toward the palate, and before a back vowel, it is at the velum: <u>qui-cou</u>, <u>Guy-goût</u>; <u>keel-cool</u>, <u>gill-ghoul</u>.

Aspiration is caused by an incomplete closure of the vocal chords for the voiceless stops and a slow release of air trapped in the vocal tract. In order to practice the French /p/, /t/, /k/, you need to eliminate aspiration, and you can do it in two ways. One is to hold a piece of very thin tissue paper in front of your mouth and keep repeating syllables like /pa/, /ta/, /ka/ or /pu/, /tu/, /ku/, with very tense throat muscles to prevent aspiration, until the paper no longer moves. The other is to pronounce, still with the tissue paper in front of your mouth, a series of words that begin with /s/, and repeat each word immediately and without /s/, remembering how you pronounced the stop after /s/ and trying to retain its "soft-sounding" quality. Exhaling the air almost completely from the vocal tract and the lungs will also help reduce aspiration: spire-pire, spore-port, store-tort, stable-table, ski-qui, score-core.

The word-final voiceless stops are also articulated differently in the two languages. This will be taken up in the next lesson, along with other final consonants in French and English.

18.2 Articulation of /t/, /d/, /n/, /l/

Look at Chart 3 in the Preliminary Study and locate the point of articulation for the consonants /t/, /d/, /n/, /l/ in French and English. In French, these consonants are postdental, pronounced with the tip of the tongue in contact with the back of the upper incisors. In English, they are alveolar, the tongue held against the alveolar ridge behind the upper incisors. In order to pronounce the French consonants, the tip of your tongue must be pushed more forward than in English.

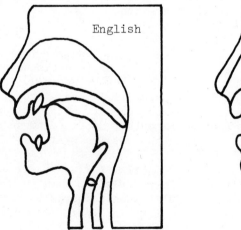
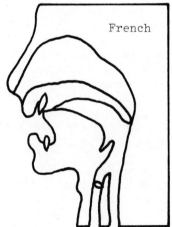

Chart 21: English and French /t/, /d/, /n/, /l/

18.3 Orthographic Representation for /p/

p	papa, accepter, psychologie
pp	apporter, applaudir, apprendre

1. Word-final -p is usually silent, but it is pronounced in a few words.

> /∅/: trop, coup, drap, croup, galop, sirop
> /p/: cap, stop, handicap /hãdikap/, Gap

2. The combination -pt- is usually /pt/, but in a few words and their derived forms it is /t/, the p being silent.

> /pt/: accepter, septembre, optimisme, hélicoptère, sceptique
> /t/: sept, septième, compter, sculpter, baptiser, dompter, exempter, prompt /prõ/

Sculpture, sculptor

3. French accepts word-initial consonant clusters beginning with /p/ that are impossible in English.

> /pn/   pneumatique, pneumonie
> /ps/   psychologie, psychiatre, psaume
> /pt/   ptéropode, ptolémaïque

4. The letter b before a voiceless consonant is invariably pronounced /p/ rather than /b/ because of assimilation. Assimilation will be discussed in more detail in Lesson 20.

> [b]: abjurer, abnégation, objectif, obliger
> [p]: absent, absolu, obtenir, subtile, observer

18.4 Orthographic Representation for /t/

t   tabac, note, poste
tt   attaque, attraper
th[2]   thé, théâtre, synthèse, luth

1. Word-final -t is pronounced in a few words: sept, huit[3], net, brut, est, ouest, dot, août, Lot, Brest, Proust, Faust /fost/, Christ (but Jésus-Christ is pronounced /ʒezykRi/ or /ʒezykRist/).

2. Word-final -pt and -ct are pronounced /pt/, /kt/ in some words, and silent in others.

> /pt/: abrupt, concept
> /∅/: prompt, exempt, rompt, interrompt

---

[2]The letters th are silent in asthme /asm/, isthme /ism/ and words derived from them.

[3]As a numerical adjective, it is pronounced /ɥit/ before a vowel, but /ɥi/ before a consonant.

/kt/: tact, intact, contact, correct, incorrect
/Ø/: aspect, instinct, distinct, exact[4]

3. The noun suffix -tion is usually /sjõ/, but it is /tjõ/ after /s/.

/sjõ/: nation, potion, allocation
/tjõ/: question, bastion, digestion, combustion

4. The graphemes -tie and -tier represent /ti/, /tje/, but in a few words they stand for /si/, /sje/.

/t/: partie, sortie, dynastie, bijoutier, entier
/s/: democratie, aristocratie, ineptie, initier, balbutier

5. The word-final -d is pronounced /t/ in liaison.

vend-il, un grand arbre, quand il pleut...

18.5 Orthographic Representation for /k/

c except before i, e, y
          cas, école, mascarade, muscle
cc except before i, e (where it represents /ks/: accident, accepter)
          accommoder, occulte, acclamer
qu, cqu   équivoque, acquérir, grecque
k, ck   kilo, ski, Danemark, bock, ticket
x /ks/   taxi, exclamer, expansion (see 3 below)
ch   archaïque, chœur, orchestre, chrétien (see 4 below)

1. Word-final -c is silent in most words, especially in words where it is preceded by a nasal vowel.

/k/: avec, sac, cognac, bivouac, tic-tac, lac, donc[5]
silent /Ø/: tabac, estomac, caoutchouc, banc, blanc, franc, ~~flanc, trone~~

2. In words derived directly from Latin (the so-called learned words), qui and qua are pronounced /kɥi/, /kwa/, respectively.

/k/: équivalent, quiconque, quinte, quitter
~~/kɥi/: équidistant, équilatéral, ubiquité~~

---

[4] Some people pronounce both exact and exacte as /ɛgzakt/.

[5] Donc is pronounced /dõk/ when it means 'therefore' (as in Je pense, donc je suis); otherwise, as an emphasizer of a verb (as in entrez donc, dis donc), it is usually pronounced /dõ/.

/k/:   quatre, quand, quarante, quartier
/kwa/: aquarium, aquarelle, équateur, adéquat,
        quatuor

3. The grapheme ex followed by a consonant is pronounced /ks/;
when followed by a vowel, it is pronounced /gz/.[6]

/ks/:   excessif, expansion, exceller, extra
/gz/:   examen, exercice, exode, exister

4. The grapheme ch represents /k/ rather than /ʃ/ in some words,
mostly of Greek origin.

/ʃ/:   choux, échouer, chien, acheter
/k/:   chaos /kao/, écho, choléra, cholestérol,
        choréographie, archaïque, orchestre, psychologue,
        chromatique, chrétien, chloroforme

18.6 Interferences

1. Aspirating the syllable- and word-initial voiceless stops:
papa */pʰapʰa/, papier */pʰapʰje/, tout */tʰu/, Totor */tʰɔtɔR/,
coûter */kʰute/, conquis */kʰɔ̃kʰi/.

2. Anticipating /p/ or /k/ during the articulation of a nasal
vowel, resulting in a "parasitic" or transitional sound: tromper
*/tRɔ̃ᵐpe/, ampère */ɑ̃ᵐpɛR/, tant pis */tɑ̃ᵐpi/, cinq */sɛ̃ᵑk/, encre
*/ɑ̃ᵑkR/, encourager */ɑ̃ᵑkuRaʒe/.

3. Confusing the pronounced and silent consonants: sirop */siRɔp/,
brut */bRy/, tabac */tabak/, bouc */bu/, sculpture */skylptyR/, accepter
*/asɛpte/, prompte */pRɔ̃pt/, instinct */ɛ̃stɛ̃kt/, baptême */baptɛm/.

4. Confusing the "labialized" (simultaneous rounding of lips) /kw/,
/ky/ and "non-labialized" /k/, both represented by qu: qualité
*/kwalite/, aquarelle */akaRɛl/, quotidien */kwɔtidjɛ̃/, équateur
*/ɛkatœR/, ubiquité */ybikité/.

5. Confusing /k/ and /ʃ/, both of which are represented by the
grapheme ch: architecte */aRkitɛkt/, anarchie */anaRki/, psyché */psike/,
orchidée */oRʃidé/.

6. Pronouncing ex representing /gz/ (before a vowel sound) as /ks/,
especially in cognates that have /ks/ in English: exercice, exode,
exhaler, exorciste, hexagone.

---

[6]The prefix hexa is also pronounced /ɛgza/: hexagone, hexapode, hexaèdre.
The grapheme ex elsewhere is pronounced /ks/ before a vowel: annexion,
vexer, lexique, Mexique, Alexandre, alexandrin.

Leçon 18
/p/, /t/, /k/
/t/, /d/, /n/

PRATIQUE

Première partie: /p/, /t/, /k/

Prise de conscience auditive

1. Ecoutez et comparez:

peak	pique
pest	peste
poop	poupe
teak	tique
text	texte
top	tope
cap	cape
cot	cotte
coot	coûte

Ecoutez de nouveau les mots anglais et les mots français; vous remarquerez que les /p/, /t/ et /k/ au début des mots anglais sont "explosifs"--on entend un bruit de souffle au moment où ils sont prononcés. Cela n'arrive pas en français.

2. Ecoutez et comparez:

peak	speak
pan	span
peck	speck
till	still
top	stop
tab	stab
coot	scoot
kit	skit
Kate	skate

Vous remarquez que lorsque /p/, /t/, /k/ sont précédés de /s/, ils ne sont pas explosifs. C'est cette qualité--non-explosive--des consonnes qu'il faut transposer à l'initiale, en français.

Prise de conscience articulatoire

* 3. Répétez les paires de mots suivantes; avant de prononcer le deuxième mot de chaque paire, expirez silencieusement et dites le mot quand vous êtes presque à bout de souffle.

    sport/(<u>expirez</u>)port -- spire/(〜〜)pire
    stable/(〜〜)table -- store/(〜〜)tort
    scolaire/(〜〜)colère -- sculpture/(〜〜)culture

Discrimination auditive

4. Vous allez entendre 8 séries de trois mots similaires. Chaque fois
    que vous entendrez un mot français, vous mettrez une croix dans la
    case correspondante.

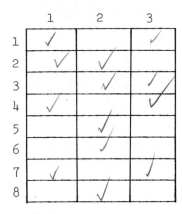

	1	2	3
1	✓		✓
2	✓	✓	
3		✓	✓
4	✓		✓
5		✓	
6			
7	✓		✓
8		✓	

Clé: p.239

Exercices d'apprentissage

/p/

* 5. Répétez les paires de phrases suivantes après le modèle. Pensez à
      retenir votre souffle pour le deuxième /p/ de chaque paire.

      ça s∉ paye/ça paye -- ça s∉ pèse/ça pèse --
      ça s∉ peint/ça peint -- ça s∉ pique/ça pique --
      ça s∉ pend/ça pend -- ça s∉ parle/ça parle

/t/

* 6. Mêmes instructions que pour 5:

      ça s∉ tache/ça tache -- ça s∉ tape/ça tape --
      ça s∉ teste/ça teste -- ça s∉ tire/ça tire --
      ça s∉ touche/ça touche -- ça s∉ tient/ça tient

/k/

* 7. Mêmes instructions que pour 5:

      ça s∉ colle/ça colle -- ça s∉ calme/ça calme --
      ça s∉ compte/ça compte -- ça s∉ coupe/ça coupe --
      ça s∉ casse/ça casse -- ça s∉ coince/ça coince

/p/

I* 8. Situation: on vous fait des propositions incongrues. Vous répondez
       avec indignation. Répétez la phrase-patron en faisant les substi-
       tutions indiquées.
       exemple:
           vous entendez: On va [s∉ piquer].
           vous dites: [S∉ piquer]? Personne n'y pense!

Personne n'y pense

se peser -- se poser -- se pousser -- se pincer --
se pencher -- se peigner -- se peindre -- se perdre

/t/

I* 9. Situation: la tante de votre ami(e) est difficile à contenter,
vous le lui rappelez. Répétez la phrase-patron en faisant les
substitutions indiquées.
exemple:
  vous entendez: [Cȼ tapis] me plaît.
  vous dites: [Cȼ tapis] fait tiquer ta tante.

ce tableau -- ce tissu -- ce tandem -- ce tambour --
ce tabac -- ce taudis -- ce turban -- ce ténor

/k/

I* 10. Situation: votre ami(e) se plaint du travail de Jean; vous connaissez
quelqu'un qui le/la satisfera. Répétez la phrase-patron en faisant les
substitutions indiquées.
exemple:
  vous entendez: Jean [coud] mal.
  vous dites: Jȼ connais quelqu'un qui [coud] bien.

compte -- coiffe -- court -- conduit -- conseille --
corrige -- console

/p/

** 11. Situation: il y a bien des choses que Papa ne peut pas faire.
Reprenez dans votre réponse le mot nouveau entendu dans la question
et donné dans la liste.
exemple:
  vous entendez: Alors, ton père a [payé]?
  vous dites: Papa n'a pas pu [payer].

pêcher -- piquer -- pousser -- passer -- patiner --
pédaler -- pardonner

/t/

** 12. Situation: votre ami(e) est étonné(e) de ce qu'il/elle voit. Vous
le/la rassurez.
exemple:
  vous entendez: Quel drôle de [temps]!
  vous dites: C'est un [temps] tout à fait typique.

toit -- thé -- titre -- thème -- texte -- test -- turc -- type

/k/

** 13. Situation: votre ami ne vous dit pas tout et vous êtes curieux.
exemple:
  vous entendez: Il a [caché] quelque chose.
  vous dites: Qu'est-cȼ qu'il a [caché]?

cassé -- collé -- coupé -- cousu -- compté -- couvert --
constaté -- confessé

/t/

** 14. Situation: vous n'approuvez pas ce que votre ami(e) a fait.
        exemple:
            vous entendez: Je me suis [tu].
            vous dites: Tu t'es [tu] et tu as eu tort.

            teint -- taché -- tâté -- tassé -- tondu -- tourné --
            tordu -- tué

/p/, /t/

** 15. Situation: vous ne partagez pas les jugements de votre ami(e).
        exemple:
            vous entendez: Paul est [pâle].
            vous dites: Paul n'est pas du tout [pâle].

            pauvre -- pingre -- poli -- patient -- passif -- paresseux --
            perspicace

/p/, /k/

** 16. Situation: rien de ce qu'on propose ne vous paraît possible.
        exemple:
            vous entendez: On [cause]?
            vous dites: Je ne sais pas qui peut [causer].

            camper -- conduire -- commander -- continuer -- canoter --
            concourir -- cancaner

/p/, /t/, /k/

17. Situation: vous faites perdre ses illusions à votre amie.
     exemple:
         vous entendez: Il [m'aime].
         vous dites: Je ne pense pas qu'il [t'aime] encore.

         t'aide -- t'attende -- t'entende -- t'écoute -- t'invite --
         t'emmène -- t'adore

/t/, /k/

18. Devinettes: qui es-tu? Répétez les définitions données. La
     solution est entre parenthèses.

         C'est toi qui tailles et qui couds.   (la couturière)
         C'est toi qui coiffes et qui tonds.   (le coiffeur)
         C'est toi qui tapes et qui colles.   (la secrétaire)
         C'est toi qui tâtes et qui calmes.   (le docteur)
         C'est toi qui comptes et qui taxes.   (le précepteur)
         C'est toi qui casses et qui tues.   (le soldat)

Deuxième partie: /t/, /d/, /n/
Prise de conscience auditive

19. Ecoutez et comparez:

teak	tique	dean	dîne	niece	Nice
ten	Taine	debt	dette	net	nette
toot	toute	dose	dose	knot	note

Ecoutez de nouveau attentivement; vous pourrez peut-être entendre une légère différence dans la qualité des consonnes initiales. Cela vient de ce que la langue, en anglais, se place derrière la bosse alvéolaire, et en français, derrière les dents, pour dire /t/, /d/, /n/.

Prise de conscience articulatoire

* 20. Répétez après le modèle; prenez conscience de la position de la langue; baissez sa pointe volontairement pour dire les sons et les mots français.

Touchant la bosse alvéolaire:	Touchant les dents:
/t/	/t/
/d/	/d/
/n/	/n/
ten	Taine
toot	toute
debt	dette
dean	dîne
niece	Nice
net	nette

Exercices d'apprentissage

/t/

I* 21. Répétez la phrase-patron en faisant les substitutions indiquées:

Tu [tais] tout.

tasses -- taches -- tapes -- tires -- teins -- tentes -- tues

/d/

I* 22. Répétez la phrase-patron en faisant les substitutions indiquées:

Odette donne des [dattes].

dés -- dents -- daubes -- dindes -- disques -- douches

/n/

23. Répétez les phrases-patron en faisant les substitutions indiquées:

I*   a) Ne [naissons]-nous pas?

             nageons -- nions -- nouons -- nommons -- nattons

I*   b) N'[annonçons]-nous pas?

             annotons -- annexons -- animons -- annulons -- anonnons

/t/ entre voyelles
* 24. Le /t/ entre voyelles est toujours "fort"; il n'est jamais sonorisé
       comme cela arrive en anglais entre deux voyelles dont la première
       est accentuée. Répétez après le modèle:

             aidé/été -- Adam/attend -- idem/item -- odeur/auteur --
             andin/Antin -- dis donc/dit-on

             latitude -- antidote -- littérature

* 25. Répétez les paires suivantes en distinguant bien la liaison en /t/
       de la consonne d'enchaînement en /d/.
       exemple: une grande amie/un grand ami
                         /d/   /t/

             une grande élève/un grand élève
             une grande artiste/un grand artiste
             une grande aînée/un grand aîné
             une grande aide/un grand aide
             une grande ourse/un grand ours
             une grande égoïste/un grand égoïste
             une grande ennemie/un grand ennemi

I* 26. Situation: un incompris. Répétez la phrase-patron en faisant les
        substitutions indiquées. Surveillez la fermeté du /t/ de liaison.

             "Il rêve", dit-on, quand il pense.

             "Il pense",   il dort.
             "Il dort",   il rêve.

             "Il crie",   il chante.
             "Il chante",   il pleure.
             "Il pleure",   il crie.

I* 27. Situation: suite de 26...mais vous, vous le comprenez. Répétez la
        phrase-patron en faisant les substitutions indiquées.

             Quant à moi, je sais quand il [rêve].

             dort -- pense -- chante -- crie -- pleure

   28. "Tord-langue":

             Ton thé t'a-t-il ôté ta toux?
             Didon dîna, dit-on, du dos d'un dodu dindon.
             Ni Nana, ni Ninon, n'est ni naine ni nonne.

/p/, /t/, /k/

I* 29. <u>Dialogue</u>: <u>en passant par le port</u>

Corinne-- Popaul, peux-tu passer par le port?

Paul--   Pourquoi ne peux-tu pas y passer, toi?

Corinne-- Parce que quand je passe par le port, je ne peux pas
          parquer la Peugeot.

Paul--   Tu penses que ton Popaul peut passer par le port et
          parquer?

Corinne-- Pardi! Tu es un conducteur épatant: pas de problème
          pour toi. Pour moi, c'est tout un tintouin.

Paul--   Passons! Peux-tu me dire pourquoi je dois passer
          par le port?

Corinne- Parce que les poissons du port sont plus beaux
          que les poissons de la poissonnerie.

Paul--   Et les poissons de la poissonnerie coûtent plus cher
          que les poissons du port.

Corinne-- Les pêcheurs font de petits prix pour écouler
          leur part de pêche.

Paul--   Possible! Qu'est-ce qui te tente comme poisson?

Corinne-- Une tranche de thon épaisse, trois beaux tourteaux
          et un kilo de petites palourdes.

Paul--   Entendu! Tout est écrit sur ton carnet de courses:
          thon, ton, tontaine et tonton.

/t/, /d/, /n/

I* 30. <u>Dialogue</u>: <u>Nadine en a des douzaines.</u>

Odile--   Est-ce que tu as des disques de danse?

Danielle--Des disques de danse? Quel genre de danses?

Odile--   Toutes les danses: pas d'importance.

Danielle--Des disques de danse, Nadine en a des douzaines.

Odile--   Tu t'entends bien avec Nadine?

Danielle--Pas du tout: je n'aime pas ses airs de dédain.

Odile--   Donc tu ne veux pas lui demander ses disques de danse.

Danielle--D'ailleurs, elle ne veut jamais les donner: c'est une
          grande égoïste.

Odile--   Dis donc, son fiancé est un grand artiste, dit-on.

Danielle--Tous ses copains en doutent: il n'est pas connu
          du tout.

Odile--   Donc c'est un grand artiste inconnu, turlututu.

Clé

	1	2	3
1	X		X
2	X	X	
3		X	X
4	X		X
5		X	
6		X	
7	X		X
8		X	

pic   peak   pique

coupe   coupe   coop

pest   peste   peste

tic   teak   tique

toe   tôt   tow

pan   peine   pan

top   top   tope

stop   stop   stop

19. LES CONSONNES /s/ ET /z/
/s/, /z/ SUIVIS DE /j/

PROFIL

19.1 Articulation of /s/ and /z/

1. Both /s/ and /z/ are called fricative consonants because the air stream passes through a narrow constriction in the mouth, producing a friction sound. The French /s/ is produced by raising the tip of the tongue toward the back of the upper incisors. The blade is also raised toward the palate, leaving a very narrow V-shaped air passage. The English /s/ is alveolar, articulated with the tip of the tongue raised toward the alveolar ridge. The blade does not rise as high as in French.

2. The consonant /z/ is a voiced counterpart of /s/. As is true of all voiced consonants in French, in word-initial position the placement of the articulators in position and voicing (vibration of the vocal cords) take place simultaneously. As a result, the voiced consonants are fully voiced from the onset. In English, there is a short phase of voicelessness at the onset because voicing takes place after the articulators are placed in position for the sound. Compare pairs of words such as zebra-zèbre, zone-zone.

3. As noted above, the point of articulation for /s/-/z/ differs in the two languages: alveolar in English, but postdental in French. For the French sounds, the tip of the tongue is pushed further forward, between the English interdental /θ/-/ð/ of thin, this and the alveolar /s/-/z/. This position, coupled with a narrower air passage, gives a stronger hissing quality to the French /s/-/z/. When a French speaker substitutes these French sounds in speaking English, it often sounds as if he or she had a slight lisp.

19.2 Orthographic Representation for /s/

For most students, the problem with /s/ and /z/ is not so much with their pronunciation as such, except when these sounds are followed by a yod, but with the so-called sound-symbol association, i.e., what letters represent which sound. The pronunciation in English can be of help in some words in determining whether /s/ or /z/, /s/ or /t/ should be pronounced.

s	si, sous, penser, persister, inversion
ss	(intervocalic) passer, tasse, choisissons
c, sc	(before i, e) ciel, ceux, accent, osciller sceptique

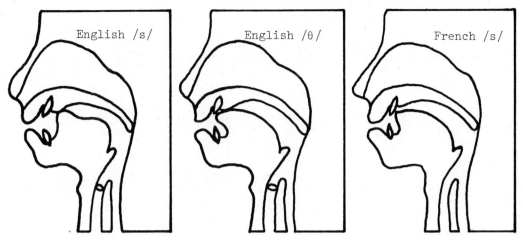

Chart 22: English /s/, /θ/ and French /s/

ç   (before a, o, u) façade, garçon, aperçu
ti /sj/ (before a vowel) initier, résidentiel, position

betw 2 vowels

1. Intervocalic -ss- and -s- almost always represent /s/ and /z/, respectively. Exceptions are noted under (2) and (3).

> hausser/oser, casser/caser, rosser/rosé,
> embrasser/embraser, baisser/baiser, dessert/désert,
> choisissons, désosser, désobéissez

2. A single s between a nasal vowel and either an oral or a nasal vowel represents /s/.

> penser, tonsure, sensible, ensemble, mensonge

3. A root morpheme beginning with /s/ retains the /s/ when it has a prefix that ends in a vowel sound. In words such as the following, the s represents /s/. (See also 19.3.1.)

> antisocial, antisémite, asymétrique, présupposer,
> entresol, vraisemblable, désensibiliser

4. In a few words, the grapheme x represents /s/.

> six, soixante, Auxerre, Bruxelles

5. For words ending in -tier, nouns and adjectives are pronounced /tje/, while verb infinitives are pronounced /sje/ (see also 18.4.4).

> /tje/: laitier, métier, fruitier, routier
> /sje/: initier, différentier, balbutier

6. The noun suffix -tie represents /si/ and /ti/, usually corresponding to -cy and -ty in English, respectively.

/si/: démocratie, prophétie, idiotie, suprématie[1]
/ti/: dynastie, modestie, partie, amnistie

7. The -s of the pronoun tous is pronounced, but not that of the adjective.

/tus/: Tous parlent français. Ils sont tous ici.
/tu/: Tous les étudiants sont ici.

8. The -s of the comparative adverb plus may be pronounced at the end of a rhythmic group, but not that of the negative adverb. Plus meaning the opposite of 'minus' is always pronounced /plys/.

/ply(s)/: J'en ai plus que toi; pour ne pas dire plus; en plus; de plus[2]
/ply/: On n'en a plus; il ne sort plus
/plys/: Deux plus trois

9. For the pronounced word-final -s as in Arras, gratis, terminus, autobus, see Appendix B.

19.3 Orthographic Representation for /z/

z	zéro, azur, douze, gaz
s	(intervocalic) poser, visite, choisissons
-s	(in liaison) vous avez, nous allons, les enfants
-x	(in liaison) deux ans, faux amis

1. The -s of the prefixes més-, dés-, trans- is pronounced /z/ before a root morpheme beginning with a vowel sound.

mésemployer, mésaventure, désengagé, désintéressé, transatlantique, transocéanique, transistor, transition

2. The grapheme s after /l/ in a few words represents /z/.

/s/: valse, expulser, compulsion
/z/: √Elsa, √Alsace, balsa, balsamine, balsamite

3. For the pronunciation of the grapheme ex, see 18.5.3.

19.4 Remarks on /ʃ/, /ʒ/, /tʃ/, /dʒ/, /ts/

Most speakers of American English learning French have no serious

---

[1]Also in inertie, ineptie. Note that most of the words ending in tie, pronounced /ti/, have an s before the ending. Cf. question, bastion /...stjõ/ vs. natation, négation /...sjõ/.

[2]The comparative plus and negative plus are in contrast in sentences like on en a plus /õnãnaplys/ and on n'en a plus /õnãnaply/.

pronunciation problems with these consonants. We have not provided specific exercises for these sounds, but offer the following remarks on their articulation.

    1. Both /ʃ/ and /ʒ/ are palatal fricatives. The blade of the tongue is raised high toward the front area of the palate, but not touching it. The tip of the tongue is held behind the lower incisors. Historically, the English /ʒ/ is said to have been borrowed from French, and its distribution is very limited. It occurs intervocalically, as in <u>vision</u>, <u>measure</u>, <u>leisure</u> as a result of palatalization, and word-finally in a few words such as <u>rouge</u> and <u>garage</u>. Beginning students often substitute the /dʒ/ of <u>judge</u> for /ʒ/ in word- or syllable-initial position.

    Below is the orthographic representation for the palatal fricatives.

/ʃ/:   chaise, a<u>ch</u>eter, Fo<u>ch</u>, Au<u>ch</u>[3]
           <u>sch</u>isme, <u>sch</u>éma, kir<u>sch</u>
           <u>sh</u>ampooing, /ʃɑ̃pwɛ̃/, <u>sh</u>ooter /ʃute/

/ʒ/:   <u>j</u>ambe, a<u>j</u>outer
           <u>g</u>ens, a<u>g</u>iter, E<u>g</u>ypte
           man<u>ge</u>ons, son<u>ge</u>ait, ga<u>ge</u>ure[4]

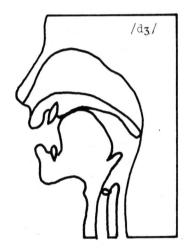 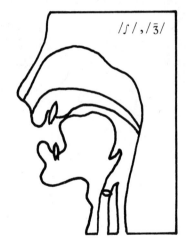

Chart 23: English /dʒ/, French /ʃ/, /ʒ/

---

   [3]In some words, the grapheme <u>ch</u> represents /k/: <u>Bloch</u>, ar<u>ch</u>éologie, <u>ch</u>romatique. The <u>ch</u> in <u>almanach</u> is silent: /almana/.

   [4]The letter <u>e</u> is added to <u>g</u> before <u>a</u>, <u>o</u>, <u>u</u> to indicate that <u>g</u> represents /ʒ/ rather than /g/: <u>mange</u>, <u>manger</u>, <u>mangions</u>, but <u>mange</u>ons, <u>mange</u>ait, <u>mange</u>able, <u>mange</u>ure (cf. /g/ in <u>mango</u>, <u>manganèse</u>). It is for the same purpose that a cedilla (̦) is added to <u>c</u> before <u>a</u>, <u>o</u>, <u>u</u> to show that the letter represents /s/ rather than /k/.

2. The affricates are a combination of a stop and a fricative. They do not exist in French except in a limited number of words, often proper names and words of foreign origin.

/ts/: Biarritz, quartz, tsar, Austerlitz[5]
/tʃ/: match, Tchécoslovaquie
/dʒ/: jazz, gin /dʒin/, adjoint, adjectif

3. Palatal consonants occur in English also as a result of pala-talization. When /t/, /d/, /s/, /z/ are followed by a yod, they become /tʃ/, /dʒ/, /ʃ/, /ʒ/ respectively. This type of phenomenon does not take place in French. See 16.1.4 for examples of palatalization in English.

19.5 Interferences

1. Pronouncing /s/ as /z/, or /z/ as /s/, especially in words that have cognates in English: ressembler */Rəzɑ̃ble/, possessif */pɔzɛsif/, inversion */ɛ̃vɛRzjɔ̃/, pensée 'pansy' */pɑ̃ze/, il dessine */ildɛzin/, philosophe */filɔzɔf/, décisif */dɛsisif/, exercice */ɛksɛRsis/, exécuter */ɛksɛkyte/, exode */ɛksɔd/.

2. Pronouncing a final -s which is silent, or not pronouncing a fi-nal -s which should be pronounced: chaos */kaos/, abus */abys/, devis */dəvis/, progrès */pRɔgRɛs/; tourne-vis */tuRnəvi/, terminus */tɛRminy/, maïs */mai/, Arras */aRa/.

3. Palatalizing /sj/ as /ʃ/ (or /ʃj/) in words ending in -tion, -ssion and their derived forms: négation */nɛgaʃjɔ̃/, procession */pRɔsɛʃjɔ̃/, national */naʃjɔnal/, sensationnel */sɑ̃saʃjɔnɛl/, professionnel */pRɔfɛʃjɔnɛl/, fonctionnaire */fɔ̃kʃjɔnɛR/.

4. By extension, palatalizing /sj/ in any other words: nous cessions */nusɛʃjɔ̃/, vous cassiez */vukaʃje/. Distinction among /sj/, /ʃ/, /ʃj/ as in the following verb forms must be maintained clear-ly: cessions-séchons-séchions, faussiez-fauchez-fauchiez, perciez-perchez-perchiez.

5. Palatalizing /zj/ as /ʒ/ (or /ʒj/) in words ending in vowel + sion and their derived forms: télévision */tɛlɛviʒjɔ̃/, décision */dɛsiʒjɔ̃/, occasionnel */ɔkaʒjɔnɛl/, provisionnel */pRɔviʒjɔnɛl/.

---

[5]Metz is pronounced /mɛs/.

Leçon 19
/s/, /z/
/s/, /z/+/j/

PRATIQUE

Première partie: /s/, /z/

Prise de conscience auditive

1. Ecoutez et comparez:

s entre voyelles	desert	désert
ss entre voyelles	dessert	dessert
s entre r et voyelle	inversion	inversion
s entre b et voyelle	observe	observe

    Ecoutez de nouveau les paires de mots anglais-français; vous
    remarquerez que la graphie s est prononcé /z/ en français dans
    le mot désert seulement, partout ailleurs ss ou s sont prononcés
    /s/. En anglais s est dit /z/ dans tous les mots.

Prise de conscience articulatoire

* 2. Dites le son /s/ prolongé en posant vos doigts au niveau de la
    pomme d'Adam; vous ne sentez pas de vibrations: /sss——/.
    Maintenant, dites le son /z/ de la même manière; vous sentirez
    des vibrations: /zzz∿∿/.
    Répétez maintenant les mots suivants après le modèle. Gardez
    les doigts sur la pomme d'Adam:

      désert -- sert -- dessert
      poison -- son -- poisson
      ils ont -- sont -- ils sont

Discrimination auditive

·3. Vous allez entendre une liste de 10 mots. Ils contiennent tous le
    son /s/ ou le son /z/. Vous mettrez le symbole du son que vous
    entendez dans la case correspondante.

      1 ☐   2 ☐   3 ☐   4 ☐   5 ☐

      6 ☐   7 ☐   8 ☐   9 ☐   10 ☐

    <u>Clé</u>: p.250

Exercices d'apprentissage

* 4. Répétez après le modèle les séries de mots suivantes. Dites partout un /s/ bien ferme.

    sert/dessert -- son/poisson -- saint/coussin -- ces/racé -- sur/assure

* 5. Répétez les paires suivantes en faisant bien le contraste /z/-/s/.

    désert/dessert -- poison/poisson -- cousin/coussin -- rasé/racé -- azur/assure

    taisons/taisson -- casons/cassons -- osons/haussons -- frisons/frisson -- cuisons/cuisson

* 6. Lisez, après le modèle, les paires de verbes suivantes. Faites bien la différence entre la liaison en /z/ et le son initial /s/.
    exemple: ils ont/ils sont
                /z/   /s/

    nous avons/nous savons -- nous ôtons/nous sautons -- nous errons/nous serrons -- nous osons/nous sauçons -- nous ombrons/nous sombrons -- nous oignons/nous soignons
    /wa/

I* 7. Situation: ces messieurs ne sont pas comme ces dames. Lisez chaque phrase après le modèle.

    Elles s'excitent et elles excitent.
    Ils s'inquiètent et ils inquiètent.
    Elles s'amusent et elles amusent.
    Ils s'ennuient et ils ennuient.
    Elles s'étonnent et elles étonnent.
    Ils s'endorment et ils endorment.

* 8. Répétez les paires suivantes en faisant bien le contraste /s/-/z/.

    la basse/la base -- la face/la phase -- il casse/il case -- sa race/ça rase -- il laisse/il lèse -- il hausse/il ose -- il vissé/il vise -- elles lissent/elles lisent -- elles sont douces/elles sont douze -- la Russe/la ruse

* 9. Lisez, après le modèle, les mots suivants. Notez que la graphie bs sera dite /ps/ partout.

    absent -- absence -- absoudre -- absolu -- absorber -- absurde -- absolution
    obsession -- obséquieux -- observer -- observatoire
    personne -- personnifie -- persistant -- persécution -- persuader

10. "Tord-langue":

    Deux heures sont passées: deux sœurs ont passé.
    Basile, assis sur le coussin de mon cousin, mange un poisson empoisonné.

Pour le désert cuisant, un dessert sans cuisson: sucettes
Suzette!
Douze douces Russes l'embrassent et cette ruse l'embrase!

Deuxième partie: /s/ et /z/ + yod

Prise de conscience auditive

11. Ecoutez et comparez:

passion	passion
nation	nation
mission	mission
expulsion	expulsion
vision	vision
lesion	lésion
version	version

Ecoutez de nouveau les mots français; vous remarquerez qu'on entend
les sons /s/ ou /z/ avant la terminaison /jɔ̃/.

/s/: passion, nation, mission, version, expulsion
/z/: vision, lésion

Ecoutez maintenant les mots anglais; vous remarquerez qu'on entend
les sons /ʃ/ ou /ʒ/ avant la terminaison /ən/.

/ʃ/: passion, nation, mission, expulsion
/ʒ/: vision, lesion, version

Prise de conscience articulatoire

* 12. Prononcez d'abord /s/--pointe de la langue près des dents, puis
/ʃ/--pointe de la langue plus en arrière, entre les alvéoles et
le palais: /sss—/, /ʃʃʃ—/.
Faites la même chose pour /z/ et /ʒ/: /zzz﹏/, /ʒʒʒ﹏/.
Prononcez maintenant les paires de syllabes suivantes:

si/chi -- zi/ji -- su/chu -- zu/ju

Dites maintenant les mots suivants. Attention: la pointe de la
langue doit rester près des dents jusqu'au moment où vous devez
prononcer /ɔ̃/.

scission -- mission -- édition
vision -- division -- décision

Exercices d'apprentissage

* 13. Répétez les mots suivants en gardant bien /s/ partout:

scission -- mission -- possession
tension -- pension -- répulsion -- excursion
patient -- quotient -- efficient
soucieux -- précieux -- les cieux

* 14. Lisez les paires suivantes après le modèle. Attention au contraste /ʃɔ̃/-/sjɔ̃/:

> nous séchons/nous cessions -- nous penchons/nous pensions --
> nous cachons/nous cassions -- nous touchons/nous toussions --
> nous fauchons/nous faussions -- nous fâchons/nous fassions --
> nous perchons/nous percions -- nous brochons/nous brossions

* 15. Répétez les paires suivantes en gardant bien /z/ partout:

> vision -- division -- occasion -- illusion -- élision --
> provision -- transfusion

* 16. Attention aux mots suivants:

> décision -- obsession -- possession -- concision -- circoncision

** 17. Faites l'adjectif en ajoutant la terminaison -ieux à chaque nom donné.
exemple:
> vous entendez: avarice
> vous dites: avaricieux
>
> vice -- grâce -- audace -- délice -- silence -- astuce --
> licence -- conscience -- caprice

** 18. Donnez le présent puis l'imparfait, première personne du pluriel, des verbes suivants.
exemple:
> vous entendez: agir
> vous dites: nous agissons/nous agissions
>
> finir -- obéir -- pâlir -- vieillir -- saisir -- choisir --
> chérir -- nourrir -- grandir -- réfléchir

** 19. Situation: votre voisin(e) fait quelque chose, mais ce n'est pas la première fois.
exemple:
> vous entendez: Je tousse.
> vous dites: Vous toussez (maintenant), et vous toussiez (déjà, hier).

/s/: je passe -- je chasse -- je pousse -- je glisse -- je classe --
je râtisse -- je rêvasse -- je régresse

/z/: je cause -- je pèse -- je glose -- je ruse -- je révise --
je nasalise -- j'ironise -- je rationalise

20. Faites l'adjectif en ajoutant la terminaison -nel /nɛl/ à chaque nom donné. Attention: /ɔ̃/ devient /ɔn/.
exemple:
> vous entendez: passion
> vous dites: passionnel

fonction -- convention -- occasion -- sensation -- exception --
provision -- profession -- prévision -- tradition -- constitution

/s/-/z/

I* 21.   Dialogue: Zézette et son cousin

Cécile-- Est-ce que la petite Zézette n'est pas un peu sosotte?

Maryse-- Je t'assure qu'elle n'est pas sotte, mais elle zézaye.

Cécile-- Observe-la: elle est assise toute seule dans son coin.

Maryse-- Je suis persuadée qu'elle s'ennuie.

Cécile-- Elle ressemble à une imbécile.

Maryse-- C'est absurde! Elle s'amuse à compter les dessins
du coussin.

Cécile-- Où sont ses parents? Ils ne s'occupent pas d'elle?

Maryse-- Ils sont très occupés: ils ont du travail toute la
journée.

Cécile-- Un samedi? Nous savons bien que nous avons tous congé.

Maryse-- C'est exact: les bureaux sont déserts.

Cécile-- Zézette se sent abandonnée: c'est pour ça qu'elle
zézaye.

Maryse-- Ils l'ont laissée avec son cousin.

Cécile-- Son cousin de treize ans? Mais c'est un polisson!

Maryse-- Tu as raison: ce matin, avec son pistolet à bouchon,
il a visé le chat et cassé un vase.

Cécile-- Et hier soir, Zézette et lui sont montés sur la table et
ils ont empoisonné les poissons rouges avec les restes
du dessert.

Maryse-- Quand les enfants s'ennuient, ils inquiètent les
grandes personnes...

Cécile-- Et quand ils s'amusent, ils les affolent.

-tion/-sion

I* 22.   Dialogue: maths et latin

Lucien-- As-tu fini ta version latine?

Martial--Non, je l'ai encore sous les yeux. Et toi, as-tu fait
tes multiplications?

Lucien-- J'ai fait mes multiplications, mais il me reste
six divisions.

Martial--Six divisions! Justes cieux! C'est de la perversion!

Lucien-- De la persécution: le prof veut que nous fassions
        des quantités d'opérations.

Martial--C'est comme avec les versions: il appelle ça
        de l'immersion.

Lucien-- Mon prof ne pense pas que nous réfléchissions assez.

Martial--Le mien déplore que nous saisissions si mal
        les perfections de Tacite.

Lucien-- Il veut nous initier à toutes les équations: pour que
        nous choisissions une profession prestigieuse.
        C'est son obsession.

Martial--Et nous, que nous agissions comme si la compréhension
        du latin était le comble de l'érudition. C'est sa
        passion.

Lucien-- Il veut que nous passions pour astucieux et ambitieux.
        Quelle illusion!

Martial--Et nous, minutieux et consciencieux. Quelle malédiction!

Lucien-- Ces profs, ils sont vicieux! c'est ma conviction.

Martial--C'est aussi ma conclusion, mon vieux.

Clé

	frisons	tesson	cuisson	rasé	coussin
	1. /z/	2. /s/	3. /s/	4. /z/	5. /s/
	haussons	azur	casons	valsa	Alsace
	6. /s/	7. /z/	8. /z/	9. /s/	10. /z/

Note: la graphie ls, assez rare, se prononce /lz/ dans trois
      mots: Alsace, Elsa, balsa.

20. LA DETENTE CONSONANTIQUE LES GEMINEES L'ASSIMILATION CONSONANTIQUE

PROFIL

20.1 Articulation of Final Consonants

1. In Lesson 17, we mentioned that the word-final /l/ is clearly released in French whereas its counterpart in English is not. The same can be said of all the final consonants in the two languages. In French they are pronounced fully and released clearly, as in initial and medial positions. In English, however, they are "swallowed," that is, the articulators are formed but the consonant is not released completely. In a word like help, for example, the lips are closed for /p/ but are not opened again to release the consonant, while in the French word palpe, the lips are rapidly separated at the end of the final /p/ and the consonant is fully released. This difference in the articulation of final consonants is most noticeable with voiceless stops. Compare the /p/, /t/, /k/ of the following English and French words.

coop-coupe	west-ouest
cap-cape	rock-roc
not-note	park-parc

2. The presence or absence of a final consonant is an important feature of French morphology, and many contrasts will be lost if the learner "swallows" the final consonant. Some beginning students may not release /d/ and pronounce vendent as [vãd⁻]. They may also put the tongue in position for /d/ in vend even though they know it is not pronounced. The net result is that in their speech vend and vendent are pronounced almost alike, and contrasts such as répond-répondent, rompt-rompent, prêt-prête, and long-longue are lost.

3. In French, all voiced final consonants are voiced almost as fully as in initial and medial positions. On the other hand, voiced final consonants in English are not only incompletely released but are often partially devoiced. Again, this is most noticeable with stops, but you should be able to hear the difference with other consonants as well. Compare the following.

robe-robe	Eve-Yves
absurd-absurde	pays-pèse
mod-mode	large-l'âge
dig-digue	same-sème

251

4. In order to learn the full release of final consonants, you
will need to insert another sound after them--just slightly--and eventu-
ally drop the "supporting" sound. For voiceless stops, you might insert a slight /h/ at the end, then drop it once you have learned to
release the final consonant: cap [k a pʰ]⟶[kap], note [nɔtʰ]⟶[nɔt],
roc [Rɔkʰ]⟶[Rɔk]. For all voiced consonants, you might add a slight
/ə/ after the consonant so that it will be fully voiced and released,
and then drop the /ə/: bague [bagə]⟶[bag], corde [kɔRdə]⟶[kɔRd],
système [sistɛmə]⟶[sistɛm], and so on.

20.2 The Geminates

A geminate (géminée) is a consonant that is pronounced longer than a
single consonant. In English, the /m/ and /p/ in summon, appear are of
normal, short duration. But in some men, ripe pear, they are longer: /mm/,
/pp/. Geminates also occur in French, and are articulated with greater muscular tension than in English. They arise from several different sources.

1. Two words are pronounced together, the final consonant of the
first and the initial consonant of the second being the same.

il l'a; Paul lit; Robert rit; vingt-trois

2. Two identical consonants come into contact with each other due
to the deletion of /ə/ between the two. This is the most common source
of geminates.

nettété; là-dedans; une nuit; écoute-t-il?;
il préparera; tu le lis; pas de danger; comme moi

3. The word-initial ill-, imm-, inn-, irr- are sometimes geminated,
especially in slow and/or careful and emphatic speech.

/il(l)/: illégal, illuminer, illimité, illusoire
/im(m)/: immonde, immense, immerger, immédiat
/in(n)/: inné, innavigable, innomé, innover
/iR(R)/: irréparable, irrésolu, irrégulier, irrité

4. The graphemes rr in the future and conditional forms of courir,
mourir, and verbs derived from quérir are geminated. See 6.3.1.

5. The first consonant of a word bearing the accent d'insistance
is geminated. The consonant in liaison before the emphasized word may
also be lengthened (the last example below).

Non!; Vous?; C'est ravissant; C'est barbant!;
C'était moi; C'est idiot!

6. In affected speech, some consonants may be geminated, as in
the ll of cher collègue, une villa. This style should not be imitated
until you have acquired sufficient "feel" for different speech styles

and levels.

20.3 Remarks on the Orthographic Representation of /g/

Except for the full voicing and release in the final position, to be practiced in this lesson, the consonant /g/ does not present articulatory problems as such. Many errors arise, however, due to faulty sound-symbol association. The normal orthographic representation is as follows.

g   (before a, o, u) garder, déguster, hexagone[1]
gu   (before i, e) guide, guerre, fatigue
gg   aggraver, agglomération

1. The grapheme gg in suggérer and all words derived from it represents /gӡ/, not */ӡ/.

> suggère, suggérons, suggestion, suggestif,
> suggestibilité

2. The grapheme gu represents /gw/ or /gɥ/ (labialized /g/, that is, /g/ pronounced with simultaneous rounding of lips) in a few words. Cf. the grapheme qu discussed in 18.5.2.

> /g/: fatigué, anguille (the /g/ is not labialized)
> /gw/: jaguar, lingual, Guadeloupe
> /gɥ/: aiguille, linguiste, linguistique, ambiguïté
>   needle

3. The word-final /g/ is normally represented by -gue (for -g pronounced /g/, see Appendix B). If an adjective ends in -gu in the masculine, it adds -ë rather than -e to the feminine form. The two forms are pronounced alike.

> ambigu-ambiguë, aigu-aiguë; contigu-contiguë,
> exigu-exiguë (cf. fatigue, bilingue, longue)

4. The grapheme ex followed by a vowel usually represents /gz/. See 18.5.3.

5. The grapheme c in second and its derived forms represents /g/, not /k/. By assimilation, the /s/ is also voiced, as /z/; i.e., second is often /zgõ/.

> second, seconder, secondement, secondaire

---

[1]Before the vowel letters i, e the grapheme g represents /ӡ/: gens, géant, gibier. This is the reason for the insertion of e in nous mangeons, je corrigeais, le plongeon, just as c /s/ must become ç in nous commençons, je plaçais, la façade.

20.4 Assimilation of Consonants

In normal, rapid speech, when two different consonants come into contact with each other, the pronunciation of one is often affected by the other due to articulatory inertia. This phenomenon, very common in all languages, is known as assimilation. The two consonants in contact may be within the same word or in two different words. Assimilation is easier to observe in the former.

1. Matching in voicing. When a voiced consonant is followed by a voiceless consonant, it is often pronounced with more tense muscles[2] and becomes partly voiceless, shown by the diacritical sign [˳] usually placed under the phonetic symbol: [b] in bow, robot, abduct but [b̥] in absent, abstract, obtain; [z] in newsboy, has done but [z̥] in newspaper, has to. Similarly, a voiceless consonant before a voiced one may be articulated with less muscular tension, shown by the sign [˯]: [t] in at ten, got caught but [t̬] in at dawn, got done. Nasals, liquids, and semiconsonants are usually affected by the preceding sound. Normally voiced, they become partly voiceless after a voiceless consonant: [n] in nail, Agnes but [n̥] in snail, acne; [l] in blame, gleam but [l̥] in plane, clean; [j] in beauty, view but [j̥] in pure, cute. Assimilation affecting voicing is very prevalent in French. It works in the same way as in English, but the difference is more noticeable because French consonants are articulated with greater muscle tension. Here are typical examples.

/b/	[b]	obéir, abdiquer, robe noire
	[b̥], [p] →	absent, obtenir, observe, robe chère
/d/	[d̂]	médical, là-dedans
	[d̥], [t] →	médecin, là-dessus
/ʒ/	[ʒ]	je l'aime, rouge
	[ʒ̥]	je t'aime, rouge-pâle
/t/	[t]	vingt-cinq, vous êtes ici
	[t̬]	vingt-deux, vous êtes là
/s/	[s]	respect, on se tait
	[s̬]	Strasbourg, on se demande
/l/	[l]	bleu, ongle
	[l̥]	pleut, oncle
/R/	[R]	droit, vrai, cadre
	[R̥]	trois, près, quatre
/m/	[m]	flegme, prime
	[m̥]	snobisme, prisme
/j/	[j]	bière, Liège, d'hier
	[j̥]	pierre, siège, tiers

2. Matching in the point of articulation. We mentioned in 0.2.5 how the English /n/ shifts its point of articulation to match that of the following consonant: labiodental [ɱ] in converse, interdental [n̪] in month, alveolar [n] in send, velar [ŋ] in sink. This type of shift also occurs with /l/: it is interdental in health, alveolar in pelt,

---

[2]Voiced consonants are usually pronounced with weak muscular tension, while voiceless consonants are articulated with strong muscular tension.

velar in <u>milk</u>. This type of shift does not occur in French. The /l/ in words like <u>salve</u>, <u>slave</u>, <u>belge</u>, <u>calque</u> remains postdental through-out.[3]

3. <u>Matching in the manner of articulation</u>. In English, a stop followed by a fricative may fuse into a single sound, as an affricate. In French, however, such a sequence of sounds does not result in af-frication. Compare the pronunciation of the underlined consonants in rapid speech in English and French.

cu<u>pf</u>ul, ty<u>pe f</u>acile   le<u>t s</u>ee, ce<u>tte s</u>elle
tha<u>t sh</u>ell, ce<u>tte ch</u>aise   re<u>d z</u>one, gran<u>de z</u>one

One of the rare cases in which a change in the manner of ar-ticulation occurs in French concerns /g/. It is normally a velar stop, but it becomes /ŋ/, a velar nasal, when it is preceded and followed by nasal sounds because it is easier to keep the velic valve in lowered position throughout the articulation of the three sounds. Thus, in normal rapid speech, the <u>gue</u> represents /ŋ/ in phrases such as <u>langue moderne</u>, <u>longue main</u>, <u>bilingue norvégien</u>.

20.5 Interferences

1. "Swallowing" the word-final stops, i.e., the articulators are held in position for the sound but the mouth is not opened to release it: <u>attrape</u> */atRap⁻/, <u>type</u> */tip⁻/, <u>tulipe</u> */tylip⁻/, <u>tante</u> */tãt⁻/, <u>ouverte</u> */uvɛRt⁻/, <u>risque</u> */Risk⁻/, <u>bloc</u> */blɔk⁻/. Many English speakers also tend to devoice the voiced consonants in this position: <u>descendent</u> */dɛsãd̥⁻/, <u>laide</u> */lɛd̥⁻/, <u>bombe</u> */bõb̥⁻/, <u>robe</u> */Rɔb̥⁻/, <u>longue</u> */lõg̊⁻/, <u>épilogue</u> */epilɔg̊⁻/.

2. Inserting a slight /ə/ that should be deleted in normal speech and avoiding gemination: <u>extrêmǝment</u> */ɛkstRɛməmã/, <u>honnêtǝté</u> */ɔnɛtəte/, <u>pleurǝra</u> */plɔRəRa/, <u>tu lǝ lis</u> */tyləli/, <u>là-dǝdans</u> */ladədã/, <u>tu mǝ manques</u> */tyməmãk/, <u>cettǝ table·</u> */setətabl/.

3. Reducing a geminate to a single consonant: <u>il l'a vu</u> */ilavy/, <u>vingt-trois</u> */vɛ̃tRwa/, <u>tu mǝ manques</u> */tymãk/, <u>vous lǝ lisez</u> */vulize/, <u>pas dǝ dent</u> */padã/.

4. Failing to observe very common assimilation, especially within a word: pronouncing [b] instead of [p] in <u>observer</u>, <u>absent</u>, <u>absurde</u>, <u>obtient</u>, <u>absorber</u>, [d] instead of [t] (or [d̥]) in <u>médecin</u>, <u>ci-dessus</u>, [s] instead of [z] (or [s̬]) in <u>svelt</u>, <u>sǝcond</u> /zgõ/, <u>Alsace</u>, the second <u>s</u> in <u>Strasbourg</u>.

---

[3]In both French and English, the point of articulation for /k/ and /g/ shifts depending on whether they are followed by a front or a back vowel. See 18.1. Palatalization, which occurs commonly in English, is also a form of assimilation.

Leçon 20
Détente consonantique
Géminées
Assimilation
   consonantique

PRATIQUE

Première partie: détente consonantique

Prise de conscience auditive

1. Ecoutez et comparez:

    /p/,/t/,/k/
         à la fin d'un mot: cap   cape
                                      bet   bête
                                      sock   soc

    /b/,/d/,/g/
         à la fin d'un mot: lob   lobe
                                      seed   Cid
                                      bag   bague

    Ecoutez de nouveau: vous remarquerez que dans les mots français la
    consonne finale se détache nettement, elle "explose"; ceci est
    particulièrement net pour /p/, /t/, /k/. En anglais, au contraire,
    les consonnes finales ne sont pas explosives.

Prise de conscience articulatoire

* 2. Répétez les mots suivants après le modèle. Concentrez votre atten-
    tion sur ces deux points: vous tendez les muscles très fermement
    quand ils articulent la consonne finale, puis vous les détendez d'un
    coup avec explosion aussitôt après. Le mouvement tension→détente
    doit être très net: après /p/, /t/, /k/ faites entendre un petit
    souffle /h/; après /b/, /d/, /g/ faites entendre un petit /ə/.
    Répétez:

         cape /kap\ʰ/   bête /bɛt\ʰ/   soc /sɔk\ʰ/
         lobe /lɔb\ᵊ/   Cid /sid\ᵊ/   bague /bag\ᵊ/
         carpe /kaRp\ʰ/   Berthe /bɛRt\ʰ/   cirque /siRk\ʰ/
         gerbe /ʒɛRb\ᵊ/   corde /kɔRd\ᵊ/   nargue /naRg\ᵊ/

Discrimination auditive

3. Vous allez entendre une série de 10 mots. Mettez une croix dans la
    case qui correspond au mot entendu, s'il finit par une des consonnes
    /p, t, k, b, d, g/.

1 ☐   2 ☐   3 ☐   4 ☐   5 ☐

6 ☐   7 ☐   8 ☐   9 ☐   10 ☐

<u>Clé</u>: p.264

Exercices d'apprentissage

* 4. Répétez les mots suivants après le modèle:*

/p/: nappe -- cep -- nippe -- jupe -- coupe -- top -- lampe --
pompe -- guimpe

/t/: date -- sept -- vite -- fûtes -- doute -- sotte -- tante --
fonte -- plainte

/k/: Jacques -- sec -- pique -- Luc -- bouc -- coque -- manque --
donc -- cinq

/b/: crabe -- plèbe -- bribe -- cube -- adoube -- globe -- jambe --
tombe -- limbes

/d/: jade -- laide -- vide -- Sud -- coude -- mode -- pende --
sonde -- dinde

/g/: dague -- lègue -- digue -- fugue -- fougue -- vogue -- langue --
longue -- dingue

** 5. Donnez le féminin des adjectifs suivants. Vous direz d'abord le
masculin, puis le féminin.
<u>exemple</u>:
<u>vous entendez</u>:   il est rond
<u>vous dites</u>:   il est rond/elle est ronde

laid -- blond -- sécond /zgõ/ -- grand -- profond
lent -- sot -- pétit -- méchant -- prêt -- adroit
long

** 6. Mêmes instructions que pour 5. Attention à la prononciation de /R/.
<u>exemple</u>:
<u>vous entendez</u>:   il est sourd
<u>vous dites</u>:   il est sourd/elle est sourde

lourd -- sourd -- bavard -- débrouillard
fort -- vert -- court -- désert

** 7. a) Dans les adjectifs suivants, le masculin et le féminin se prononcent de la même façon. Répétez:

direct/directe -- abject/abjecte -- correct/correcte --
intact/intacte -- compact/compacte

**   b) Répétez le masculin et donnez le féminin des adjectifs suivants.
Attention de prononcer nettement les deux consonnes finales au
féminin.

_____

*On peut aussi réviser les mots en <u>-ique</u>. Leçon 7, ex. 9.

exemple:

    <u>vous entendez</u>:   exact /ęgza/
    <u>vous dites</u>:   exact/exacte /ęgzakt/

    inexact -- suspect -- succinct -- distinct

8. Donnez le féminin des noms suivants.
exemple:

    <u>vous entendez</u>: c'est un [géant]
    <u>vous dites</u>: c'est une [géante]

    /d/: Allemand -- Flamand -- marchand -- gourmand -- Normand
    /t/: client -- parent -- étudiant -- adolescent -- militant --
         chat (chatte) -- avocat -- Auvergnat -- saint -- adjoint

* 9. Lisez les paires de mots suivantes après le modèle en faisant très
attention de prononcer nettement la, ou les consonnes finales:*

    /s/: chasse/chaste -- masse/masque -- fils/fisc -- dix/disque --
         bus/busc
    /k/: Pâques/pacte -- sec/secte
    /l/: pâle/palpe -- hâle/halte
    /R/: gare/garde -- bourre/bourde -- barre/barde
         or/orgue -- mort/morgue -- verre/vergue
         serre/serpe -- père/perte -- pore/porte -- car/carte --
         par/parc -- cire/cirque

10. Situation: <u>séduction ratée</u>. Mettez les verbes au pluriel, troisième
personne.
exemple:

    <u>vous entendez</u>: il sort
    <u>vous dites</u>: ils sortent

    il attend   elle descend
    il prétend   elle répond
    il promet   elle permet
    il pressent   elle consent
    il ment   elle entend
    il perd   elle rompt
    il sort   elle part

I* 11. Situation: <u>résolutions du Nouvel An</u>. Changez la structure de chaque
phrase en suivant le patron.
exemple:

    <u>vous entendez</u>: Je dois partir.
    <u>vous dites</u>: Il faut que je parte.
    <u>ou au négatif</u>:
    <u>vous entendez</u>: Je ne dois pas partir.
    <u>vous dites</u>: Il ne faut pas que je parte.

---

*On peut aussi réviser les mots en <u>-iste</u>. Leçon 7, ex. 6.

Je dois perdre cinq kilos.
Je dois rendre ces livres.
Je dois correspondre avec mes amis.
Je dois défendre mes opinions.
Je ne dois pas me battre avec mon frère.
Je dois me détendre de temps en temps.
Je ne dois pas me morfondre tout(e) seul(e).
Je dois me repentir de mes erreurs.
Je dois me mettre à travailler.

* 12. Chiffres. Lisez les chiffres suivants après le modèle. Prononcez
bien le /t/ à la fin de <u>vingt</u> partout:

        22 -- 24 -- 25 -- 26 -- 27 -- 29
        32 -- 34 -- 35 -- 36 -- 37 -- 39
        42 -- 44 -- 45 -- 46 -- 47 -- 49
        52 -- 54 -- 55 -- 56 -- 57 -- 59
        70 -- 72 -- 74 -- 75 -- 76 -- 77 -- 79

Note: le <u>t</u> n'est pas prononcé dans 20, 80, 90 et dans les chiffres
        de <u>81</u> à 89 inclus. 21 est lu <u>vingt et un</u> (liaison) et
        81 est lu <u>quatre-vingt-un</u> (pas de liaison).

Deuxième partie: géminées

Prise de conscience auditive

13. Ecoutez et comparez:

                il tira   il tir¢ra
                elle attend   ell¢ l'attend
                tu mens   tu m¢ mens
                tu tais   tu t¢ tais
                il vient dîner   il vient d¢ dîner

Ecoutez de nouveau: vous remarquerez que, dans les phrases de la
colonne droite, il y a comme une pause, un temps d'arrêt sur les
consonnes soulignées. Parce que le /ə/ n'est pas prononcé, ces
deux consonnes semblables se trouvent côte à côte.

Prise de conscience articulatoire

* 14. Lisez après le modèle les paires suivantes. L'effet de rythme est
le même dans la première et la deuxième partie de chaque paire:
prolongez le contact des articulateurs pour chaque géminée soulignée.

<u>langue derrière les dents</u> /s/: pass¢-la/pass¢ ça
<u>langue derrière les dents</u> /n/: un¢ motte/un¢ note
<u>lèvres fermées</u> /m/: comm¢ toi/comm¢ moi
<u>langue derrière les dents</u> /d/: pas d¢ poil/pas d¢ dent
<u>langue derrière les dents</u> /t/: tu l¢ sais/tu t¢ tais
<u>langue contre luette</u>* /R/: il céd¢ra/il serr¢ra

---

*<u>R</u> géminé: voir Leçon 6, ex. 12.

Discrimination auditive

15. Vous allez entendre 8 séries de trois phrases ou fragments de phrases. Vous mettrez une croix dans la case correspondante chaque fois que la phrase entendue contiendra une géminée.

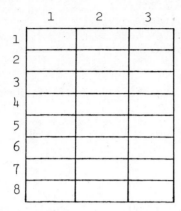

	1	2	3
1			
2			
3			
4			
5			
6			
7			
8			

<u>Clé</u>: p.264

Exercices d'apprentissage

* 16. Répétez les mots suivants après le modèle:

       une note -- une nappe -- une natte -- une noix -- une niche
       une bonne note -- une bonne noix -- une bonne nuit
       comme moi -- comme Molière -- comme Marot -- comme Malraux
       il lance -- il lave -- il lit -- il loue -- il laisse -- il lasse

** 17. Répétez les verbes suivants et redites-les en introduisant le pronom réfléchi <u>se</u>.
   <u>exemple</u>:
      <u>vous entendez</u>:   on sauve
      <u>vous dites</u>:   on sauve/on s<del>é</del> sauve

      on saigne -- on sèche -- on sert -- on signe -- on salue --
      on sucre -- on survit

** 18. Répétez les verbes suivants et redites-les en introduisant le pronom réfléchi <u>te</u>.
   <u>exemple</u>:
      <u>vous entendez</u>:   tu tasses
      <u>vous dites</u>:   tu tasses/tu t<del>é</del> tasses

      tu tiens -- tu tires -- tu traînes -- tu trompes -- tu trouves --
      tu trahis -- tu tues

** 19. Répétez les verbes suivants et redites-les en introduisant le pronom personnel objet <u>me</u>.
   <u>exemple</u>:

```
vous entendez:     vous maîtrisez
vous dites:        vous maîtrisez/vous mé̸ maîtrisez
```

vous manquez -- vous montrez -- vous mentez -- vous massez --
vous maquillez -- vous mainté̸nez -- vous maudissez

20. Chiffres. Numbers

*   a) Lisez les chiffres suivants en prononçant bien les géminées:

23 -- 33 -- 43 -- 53 -- 63 -- 73

**   b) Lisez les opérations suivantes et donnez la solution.
       exemple: 33 + 32 = 65
               trente-trois plus trente-deux égalent soixante-cinq
               65 - 33 = 32
               soixante-cinq moins trente-trois égalent trente-deux
    Commencez.
         23 + 43 =   ;   32 + 43 =   ;   34 + 23 =   ;
         69 - 46 =   ;   58 - 33 =   ;   75 - 42 =

21. Situation: vous prévenez votre amie que ses petites cousines
sont en train d'essayer toutes ses affaires.
exemple:
       vous entendez (pensez): Elles mettent sa robe.
       vous lui dites: Elles mettent ta robe.

Elles mettent ses gants.   Elles mettent ses bas.
Elles mettent ses souliers.   Elles mettent sa chemise.
Elles mettent son chapeau.   Elles mettent sa perruque.
Elles mettent son pyjama.   Elles mettent ses soutien-gorge.

22. Situation: que vendent les épicières en France? Vous répondez
en faisant les substitutions indiquées.

     Elles vendent [des biscuits].

des bonbons -- des nouilles -- des biscottes -- des conserves --
des fruits secs -- de l'huile -- du vinaigre -- du riz --
des épices

* 23. Répétez les paires de mots ou de phrases suivantes en faisant
nettement la distinction entre consonne simple et géminée,
nécessaire au sens:

/l/: elle avait/elle lavait -- elle imite/elle limite --
      il accoste/il l'accoste -- il achève/il l'achève
/n/: une essence/une naissance -- une oie/une noix
/t/: cet ail/cette taille -- cet ami/sept tamis --
      cet art/cette tare -- cet as/cette tasse --
      cet axe/cette taxe -- sept ans/sept temps --
      cette ère/cette terre
/d/: pas d'âme/pas dé̸ dame -- pas d'essai/pas dé̸ décès --
      pas d'Inde/pas dé̸ dinde -- pas d'œufs/pas dé̸ deux --
      pas d'essence/pas dé̸ décence -- pas d'yeux/pas dé̸ Dieu --
      pas de roi/pas dé̸ droit -- pas dé̸ rame/pas dé̸ drame

/j/

** 24. Répétez le présent des verbes suivants, puis donnez l'imparfait.
exemple:

    <u>vous entendez</u>:   vous croyez
    <u>vous dites</u>:   vous croyez/vous cro<u>y</u>iez

    vous voyez -- nous prévoyons -- vous noyez -- nous employons --
    vous envoyez -- nous nettoyons
    vous balayez -- nous payons -- vous essayez -- nous effrayons
    vous appuyez -- nous essuyons -- vous vous ennuyez

<u>Troisième partie</u>: assimilation consonantique

* 25. Lisez les mots suivants après le modèle:

    là-d<s>e</s>ssus -- méd<s>e</s>cin
    /t/   /t/
    anecdote -- seconde -- les écoles secondaires
    /g/   /zg/   /səg/

* 26. Lisez les mots suivants après le modèle. Dans ces mots, <u>s</u> se lit
/z/:

    Alsace -- balsa -- Elsa -- Jersey -- Strasbourg --
    /z/   /z/   /z/   /z/   /z/

    svelte-- subsister
    /z/   /z/

* 27. Devant une consonne sonore, <u>s</u> peut devenir sonore. Lisez en imitant
le modèle:

    on s<s>e</s> voit -- on s<s>e</s> veut -- on s<s>e</s> venge -- on s<s>e</s> vole
        /z/

    on s<s>e</s> dit -- on s<s>e</s> doit -- on s<s>e</s> demande -- on s<s>e</s> donne
        /z/

Détente consonantique
I* 28. <u>Dialogue</u>: <u>Raymonde est normande.</u>

    Loïc--   Raymonde m'irrite: elle ne répond jamais de façon
                prompte et directe.

    Frédéric--Tu interprètes mal les faits, Raymonde est normande.

    Loïc--   Et les Normands ne répondent ni oui, ni non?

    Frédéric--C'est correct: ils ne mentent pas. Ils disent:
                "p'têt' ben qu'oui, p'têt' ben qu' non."

    Loïc--   Quel tact! Elle est adroite: le Président consent
                qu'elle soit la remplaçante de son assistant.

    Frédéric--C'est épatant pour une débutante!

    Loïc--   Pas étonnant: elle est militante dans le bon parti
                politique.

Frédéric--Ceux qui se permettent cette insulte sont abjects!

Loïc--   On prétend qu'elle est intrigante et méchante.

Frédéric--Ceux qui le prétendent sont ineptes: elle mérite
          sa réussite.

Loïc--   En tous cas elle est débrouillarde: elle a fait
          ta conquête, et très vite!

Frédéric--Moi, j'admire les femmes intelligentes, belles et
          laides, bonnes et méchantes.

Géminées
I* 29. Dialogue: je viens de dîner.

Legros-- Tu viens dîner?

Lemaigre--Non, je viens de dîner.

Legros-- Tu manques d'assurance. Tu me mens?

Lemaigre--Tu me mets dans l'embarras.

Legros-- Tu mets du temps pour répondre.

Lemaigre--Tu te trompes.

Legros-- Tu trompes ton meilleur copain. Tu te trouves malin?
          Dès que nous ne mangeons plus, nous mourons.

Lemaigre--Nous mourrons de toute façon. Tu trouves ça drôle?

Legros-- Si tu penses ça, tu te tourmentes pour rien.

Lemaigre--Est-ce que tu te tairas? Tu me martyrises.

Legros-- Et toi, tu te tues. Fais comme moi: tu t'en tireras.

Lemaigre--En quoi ça peut te toucher que je jeûne?

Legros-- Assez de discours! Je n'ai pas le loisir de discuter.
          Bonne nuit!

Assimilation consonantique
I* 30. Dialogue: un médecin valseur

Marcel-- Allô! Elsa? On se voit tout à l'heure?

Elsa--   Impossible. Je fais un peu de température: je vais
          chez le médecin.

Marcel-- Mais c'est la seconde fois que tu vas chez le médecin
          cette semaine!

Elsa--   Oui. Je tousse, je mouche, je vois mal et je casse tout.

Marcel-- Je suis inquiet! Tu absorbes peut-être trop de cachets?

Elsa--   Au contraire, je veux voir si je peux subsister
          sans cachets.

Marcel-- Bon, mais dans ton cas, on se demande si c'est une
bonne idée. Qu'est-ce qu'il dit là-dessus, ton
médecin?

Elsa-- Je sais qu'il est d'accord.

Marcel-- Je doute que ce soit un bon médecin...

Elsa-- et moi je pense que c'est un excellent médecin.

Marcel-- Tu connais l'anecdote? On dit qu'il est meilleur
valseur que docteur.

Elsa-- C'est parce qu'il est Alsacien. Les gens de Marseille
se méfient des gens de Strasbourg.

Clé

	dague	algue	marre	marc	tard
1.	X				
2.		X			
3.					
4.				X	
5.					

	tarte	galbe	garde	gare	carpe
6.	X				
7.		X			
8.			X		
9.					
10.					X

	1	2	3			
1		X	X	elle a	ellȩ l'a	ellȩ lave
2		X		t'as pas	tapȩ pas	tapa
3	X			pas dȩ doute	pas toute	pas d'août
4		X		pas ça	passȩ ça	passa
5			X	nous pourrons	nous courons	nous courrons
6		X	X	qui tient	qui tȩ tient	qui tȩ teint
7	X		X	commȩ Maud	commȩ Aude	commȩ mauve
8	X			vous nȩ niȩriez pas	vous n'iriez pas	vous n'y riez pas

21. L'ALLONGEMENT DES VOYELLES ACCENTUEES
LES ENCHAÎNEMENTS VOCALIQUES

PROFIL

21.1 Vocal Length in Stressed Syllables

We mentioned in Lesson 1 that a vowel in stressed syllables, that is, at the end of a rhythmic group or of a word pronounced by itself, is longer than those in nonfinal positions. We also stated that the "stressed" vowel is twice as long as unstressed vowels. Actually, the length of the final vowel can vary depending on the nature of the final syllable. There are at least three cases in which a predictable <u>additional</u> lengthening can occur.[1]

1. An oral vowel in a closed syllable that ends in /R/, /z/, /v/, /ʒ/, /vR/ or /j/ is longer than an oral vowel in an open syllable or in a closed syllable ending in other consonants. In the examples below, the final vowel in the first phrase of each pair has normal lengthening (●), and that in the second phrase has additional lengthening (▬).

je s<u>ai</u>s/je s<u>er</u>s	tu b<u>ou</u>des/tu b<u>ou</u>ges
je d<u>o</u>nne/je d<u>or</u>s	la n<u>a</u>ppe/la n<u>a</u>ge
je p<u>ê</u>che/je p<u>è</u>se	un l<u>i</u>tre/un l<u>i</u>vre
le cur<u>ieu</u>x/la cur<u>ieu</u>se	le p<u>oi</u>ds/le p<u>oi</u>vre
il ach<u>è</u>te/il ach<u>è</u>ve	la n<u>ou</u>e/la n<u>ou</u>ille
elle p<u>eu</u>t/elles p<u>eu</u>vent	d<u>eu</u>x/d<u>eu</u>il

2. The vowels /o/, /ø/, /ɑ/ are longer in closed syllables than in open syllables.[2]

/o/-/ɔ/-/o:/:	sc<u>eau</u>-s<u>o</u>tte-s<u>au</u>te
	b<u>eau</u>-b<u>o</u>nne-B<u>eau</u>ne
/ø/-/œ/-/ø:/:	j<u>eu</u>-j<u>eu</u>ne-j<u>eû</u>ne
	v<u>eu</u>t-v<u>eu</u>lent-v<u>eu</u>le
/ɑ/-/a/-/ɑ:/:	t<u>a</u>s-t<u>a</u>che-t<u>â</u>che

3. Nasal vowels are longer in closed syllables than in open syllables; they are longer than oral vowels that do not come under (1) and (2).

---

[1]Some linguists recognize as many as three or four different lengths in the final syllable. For practical purposes it suffices to establish two, indicated by the signs ● and ▬ in our exercises. For unpredictable lengthening, limited to a few words having /ɛ:/, see 12.2.2.

[2]But /ɑ/ in almost all cases is replaced by /a/. See 10.4.2.

Compare the length of the final vowels below.

il <u>sent</u>/ils <u>sent</u>ent   elle <u>tend</u>/elle <u>tent</u>e
le <u>mont</u>/le <u>mond</u>e   il est <u>long</u>/elle est <u>long</u>ue
pat<u>ient</u>/pat<u>ienc</u>e   le <u>moins</u>/le <u>moind</u>re
il <u>vend</u>/ils <u>vend</u>ent   l'é<u>charp</u>e/l'é<u>chang</u>e

Vowel length is also predictable in English, but in a different way. The diphthongs are longer than monophthongs, and this long-short distinction is found in pairs like <u>feet-fit</u> /iĴ/-/I/, <u>late-let</u> /eĴ/-/ε/, <u>pool-pull</u> /uᵂ/-/U/, and <u>coast-cost</u> /oᵂ/-/ɔ/. A vowel is also longer before a voiced final consonant: <u>back-bag</u>, <u>feet-fees</u>, <u>mace-maze</u>, <u>tote-toad</u>. In a sentence, stressed syllables receive not only heavy stress but also a high pitch and lengthening: <u>PAUl and Ann wEnt to the mOvies at sEven</u>.

21.2 Linking of Vowels

1. In French, two identical vowels may come together within a single word. These vowels are pronounced in two "pulses" with smooth transition between the two, rather than a single, long vowel. The vowels /ii/, /ee/, /oo/, and /aa/ occur in the following words.[3]

ni<u>hi</u>lisme   <u>coo</u>rdonner
v<u>éhé</u>ment   <u>coo</u>pération
suppl<u>ée</u>r   Is<u>aa</u>c
z<u>oo</u>logie   Abr<u>aha</u>m

2. There are many words in which two different vowels are in contact: <u>arché</u>ologue, <u>véhi</u>cule, <u>séan</u>ce, <u>coagu</u>ler, <u>Noël</u>, <u>cohé</u>rent, <u>cruel</u>. In all these cases, the transition from one vowel to the next is effected smoothly without any kind of glottal catch or constriction (<u>le coup de glotte</u>), a slight and momentary closure or constriction of the vocal cords. As noted in 16.3, a yod is generated between /i/ and the following vowel: <u>pliure</u> /plijyR/, <u>client</u> /klijã/, <u>cendrier</u> /sãdRije/.

3. A succession of two vowels is relatively rare in English. When two vowels do come into contact, there is usually a glide /w/ or /j/ between the two, forming a diphthong with the preceding vowel. Compare the transition from one vowel to another in the following English and French words. Only the underlined parts are transcribed.

<u>coo</u>perate, <u>coo</u>pérer /koᵂɔ́/, /kǫǫ/
<u>zoo</u>logy, <u>zoo</u>logie /zoᵂɔ́/, /zǫǫ/

---

[3]<u>Alcool</u> is normally pronounced /alkɔl/, but in derived forms the <u>oo</u> may be pronounced /ǫ/ or /ǫǫ/: <u>alcoolisme</u>, <u>alcoolique</u>, <u>alcoolisé</u>. In <u>zoo</u>, the second vowel is raised to /o/ since it is in a word-final open syllable: /zǫo/. Words borrowed from English having two contiguous vowel letters do not have two vowel sounds: <u>spleen</u> /splin/, <u>meeting</u> /mitiŋ/, <u>football</u> /futbol/.

archaic, archaïque /kéᴶIk/, /kaik/
meander, méandre /miᴶǽn/, /meɑ̃/

4. In 5.2 we mentioned that French is spoken in terms of rhythmic groups and that all sounds inside each group are linked together. This means that not only consonants are linked to the following vowels across word boundaries, as in à quelle heure /akɛlœR/, il est ici /ilɛtisi/, but also that two consecutive vowels are linked. Compare the sentences below.

il a pris; il a appris   /ilapRi/, /ilaapRi/
j'étais là; j'ai été là /ʒetɛla/, /ʒɛɛtela/
tu l'as battu; tu l'as abattu /tylabaty/, /tylaabaty/

Linking also occurs when two different vowels are next to each other. Neither vowel becomes shortened or absorbed by the other,[4] and the transition from one to the other remains smooth, without any glottal catch or constriction.

j'ai eu tort /ʒɛytɔR/   on t'a entendu /õtaɑ̃tɑ̃dy/
il a été là /ilaɛtela/   tu l'as ôté /tylaɔte/

5. Linking also occurs between two rhythmic groups if they are relatively short. There is no pause or glottal catch between the two vowels, and the pitch changes from one level to another. The linking of vowels (absence of any pause) across the rhythmic boundary is shown by the marker ‿ in the transcriptions below.

Papa a fini.   /papa/ /afini/

Il a vendu une table.   /ilavɑ̃dy/ /yntabl/

On est allé à Toulouse.   /õnɛtale/ /atuluz/

6. Linking of a word-final consonant and the following vowel also occurs in English. In rapid speech, words like ward-robe, guard-rail, and brake-line (the sign - indicates syllabic division) may be articulated as war-drobe, guar-drail, and bra-keline since consonant clusters like /dr/ and /kl/ can be found in word-initial positions. Likewise, in I can't stand it, the last two words may be pronounced stan-dit. But in slow, emphatic speech, it is common to preserve word boundaries by inserting an open juncture as in night+rate, an+aim (cf. nitrate, a name) or a glottal stop [ʔ] as in getʔout!, anʔaim, not a name. The only common linking in most people's speech is after -r: the Far East, more and more, I paid for it.

_____

[4]Except in words like tu and y, in which the vowels /y/ and /i/ become semiconsonants /ɥ/ and /j/ before another vowel.

7. In English, vowels can also be linked in rapid speech. For example, in The fee is too expensive, fee and is, and too and expensive, may be linked. But you will note that this type of linking is quite different from the linking in French. It often results in the weakening of one of the two vowels, usually the second. In some cases, the second vowel is completely deleted. This is the way in which the shortened forms such as in I'm, she's, they're, you've have developed.

21.3 The h aspiré and Liaisons interdites

1. The letter h is not pronounced in French, but there are two kinds of words beginning with an h that behave differently in certain syntactic positions. One begins with an h non-aspiré. These words are pronounced in all positions as if the letter h were not there, permitting both elision and liaison: l'hôtel, mon hôtel, l'heure, les heures, j'habite, ils habitent.

The other, called h aspiré, permits neither elision nor liaison, as if words beginning with it had an invisible consonant. Note, in any case, that the term aspiré is a misnomer; phonetically it is silent, and has nothing to do with aspiration. Note below that if the preceding word ends in an e caduc, it must be pronounced fully and linked to the vowel after h in the following word. The absence of elision and liaison is shown by the diagonal bar (/).

le/héros, son/héros	/ləᴇRo/, /sõᴇRo/
ton/hall, ces/halls	/tõol/, /seol/
le/haut, en/haut	/ləo/, /ɑ̃o/
je/hais, la/haine	/ʒəᴇ/, /laɛn/

2. Most dictionaries mark words beginning with an h aspiré in one way or another in order to distinguish them from those (the majority) that have an h non-aspiré. Many words having an h aspiré are of Germanic rather than Latin origin, or they come from modern English or German. All words derived from a common base form with an h aspiré also have it at the beginning, except for héros: le/héros but l'héroïne, l'héroïsme, l'héroïque. See Appendix B for a list of common words that begin with an h aspiré.

3. Words used in citation forms also behave as though they began with an h aspiré, blocking both elision and liaison. The word onze also blocks liaison.

le/A et le B
les/o sont suivis d'une consonne
ces/"ah" expriment leur admiration
où sont les/onze étudiants?

4. In 2.2, we presented a list of cases where liaison must always be maintained. Learners of French cannot go wrong by simply observing the rules of liaisons obligatoires and never making liaison in all other cases. The "all other cases" involve the so-called liaisons facultatives

and <u>interdites</u>, the former referring to optional liaisons as in <u>vous
êtes allés voir les films américains</u>, and the latter to cases where
liaison must not be made, as in <u>et un héros</u>. The number of <u>liaisons
obligatoires</u> made depends on the speech level, style, and the age of the
speaker--generally speaking, the more formal the speech and the older
the speaker, the more liaisons are observed. Below is a list of liaisons
that are never made; vowel or consonant linking takes place in the
majority of cases.

    a) Before words beginning with an <u>h aspiré</u>, as discussed
        in 21.3.1.

    b) Before words used in citation form and before the
        word <u>onze</u>, as discussed in 21.3.3.

    c) After a singular noun or a proper name.

        l'étudiant/américain   Robert/est là
        un appartement/à louer Jean/est venu
        un mot/étrange   Charlot/a sommeil

        Exceptions occur in fixed phrases such as <u>nuit et jour</u>,
        <u>mot à mot</u>, <u>pot au feu</u>, <u>vis à vis</u>, <u>accent aigu</u>.

    d) After an interrogative adverb.

        Comment/avez-vous fait cela?
        Quand/arrive le train?

        Exceptions are <u>Comment allez-vous?</u> referring to health or as a
        greeting (<u>obligatoire</u>) and <u>Quand est-ce que</u> (<u>facultative</u>).

    e) After the conjunction <u>et</u>.

        Paul et/Anne   lui et/elle
        Marie et/André   on vient et/on entre

    f) In the plural forms of compound words.

        moulins/à vent   arcs/-en-ciel
        salles/à manger

    g) After a plural noun subject.

        Ces gens/ont vu le film.
        Les autres/allaient au théâtre.
        Vos voisins/attendent le train.

    h) After <u>on</u>, <u>ils</u>, <u>elles</u> in inversion, when they are followed
        by a past participle or an infinitive.

        Va-t-on/attendre ici?
        Ont-ils/eu sommeil?
        Peuvent-elles/écouter cela?

21.4 Interferences

1. Insufficient lengthening of an extra-long final stressed vowel, especially due to a weak release or lack of release of the final consonant: tout le monde */tulmõ^d/, ils le peuvent */illəpœ^V/, elles descendent */eldẹsã^d/, ils sentent */ilsã^t/, mensonge */mãsõ^ʒ/, la fouille */lafu^J/, l'oeil */lœ^J/.

2. Within words, attempting to separate two contiguous vowels by inserting a glottal catch or a glide: nihilisme */niˀilism/, vehicule */vẹˀikyl/, véhément */vẹˀemã/, coordonné */kọˀọRdọne/; coopérer */kọ^WọpẹRe/, Noël */nọ^Wɛl/, océan */ọsẹ^Jã/, créer */kRẹ^Je/, séance */sẹ^Jãs/.

3. Attempting to keep word boundaries within a rhythmic group by inserting a slight pause or a glottal catch: j'ai été là */ʒˌɛˀẹtẹla/, tu as eu tort */tyaˀytɔR/, il l'a attendu */illaˀatãdy/. Also between short rhythmic groups: Papa a avalé */papaˀ//aˀavale/, Maman est partie */mamãˀ/ /epaRti/.

4. Inserting a glottal stop or constriction before words beginning with an h aspiré instead of linking the vowels smoothly: le héros */ləˀẹRo/, ma hache */maˀaʃ/, un hibou */ɛ̃ˀibu/, la Haie */laˀɛ/, dans ce hall */dãs(ə)ˀol/, en haut */ã˙ˀo/, le handicap */l(ə)ˀãdikap/.

5. Confusing the h aspiré and non-aspiré in elision and liaison: les Hollandais */lezọlãdɛ/, en haut */ã˙no/, le huguenot */lygno/, la hiérarchie */ljẹRaRʃi/, l'horloger */ləɾRlọʒe/, les hébreux */leẹbRø/, l'huile */laɥil/, un hexagone */ɛ̃gzagɔn/.

PRATIQUE

Première partie: allongements des voyelles accentuées

· Prise de conscience auditive

1. Ecoutez et comparez:

il file...   ils firent...
elle pêche...   elle pèse...
tu truffes...   tu gruges...

Ecoutez de nouveau: dans chaque paire, vous entendrez des voyelles
de trois durées différentes. Le /i/, /ɛ/, /y/ des pronoms personnels,
inaccentué, est court; le /i/, /ɛ/, /y/ des verbes <u>file</u>, <u>pêche</u>,
<u>truffes</u> est deux fois plus long; le /i/, /ɛ/, /y/ des verbes <u>firent</u>,
<u>pèse</u>, <u>gruges</u>, parce que suivi d'une consonne allongeante, est encore
plus long.

Prise de conscience articulatoire

* 2. Répétez après le modèle en allongeant délibérément les voyelles
accentuées.

<u>D'un temps:</u> ▪
     il file -- elle pêche -- tu truffes
<u>De deux temps:</u> ▬
     il firent -- elle pèse -- tu gruges

Répétez les paires:

     il file/ils firent -- elle pêche/elle pèse --
     tu truffes/tu gruges

Exercices d'apprentissage

* 3. Répétez les séries de verbes suivantes en allongeant la voyelle
accentuée ▪ :

/a/: il tape...   il chasse...   il valse...
/ɛ/: il cède...   il sèche...   il cherche...
/œ/: il gueule...   il meuble...   il peuple...
/i/: il pique...   il signe...   il dicte...
/y/: il buche...   il brûle...   il sculpte...
/ɔ/: il choque...   il sonne...   il offre...
/u/: il soupe...   il tousse...   il coule...

* 4. Répétez les séries de verbes suivantes. Les voyelles sont plus allon-
gées que dans 3, parce que la consonne finale est une consonne
allongeante (/j, v, z, ʒ, R, vR/) ▬ :

```
/a/:   il lave...     il nage...     il navre...
/ɛ/:   il veille...   il neige...    il sèvre...
/œ/:   il cueille...  il pleure...   il œuvre...
/i/:   il prive...    il tire...     il livre...
/y/:   il cuve...     il ruse...     il jure...
/ɔ/:   il innove...   il loge...     il dort...
/u/:   il trouve...   il blouse...   il ouvre...
```

* 5. Répétez les séries de verbes suivantes en allongeant la voyelle accentu-
      uée ▬. Ces voyelles sont toujours très allongées, quelle que soit
      la consonne qui suit.

```
/o/:   il ose...     il rôde...     il chauffe...
/ø/:   il jeûne...   il creuse...
/ã/:   il danse...   il mange...    il entre...
/õ/:   il monte...   il songe...    il gonfle...
/ɛ̃/:   il pince...   il singe...    il cintre...
```

* 6. Répétez les paires suivantes en allongeant davantage la voyelle
      accentuée du deuxième verbe de chaque paire.

```
/a/:   il tape/il taille -- il casse/il case -- il gagne/il gare
/ɛ/:   il règne/il rêve -- il laisse/il lèse -- il gèle/il gère
/i/:   il pique/il pille -- il visse/il vise -- il fiche/il fige
/y/:   il juche/il juge -- il fume/il fuse -- il dupe/il dure
/u/:   il broute/il brouille -- il bouche/il bouge -- il coûte/il court
```

** 7. <u>Situation</u>: vous entendez un ordre. Vous répondez que vous y
       obéissez. Prononcez le /ə/ de <u>je</u> devant une consonne.
       <u>exemple</u>:

```
       vous entendez:   Sonnez! (▪)
       vous dites:      Je sonne.

       Entrez! (▬)    Marchez! (▪)    Fumez! (●)    Bougez! (▬)
       Dansez! (▬)    Tombez! (▬)     Pleurez! (▬)  Cessez! (▪)
       Sortez! (▬)    Filez! (●)
```

8. Répétez les expressions suivantes en faisant les allongements de
    voyelles appropriées.

*   a) Intonation montante:

```
    2 syllabes:  Bonjour!   D'accord?   Vous dites?   Cette dame?
                 Vraiment?   C'est tout?   Ça va?   Déjà?
    3 syllabes:  Un peu plus?   C'est-à-dire?   Pas encore?
                 Elle arrive?   Ça va bien?   C'est assez?
                 Encore toi?   Vous partez?
```

*   b) Intonation descendante:

```
    2 syllabes:  Bonsoir!   Silence!   Bonne route!   Quelle chance!
                 Tout droit.   Ça va.   Bravo!   Très bien.
```

3 syllabes: Entrez donc.   Quel dommage!   Reviens vite!

Quel bonheur!   Pas du tout.   C'est à moi.

S'il vous plaît.   Bonne année!

Note: Bonjour↗ non suivi du nom de la personne à qui on
s'adresse est senti comme gai, désinvolte mais gentil.
Bonjour↘ dans le même contexte est senti comme abrupt,
coupant et impoli.

9. Lisez les proverbes suivants en surveillant l'allongement des
voyelles accentuées.

Noblesse oblige.
Tel père, tel fils.
A père avare, fils prodigue.
Qui va à la chasse, perd sa place.

Patience et longueur de temps
Font plus que force ni que rage. (La Fontaine)

Deuxième partie: enchaînements vocaliques

Prise de conscience auditive

10. Ecoutez et comparez:

il l'a pris   il l'a appris
il a une chatte   il a eu une chatte
j'étais malade   j'ai été malade
je l'ai conduit   je l'ai éconduit

Ecoutez de nouveau: vous remarquerez que dans la deuxième phrase
de chaque paire une voyelle est double; elle n'est pas répétée,
il n'y a pas de pause entre les deux voyelles, il n'y a pas de
coup de glotte. Un coup de glotte s'entendrait ainsi:

il l'a ˀappris
il a eu ˀune chatte
j'ai ˀété malade
je l'ai ˀéconduit

Prise de conscience articulatoire

* 11. Répétez les phrases suivantes après le modèle. Le ton reste au même
niveau, le volume de la bouche ne change pas, la voyelle est tenue
pendant le temps qu'il faudrait pour deux voyelles:

/aa/:   il l'a appris
/yy/:   il a eu une chatte
/ee/:   j'ai été malade
/ee/:   je l'ai éconduit

* 12. Répétez les phrases suivantes après le modèle. Passez d'une voyelle à l'autre sans pause, sans coup de glotte.

/ao/:   il l'a ôté
/yɛ̃/:   il a eu un chat
/ey/:   j'ai eu chaud
/eu/:   je l'ai ouvert

* 13. Répétez les phrases suivantes après le modèle: l'enchaînement passe d'un groupe rythmique à l'autre, il n'y a pas de pause, mais la voix descend de ton.

/ᵃa/:   Papa a fini.

/ʸy/:   Il a vendu une chatte.

/ᵉe/:   Il est resté étourdi.

/ᵃo/:   Il s'en alla au Pérou.

/ʸɛ̃/:   Il a vendu un chat.

Exercices d'apprentissage

A.   Deux voyelles identiques

/aa/

* 14. Répétez après le modèle les paires suivantes.

il l'a battu/il l'a abattu -- il l'a cueilli/il l'a accueilli --
il l'a rangé/il l'a arrangé -- il l'a sorti/il l'a assorti --
il l'a cru/il l'a accru -- il l'a dressé/il l'a adressé

** 15. Répétez les verbes suivants et mettez-les au passé composé.
exemple:
   vous entendez: elle l'achète
   vous dites: elle l'achète/elle l'a acheté

elle l'attache -- elle l'acquitte -- elle l'amène --
elle l'adore -- elle l'aborde -- elle l'affronte

/ee/

* 16. Répétez après le modèle les paires suivantes.

je l'ai levé/je l'ai élevé -- je l'ai chauffé/je l'ai échauffé --
je l'ai mis/je l'ai émis -- je l'ai tendu/je l'ai étendu --
je l'ai tiré/je l'ai étiré -- je l'ai teint/je l'ai éteint

** 17. Répétez les verbes suivants et mettez-les au passé composé.
exemple:
   vous entendez: je l'écoute
   vous dites: je l'écoute/je l'ai écouté

je l'échange -- je l'écoule -- je l'égoutte -- je l'épuise --
je l'éraille -- je l'ébranche

18. <u>Situation</u>: vous perdez vos mauvaises habitudes. Lisez les phrases suivantes:

   Autrefois j'éternuais sans cesse; hier j'ai éternué deux fois.
   Autrefois j'économisais peu; hier j'ai économisé beaucoup.
   Autrefois j'errais toute la journée; hier j'ai erré cinq minutes.
   Autrefois j'étudiais très mal; hier j'ai étudié très bien.
   Autrefois j'échouais souvent; hier j'ai échoué une fois.
   Autrefois j'existais à peine; hier j'ai existé avec passion.

19. Donnez le passé composé des expressions suivantes.
   exemple:
   <u>vous entendez</u>: je suis sage
   <u>vous dites</u>:   j'ai été sage

   je suis malade -- je suis élu(e) -- je suis ravi(e) --
   je suis retenu(e) -- je suis contrarié(e)

B. Deux voyelles différentes

   /eɛ̃/
* 20. Utilisez la phrase-patron en substituant les différents noms donnés;
   Ecoutez le modèle et répétez:

   J'ai un chat.

   chien -- coq -- bœuf -- lion -- loup

   /ey/
* 21. Comme 20. Ecoutez le modèle et répétez:

   J'ai une chatte.

   chienne -- poule -- vache -- lionne -- louve

** 22. Répétez les phrases suivantes et mettez-les au passé composé.
   exemple:
   <u>vous entendez</u>: J'ai chaud.
   <u>vous dites</u>:   J'ai chaud; j'ai eu chaud.

   J'ai faim.   J'ai soif.   J'ai sommeil.   J'ai peur.
   J'ai tort.   J'ai froid.   J'ai raison.

   /e/
   /a/ } voyelle
   /ɔ̃/

** 23. Donnez le passé composé des verbes suivants. Ne faites pas la
   liaison facultative entre <u>ont</u> et le participe passé.
   exemple:
   <u>vous entendez</u>: elles aiment
   <u>vous dites</u>:   elles ont aimé

   j'attends -- il aime -- elles imaginent -- j'improvise --
   ils usent -- elle ose -- j'ouvre -- il espère

/ø/ voyelle

I* 24.   Situation: <u>si je veux, je peux</u>. Lisez les phrases suivantes après le modèle.

        Si je veux entendre, je peux écouter.

        Si je veux entrer, je peux attendre.

        Si je veux éclairer, je peux allumer.

        Si je veux investir, je peux emprunter.

        Si je veux exceller, je peux entreprendre.

        Si je veux oublier, je peux essayer.

/ɛ/ voyelle

25.   Situation: vous savez faire beaucoup de choses. Ajoutez <u>je sais</u> devant chaque infinitif.
<u>exemple</u>:

      <u>vous entendez</u>:   acheter

      <u>vous dites</u>:   Je sais acheter.

      agir -- amuser -- applaudir -- encourager -- enseigner --
      inventer -- obéir -- enchaîner

C.   Deux voyelles à la jointure de deux groupes rythmiques

I* 26.   Situation: <u>ils ne sont pas d'accord</u>. Ecoutez le modèle et répétez la phrase patron en faisant les substitutions indiquées.

      <u>Elle veut un [chat]/Il veut une [chatte]</u>.

      un chien/une chienne -- un coq/une poule -- un bœuf /une vache --
      un lion/une lionne -- un loup/une louve

I* 27.   Situation: <u>le "jet-set"</u>. Lisez les phrases suivantes après le modèle. Adaptez le schéma intonatif de la phrase-patron suivant le nombre de syllabes des deux groupes rythmiques.

      Je vais à Paris.

      Il va à Londres.   Ils vont à Québec.   Vous allez à Madrid.
      Je vais à Athènes.   Il va à Aix.   Nous allons à Oslo.
      Vous allez à Ulm.   Nous allons au Chili. Tu vas au Japon.
      Elles vont en Belgique.   Je vais en Suisse.

I* 28.   Situation: <u>pourquoi n'étiez-vous pas en classe hier?</u> Vous avez de bonnes excuses. Ecoutez le modèle et répétez la phrase-patron en faisant les substitutions indiquées.

      <u>J'ai eu un rhume</u>.

      un accident -- une angine -- une visite -- un mariage --
      un empêchement -- une surprise -- un congé.

29. <u>Situation</u>: on vous a donné des informations inexactes; vous
rétablissez la vérité. Ecoutez le modèle et répétez la phrase-
patron en faisant les substitutions indiquées.

Il n'a pas eu un [fils], il a eu une [fille].

rhume/grippe -- accident/opération -- bâteau/moto --
blâme/promotion -- château/bicoque

30. Lisez les mots suivants après le modèle.

/aa/:   Isaac -- Abraham
/aɛ̃/:   Caïn
/aę/:   aéré
/ai/:   naïf -- haïr -- maïs -- Saigon
/ay/:   ahuri -- chahut
/ę ɑ̃/: déhanché
/ęa/:-   Montréal
/ęi/:   pays -- paysan -- abbaye
/ǫo/:   zoo
/ǫǫ/:   coopérer
/əɔ/:   dehors

D. <u>H</u> "aspiré" et <u>h</u> "non-aspiré"

* 31. Lisez les noms qui suivent après le modèle. Dans chaque paire, le
premier nom commence par un <u>h</u> "non-aspiré": on fait la liaison;
le deuxième commence par un <u>h</u> "aspiré": il y a un enchaînement
vocalique.

un habit/un havanne -- un harmonica/un haricot --
un habitant/un hasard -- un hercule/un héros --
un hôte/un haut -- un hommage/un homard -- un hymne/un hibou

* 32. Mêmes instructions que 31. Dans <u>une</u> + <u>h</u> "aspiré" le /ə/ est prononcé
et il y a enchaînement vocalique avec la voyelle suivante. Si <u>une</u>
est suivi d'un nom avec <u>h</u> "non-aspiré" on fait un enchaînement
consonantique.

une haleine/une halte -- une hallucination/une halle --
une herbe/une haine -- une horreur/une hauteur

* 33. Au pluriel: devant <u>h</u> "aspiré", pas de liaison. Lisez après le
modèle.

des huîtres/des huitièmes -- des hormones/des hors-d'œuvre --
des auteurs/des hauteurs -- des êtres/des hêtres --
des zéros/des héros -- des anches/des hanches --
des aines/des haines -- des eaux/des hauts --

Lisez aussi:

en eau/en haut

** 34. Tous les noms qui suivent ont un <u>h</u> "aspiré". Mettez-les au pluriel.
exemple:
> vous entendez: le hachis
> vous dites: les hachis

le haddock -- le hockey -- le hublot -- le houx --
le hourra
la hache -- la harpe -- la housse -- la honte -- la houle

** 35. Tous les noms qui suivent commencent par <u>h</u> "aspiré". L'adjectif démonstratif correct est <u>ce</u> avec /ə/ prononcé. Remplacez partout <u>le</u> par <u>ce</u>.
exemple:
> vous entendez: le hasard
> vous dites: ce hasard

le hâle -- le hoquet -- le hall -- le haut-parleur --
le handicap

** 36. Remplacez l'article défini par l'adjectif possessif, première personne du singulier.
exemple:
> vous entendez: la hâte
> vous dites: ma hâte

la hargne -- la hauteur -- la housse -- la hernie --
la haine -- la harpe

** 37. Remplacez l'article défini par l'article indéfini devant les mots suivants.
exemple:
> vous entendez: l'histoire (<u>f</u>)
> vous dites: une histoire
> vous entendez: la harpe
> vous dites: une harpe

le huit -- le héros -- l'héroïne (<u>f</u>) -- l'haleine (<u>f</u>) --
la halte -- l'hélicoptère (<u>m</u>) -- le haut-parleur --
l'héritage (<u>m</u>) -- l'hebdomadaire (<u>m</u>) -- le harpiste --
la harpiste -- le hussard

* 38. Lisez les noms suivants après le modèle:

un Hindou -- un Huron -- un Haïtien -- un Hongrois --
un Hollandais -- un Hébreu -- un huguenot -- un Hawaïen
La Havane -- La Haye -- Le Havre

* 39. Adjectifs. Lisez les paires de phrases suivantes après le modèle. Les <u>h</u> des adjectifs sont "aspirés".
exemple: Il est très ardent/Il est très hardi
/z/

C'est très osé/C'est très haut.
C'est très idiot/C'est très hideux.
C'est très onctueux/C'est très honteux.
Il est très arrogant/Il est très hargneux.
Il est très autoritaire/Il est très hautain.

40. Verbes. Les verbes suivants commencent tous par un h "aspiré".

** a) Vous changerez les formes ils en vous.
exemple:

vous entendez: ils ⌃harcèlent*
vous dites: vous harcelez

ils hissent -- ils hochent -- ils huent -- ils hérissent --
ils harassent

** b) Maintenant, changez les formes il en elle.
exemple:

vous entendez: il ⌃hale
vous dites: elle hale

il hait -- il hante -- il hèle -- il hume -- il hurle --
il happe -- il heurte

Allongement des voyelles

I* 41. Dialogue: une robe rouge pour une tête rousse

Elise-- Qu'est-ce que j'achète? une robe verte, ou violette?

Alice-- Je te conseille une robe blanche ou noire.

Elise-- C'est pratique et sans risque, mais pas en vogue.

Alice-- Prends du beige alors, ou du jaune.

Elise-- Je pense que je vais faire l'emplette d'une robe rouge.

Alice-- Une robe rouge? avec ta tête rousse? ça fera bizarre.

Elise-- Je me ferai teindre, en brune, chez ma coiffeuse.

Alice-- Tu n'as pas peur d'être la seule à qui ça plaise?

Elise-- Les hommes épousent les brunes.

Alice-- Mais les rousses sont plus rares et plus belles.

Elise-- Alice! Tu dis des bêtises, c'est incroyable!

Alice-- Je m'en fiche! Je rêve d'être rousse.

Enchaînement vocalique

I* 42. Dialogue (de sourdes): une histoire inouïe

Héloïse-- Où était Emilie, hier?

Adélaïde--Noëlle lui a amené son bébé à garder.

Héloïse-- Elle a mené un bébé dehors? par ce froid?

---

*Le signe ⌃ indique qu'il n'y a pas d'enchaînement.

Adélaïde--Il était étendu dans son berceau.

Héloïse-- Il était tendu? Pourquoi?

Adélaïde--Elle a chauffé son biberon.

Héloïse-- Elle a échauffé ses oreilles?

Adélaïde--Elle a égoutté la crème.

Héloïse-- Elle a goûté la crème sans permission?

Adélaïde--Elle a éteint la lampe.

Héloïse-- Hein! Elle a teint la lampe?

Adélaïde--Avant, elle avait changé le bébé.

Héloïse-- Quoi! Elle avait échangé le bébé?

Adélaïde--Elle a voué une grande tendresse à ce bébé.

Héloïse-- Elle a avoué!

Adélaïde--Tu as l'air ahuri. Tu as entendu ce que j'ai dit?

Héloïse-- J'ai entendu une histoire inouïe, oui!

h aspiré et non-aspiré

I* 43. Dialogue: le héros est fatigué.

Hélène-- Tu es hagard! Est-ce un hasard?

Henri-- J'ai halé la houille dans le hangar.

Hélène-- En haut du hangar? Tu es en eau.

Henri-- Et j'ai la hanche qui me harcèle.

Hélène-- Tu t'es heurté au hêtre?

Henri-- Oui, et j'ai hurlé comme un Huron.

Hélène-- Tu halètes, tu es hors d'haleine.

Henri-- Je suis harassé.

Hélène-- Tu es hébété.

Henri-- Et j'ai une hargne horrible.

Hélène-- C'est une honte. J'ai hâte que ta bonne humeur revienne.

Henri-- Je vais me hisser dans mon hamac.

Hélène-- Veux-tu des hors-d'œuvre, des harengs, des haricots?
Ou un air de harpe?

Henri-- Mes havanes à humer et fumer, c'est tout.

Hélène-- Les voilà, mon héros malgré tout.

Henri-- Merci, mon héroïne au service si doux.

(cf. Victor Hugo: Mon père, ce héros au sourire si doux...)

APPENDIX A

LIST OF PHONETIC SYMBOLS

    The following list includes all the phonetic symbols used in <u>D'accord</u>. Numbers refer to the pages where the sounds are discussed. Underlines indicate pages where the sounds are illustrated with diagrams. (E) refers to English sounds, and (F) to French. See index for orthography, interferences, and contrasts with other relevant sounds.

/a/	(F) <u>la</u>	129, <u>130</u>
/ɑ/	(E) h<u>o</u>t	10
/ɑ/	(F) p<u>â</u>te	130
/ɑ̃/	(F) d<u>ans</u>	<u>128</u>
/ɑj/	(E) b<u>i</u>te	89
/ɑʷ/	(E) h<u>ow</u>	89
/æ/	(E) b<u>a</u>t	129
/e/	(F) chant<u>é</u>	152, <u>153</u>, <u>179</u>
[ę]	(F) d<u>e</u>stin	155
/E/	(F)	<u>152</u>
/ε/	(E) b<u>e</u>t	153
/ε/	(F) p<u>è</u>se	<u>115</u>, 153
[ę]	(F) buff<u>et</u>	153
/ε:/	(F) ma<u>î</u>tre	154
/ε̃/	(F) tr<u>ain</u>, <u>un</u>	<u>115</u>
/ej/	(E) b<u>ai</u>t	152, <u>153</u>
/i/	(F) ass<u>is</u>	89, <u>90</u>
/ɪ/	(E) b<u>i</u>t	89, <u>90</u>, <u>153</u>
/ij/	(E) b<u>ea</u>t	<u>90</u>
/o/	(F) num<u>éro</u>	90, <u>91</u>, <u>168</u>, <u>179</u>
[ǫ]	(F) m<u>o</u>teur	168
/õ/	(F) chant<u>ons</u>	<u>139</u>
/O/	(F)	152
/oʷ/	(E) b<u>oa</u>t	<u>91</u>, 167
/ɔ/	(E) b<u>ou</u>ght	<u>91</u>, 167
/ɔ/	(F) b<u>o</u>tte	<u>139</u>: 167, <u>168</u>
/õ/	(F) chant<u>ons</u>	<u>139</u>
/ɔj/	(E) b<u>oy</u>	89
/ø/	(F) p<u>eu</u>	<u>179</u>
[ǿ]	(F) <u>Eu</u>rope	180
/œ/	(F) p<u>eu</u>r	179
/œ̃/	(F) <u>un</u>	118
/Œ/	(F)	152
/u/	(F) t<u>ou</u>t	<u>101</u>, <u>103</u>
/ʊ/	(E) b<u>oo</u>k	<u>101</u>
/uʷ/	(E) b<u>oo</u>t	<u>101</u>
/y/	(F) p<u>u</u>	102, <u>103</u>

[ə]	(E)	above 35
/ə/	(F)	donnez-le 35
[ɚ]	(E)	better 76
/ɝ/	(E)	bird 76
/ʌ/	(E)	but 35
/j/	(E)	yes 203, 204; [ʃ] pianola 254
/j/	(F)	paille 203, 204; [ʃ] pied 254
/ɥ/	(F)	huit 191
/w/	(E)	west 192
/w/	(F)	ouest 192
/b/	(E)	book 254; [b̥] abstract 254
/b/	(F)	beau 229; [b̥] observer 254
/d/	(E)	doe 228; [d⁻] said 255
/d/	(F)	dos 228; [d̥] médecin 254
/dʒ/	(E)	job 243
/dʒ/	(F)	adjectif 244
/f/	(E)	full 5
/f/	(F)	foule 5
/g/	(E)	go 5; [g⁻] dog 251
/g/	(F)	goût 253; [ŋ] langue moderne 255
/h/	(E)	hot 5
/k/	(E)	[k] skill 227; [kʰ] kill 231; [k⁻] sick 255
/k/	(F)	coût 227
/l/	(E)	[l] lead 217; [ɫ] deal 217; [l̩] sizzle 217; [l̥] plea 254
/l/	(F)	lit 217, 218, 228; [l̥] pli 254
/m/	(E)	mat 5
/m/	(F)	mère 118; [m̥] prisme 254
/n/	(E)	[n] no 10, 254; [ɱ] converse 10, 254; [n̪] month 10, 254; [ŋ] sink 10, 254; [n̩] button 2; [n̥] snail 254
/n/	(F)	nous 118, 228
/ɲ/	(F)	signe 118, 119
/ŋ/	(E)	king 119
/ŋ/	(F)	pressing 116
/p/	(E)	[p] spit 10, 227; [pʰ] pit 10, 227; [p⁻] help 10
/p/	(F)	pire 227
/r/	(E)	run 76, 77
/R/	(F)	roux 76, 77; [R̥] près 254
/s/	(E)	sick 240, 241
/s/	(F)	sous 240, 241; [s̬] Strasbourg 254
/ʃ/	(E)	ship 5, 102-103
/ʃ/	(F)	choix 243
/t/	(E)	[t] steam 227, 228; [tʰ] team 231; [t⁻] bet 255; [t̬] at dawn 254
/t/	(F)	toit 227, 228; [t̬] vingt-deux 254
/ts/	(F)	Austerlitz 244
/tʃ/	(E)	chin 5, 103
/tʃ/	(F)	match 244
/v/	(E)	vine 5
/v/	(F)	vigne 5
/z/	(E)	zero 5; [z̬] newspaper 254

/z/	(F) zéro 5, 240
/χ/	(Spanish) J̲uan 77
/ʒ/	(E) mea̲s̲ure 243
/ʒ/	(F) j̲our 243
/θ/	(E) t̲h̲in 240, 241
/ð/	(E) t̲h̲at 240
/ɣ/	(Spanish) la̲g̲o 77
/ʔ/	(E) 267

APPENDIX B

ADDITIONAL NOTES ON SOUND-SYMBOL RELATIONSHIP

Some of the graphemes that present pronunciation problems based on sound-symbol relationship are listed below. These lists, while they are more extensive than the ones found in the individual lessons under Orthographic Representation, are by no means exhaustive. The most common pronunciation is marked as "(majority)". The symbol /∅/ indicates that the letter is not pronounced, and /Ṽ/, a nasal vowel. Words in brackets are those with two pronunciations.

Pronunciation of Final Written Consonants

-c /k/ (majority) lac, hamac, sac, arc, parc, avec, bec, grec, sec, chic, bloc, choc, roc, bouc, caduc, duc, truc, viaduc
Aurillac, Balzac, Bergerac, Cognac

/∅/ tabac, estomac, clerc, broc, croc, accroc, escroc, caoutchouc, banc, blanc, flanc, franc, jonc, tronc

-d /∅/ (majority) pied, nid, chaud, salaud, nœud, standard, grand, marchand, descend, vend, Gounod

/d/ caïd, sud, stand
Alfred, le Cid, David, Bagdad, Leningrad, Madrid

-f /f/ (majority) chef, serf, sauf, veuf, œuf, bœuf, ouf!, naïf, actif, sportif, inventif

/∅/ clef (clé), cerf, nerf, œufs, bœufs, chef-d'œuvre

-g /∅/ (majority) joug, hareng, rang, sang, seing, oing, oblong, bourg, faubourg, Cherbourg, Luxembourg, Strasbourg, Hambourg

/g/ gong, grog, iceberg, zigzag, Dantzig, Leipzig, Hong-Kong

-il /j/ (majority) ail, travail, deuil, fauteil, œil, pareil
/il/ avril, cil, civil, exil, mil, péril, profil, puéril, Brésil, Nil

/∅/ courtil, coutil, fusil, gentil, outil, persil, [sourcil], [chenil], [grésil], [nombril]
(final l is also silent in cul, saoul)

-m /Ṽ/ (majority) Adam, daim, essaim, nom, Riom
/m/ islam, harem, idem, item, tandem, album, forum, opium, rhum, serum, sodium, vélum
hem!, hum!, tam-tam, boum, zoum
Abraham, Amsterdam, Jérusalem, Rotterdam, Siam, Stockholm

-<u>n</u>   /Ṽ/ (majority)   écran, Jean, maman, citoyen, examen, dessin, divin, jargon, Berlin, Dublin, Kremlin

      /n/   abdomen, albumen, amen, cyclamen, dolmen, gluten, hymen, lichen, pollen, spécimen
spleen, clown, gin, simoun
Eden, Beethoven, Lohengrin, Bergson

-<u>p</u>   /∅/ (majority)   drap, galop, sirop, trop, loup, camp, champ

      /p/   cap, Gap, handicap, cep, hop!, top, stop, croup

-<u>s</u>   /∅/ (majority)   ananas, canevas, compas, débarras, galimatias, accès, exprès, progrès, hachis, logis, rubis, clos, chaos, dessous, confus, dehors, rebours

      /s/ -<u>as</u>   as, hélas, atlas, pancréas, vasistas, Damas, Jonas, Madras, Stanislas

           -<u>ès</u>   aloès, faciès, kermès, palmarès, Agnès

           -<u>is</u>   bis ('encore'), cassis, fils, gratis, jadis, maïs, myosotis, oasis, tennis, vis ('screw'), [lis], Clovis, Médicis, Memphis, Senlis, Tunis

           -<u>os</u>   albatros, albinos, os (sing.), pathos, rhinocéros

           -<u>us</u>   autobus, blocus, cactus, eucalyptus, hiatus, humus, lapsus, lotus, omnibus, prospectus, rébus, sinus, terminus, virus, Marius, Vénus, [plus], [tous], [sus]

           others   biceps, forceps, mars, ours, Lens, Reims, Sens

-<u>t</u>   /∅/ (majority)   chocolat, combat, éclat, plagiat, sujet, intérêt, aspect, respect, suspect, débit, crédit, érudit, boulot, pivot, attribut, statut, instinct, exempt, prompt

      /t/   fat, mat ('checkmate'), cobalt, halt, tact, compact, contact, intact, net, est, lest, ouest, sept, abject, correct, direct, incorrect, indirect, infect, concept, transept, huit, accessit, affidavit, déficit, prétérit, transit, district, strict, verdict, dot, volt, ut, brut, chut, zut!, azimut, abrupt, [exact], [distinct], [succinct], [août], [but], [fait]
Apt, Brest, Bucarest, Ernest, Faust, Lot, Christ (can be silent in <u>Jésus-Christ</u>)

-<u>z</u>   /∅/ (majority)   riz, assez, nez, rez, (verb ending -<u>ez</u>: <u>attendez</u>, <u>parlez</u>)

      /z/   gaz, Berlioz, Fez, Rodez, Suez

Pronunciation of Some Graphemes

<u>ch</u>   /ʃ/ (majority)   chercher, chiche, chérubin, archevêque, catéchisme, psyché, punch, hachi(s)ch, Michel, Achille, Auch, Foch

/k/		archaïque, archange, archéologie, chaos, chœur, choléra, cholestérol, chorus, écho, krach, lichen, orchestre, orchidée, psychologie, psychiatre, varech
		chloroforme, chrétien, Christ, chromatique, chronologie, chrysanthème
		Bach, Bloch, Machiavel, Michel-Ange, Saint-Roch, Munich, Zurich
/∅/		almanach

gn	{/ɲ/ (majority)} {/nj/}	agneau, Agnès, imprégner, magnanime, magnifique, malignité, signification...
	/gn/	agnostique, cognitif, diagnostic, gnome, ignition, magnificat, stagnant, stagner, [magnolia]

qu	/k/ (majority)	qualité, quartier, quasi, question, quinine, équilibre, équinoxe, équivalent
	/kʷ/	adéquat, aquarelle, aquarium, équanime, équateur, équation, quadrangle, quadrupède, quadruple, quarto, quartz, quatuor, square, quaker
	/kᶣ/	équidistant, équilatéral, quiescent, ubiquité

gu	/g/ (majority)	anguille, distinguer, fatigue, guéer, guérilla, guignol, Guinée
	/gʷ/	Guadeloupe, Guatemala, iguane, jaguar, lingual
	/gᶣ/	aiguille, ambiguïté, arguer, linguiste, linguistique

List of Common Words Having H ASPIRÉ

Words followed by an asterisk have more than one derived form, e.g., hache provides the base for hacher, haché, hachette, hachis, and haut has derived forms such as hauteur, hautbois, haut-parleur, hausser, and hausse. All words derived from the words marked below also begin with h aspiré, except for héros (see 21.3.2).

la hache*	le harem	la hiérarchie*
haïr*	le hareng	hisser*
le hall	le haricot	hocher
les halles	la harpe*	le hockey
la halte	le hasard*	la Hollande*
Hambourg*	hâter*	le homard
la hanche*	haut*	la Hongrie*
le handicap*	la Havane*	hors*
le hangar	le Havre*	la houille*
hanter*	la Haye	le hublot
haranguer*	heurter*	le huguenot*
harasser*	le hibou	huit*
hardi*	hideux*	hurler*

Graphemes É, È, Ê, E in Unstressed Syllables

1. The graphemes é, è, ê represent [ę] in all unstressed syllables. The syllabic division in the examples below is based on spoken language. See Lesson 1.3.2 (p.16).

   a) The grapheme é occurs in open syllables.

   > é-trang∅, ré-so-lu, mé-triqu∅, dé-crir∅, fré-quent, dé-sar-mer
   > in-sé-rer, é-tré-cir, ré-pé-ter, pré-fé-rons, es-pé-rer

   In a few words, it also occurs in syllables closed by the dropping of e caduc.

   > él∅-vage, é-vén∅-ment, crém∅-rie
   > ré-pét∅-rai, pré-fér∅-ra, céd∅-rons, es-pér∅rez[1]

   b) The grapheme è occurs in syllables closed by the dropping of e caduc.

   > pèl∅-rin, sèch∅-ment, com-plèt∅-ment, dis-crèt∅-ment, cèd∅-rai,
   > mèn∅-rai, a-chèt∅-ra, lèv∅-ra, a-chèv∅-rons, pro-mèn∅-rons[2]

   c) The grapheme ê occurs in all words derived from a root morpheme that has ê.

   > bêt∅ bêt∅-ment, bê-tis∅; pêch∅ pê-cher, pê-cheur;
   > têt∅ tê-tu, en-tê-ter; prêt prê-ter, prêteur;
   > vê-tir vêt∅-ment, vê-tur∅

2. The grapheme e (without an accent mark) represents both [ę] and /ə/. It represents [ę] in the following cases.

   a) Before a double consonant letter, except for the prefixes en- and em- (which are /ã/, as in ennui, emmener)

   > e-ssenc∅, pro-fe-sseur, in-té-re-ssant, de-ssi-ca-tif
   > e-llips∅, ce-llul∅, me-lli-fèr∅, se-rrer, ve-rrai, te-rribl∅,
   > enn∅-mi, nett∅-té, jett∅-rai, pro-jett∅-ra, a-ppell∅-ra

   b) Before two or more different consonant letters that are divided into two syllables.

   > es-poir, es-car-got, es-tim∅, res-ter, res-pect, res-pon-sabl∅,
   > sec-tion, sep-tembr∅, cel-tiqu∅, mer-ci, ter-mi-ner, per-du,
   > heb-do-ma-dair∅, cho-les-té-rol, ex-pli-quer, ex-cep-tion

---

[1]For verbs, this applies to the future and conditional forms of first conjugation verbs whose infinitive ends in é + consonant + er.

[2]This applies to the present and future indicative, conditional and present subjunctive forms of first conjugation verbs whose infinitive ends in e + consonant + er. A few verbs, such as jeter, appeler, and épeler, double the stem consonant and retain e (see 2a).

c) In Latin words.

    ve̲-to, re̲-fe̲-ren-dum /RefeR͂ẽdɔm/
    (some also have é: dé̲-fi-cit, in-té̲-rim, pré̲-té̲-rit)

d) In foreign words.

    Le̲-nin-grad, Ve̲-ne̲-zue̲-la, Mon-te̲-vi-de̲-o, O-re̲-gon, Ke̲-nya
    (some, especially "gallicized" nouns, have é in open syllables:
    Lé̲-nin¢, Sé̲-vill¢, Mé̲-ri-da, Yé̲-men, Pé̲-rou

3. The grapheme e̲ represents e̲ caduc in the following cases. See Lesson
3.4 (pp.36-38) for rules on when to pronounce and when to drop /ə/.

a) After two pronounced consonants.

    pre̲-mier, ven-dre̲-di, gre̲-din, Gre̲-nobl¢, cre̲-vai-son, â-pre̲-ment,
    te-rri-ble̲-ment, a-ppar-te̲-ment, par-le̲-ment

b) Before consonant + yod.

    chan-ce̲-lier, hô-te̲-lier, Mont-pe̲-llier, nous a-ppe̲-lions,
    vous se̲-riez, nous fe̲-rions, nous fer-me̲-rions

c) After a single consonant; in this position the e̲ caduc is usually
   dropped.

    dé-v¢-lopp¢-ment, ach¢-ter, él¢-vage, nous j¢tons, vous m¢nez,
    j'app¢-lais, il mang¢-ra, tu chant¢-ra

d) The prefix re̲- becomes re̲s- before words beginning with an s̲. The
   e̲ caduc may or may not be pronounced, depending on the position of
   the word in a sentence (shown by ¢ below).

    r¢-tour-ner, r¢-mon-ter, r¢-pa-sser, r¢-dir¢, r¢-mer-cier
    r¢-ssem-bler, r¢-sse-rrer, r¢-ssen-tir, r¢-ssaut, r¢-ssourc¢

e) The prefix de̲ from the preposition de̲ becomes de̲s before words
   beginning with an s̲.

    d¢là, d¢dans, d¢ssous, d¢ssus
    (cf. /e/ in dé̲sordre, dé̲sorganiser, dé̲sarmer, dessouler, dessouder,
    desservir)

4. The e̲ in -emm- and -enn- in unstressed syllables represents /a/.
For the prefixes em̲- and en̲-, see Lesson 10.3.2 (p.129).

    fré-que̲-mment, in-te-lli-ge̲-mment, ré-ce̲-mment,
    so-le̲-nnel

INDEX

This index includes all the technical terms as well as segmental and suprasegmental elements discussed in the book. Phonetic symbols are arranged according to their resemblance to the letters of the alphabet, in the order shown in Appendix A. A sound feature without the specific mention of "(English)" refers to French. The numbers without underlines refer to the pages of <u>Profil</u>, and those with underlines to the pages of <u>Pratique</u>. The numbers in darker print (e.g. **10** instead of 10) indicate pages where the given term is defined or described. The abbreviations V and C represent "vowel" and "consonant," respectively.

- A -

/a/(English): 129; /aʲ→a/ 10

/a/: 8, 129, 130, 266; orthography 130, 287; interferences 131; /a-ɑ/ 131; /ɑ→a/ 130; /a-a-ɑ:/ 265; /ə-e-a/ 35, <u>40-41</u>, 155fn.4, 286-287; /ã-an,am/ 129, <u>136</u>, <u>138</u>

/ɑ/(English): 8, 87, 129, 170, 194; /ɔ-ɑ/ 10, 167, 167fn.2

/ɑ/: 8, 128, 130; orthography 130; /a→ɑ/ 130, 265fn.2; /ɑ-a-ɑ:/ 265; /ɑ-ã/ 128

/ɑ:/: 265

/ã/: 8, 128, <u>132-138</u>; orthography 128-129; interferences 130-131; /a,ɑ-ã/ 129, <u>132</u>, <u>133-138</u>; /ãm,ãn/ 129, /ã-an/ 129, <u>136</u>, <u>138</u>; /ãn/ 136-137; /ɛ̃-ã/ <u>132</u>, <u>133</u>, <u>136</u>, <u>137-138</u>

/aʲ/(English): 89; /aʲ→a/ 10

/aʷ/(English): 89, 192

/æ/(English): 8, 129

accent: <u>see</u> stress

<u>accent d'insistance</u>: 14fn.1, 252

accent marks: 15

affricates: **4**, 244; <u>see also</u> /ts/, /tʃ/, /dʒ/

allophones (English): **10**, 12-13; of /ʌ/ 35; of /ɝ/ 76; of /k,g/ 227fn.1, 255fn.2; of /n/ 6, 10, 254; of /l/ 10, 217, 254; of /p/ 10, 11, 227

allophones (French): of /E/ 13, 152fn.1; of /O/, /Œ/ 152fn.1; of /k,g/ 227fn.1, 255fn.2

alveolar consonant (English): **3**, 5; <u>see also</u> /d/, /l/, /n/, /s/, /t/, /z/

anticipation of consonants (English): before a nasal consonant 9, 115, 117; before /l/ 91; before /r/ 76, 78, 91; interferences caused by anticipation 79, 104, 119, 131, 140-141, 231

anticipation of vowels: 76-77, **91-92**, 203, 217, 227

archiphoneme: **13**

aspirate <u>h</u>: <u>see h aspiré</u>

aspiration: **4**, 10, 11, 13, **227-228**, 231, <u>232-233</u>

assimilation: **4-6**, 229, 253, **254-255**; in manner of articulation 255; in point of articulation 254-255; in voicing 4-6, <u>44</u>, 229, 254, <u>262</u>

- **B** -

/b/(English): 2, 4-5, 254, <u>256</u>; tense [b̥] 254; unreleased [b⁻] 255

/b/: 5, 131, 140, 227, 254, <u>256-257</u>; tense [b̥] 254

back vowel: **6**, 8, 179, 227fn.1; <u>see also</u> /uᵂ/, /U/, /oᵂ/, /ɔ/, /ɑ/(English) and /u/, /o/, /ɔ/, /ɑ/

bilabial consonant: 3; <u>see</u> /b/, /p/, /m/

- **C** -

cedilla: 241, 243fn.4

central vowel (English): 8; <u>see also</u> [ɪ], [ɚ], /ɝ/, /ə/, /ʌ/

closed juncture: see juncture

closed syllable: see syllable

closed vowel: **152**, 167; see also /e/, /o/, /ø/

cluster: see consonant cluster

command: see imperative under intonation

conditional tense: 36, 37, 46, 78, 153, 163, 205-206, 209-210, 287;
    see also imperfect tense

consonant: **1-6**; symbols 5, 282; see specific phonetic symbols
    for consonants in this index

consonant cluster: 11, 16, 37; see also liquid consonant

continuité (majeure, mineure): **65-66**

contrastive analysis: 10-12

- **D** -

/d/(English): 2, 3, 5, 217, 220, 228, 238; unreleased [d⁻] 255

/d/: 2, 3, 5, 36fn.2, 118, 220, 227, 228, 236, 238, 251, 252,
    254, 256-258, 283; tense [d̪] 254

/dʒ/(English): 2, 5, 11, 203, 243, 244; /j-dʒ/ 203; /dʒ/-/ʒ/ 243

/dʒ/: 244

dark l: see /l/(English)

declarative intonation: see intonation

deletion of vowels: 15, 17, 39, 63, 67, 92, 131, 156, 170, 181,
    268

derived form: 168fn.3, 180fn.2, 241

détente consonantique: see release of consonant

determiner: **26fn.2**

devoicing: 37, 229, 251, 254, 262; see also assimilation

diacritical marks: 1, 153, 154, 168, 180

diphthong: **7-9**, 11, 12, 89, 266; <u>see also</u> /aʲ/, /aʷ/, /eʲ/,
/iʲ/, /oʷ/, /uʷ/, /ɔʲ/

double consonants: <u>see</u> geminate

- **E** -

/e/: 8, 11, 13, <u>157-160</u>, 266; orthography 154, 155; interferences
155-156; /I-eʲ-e/ 153; /eʲ-e/ <u>157-158</u>; [e-ę] 154; /e-ɛ/
152-153, <u>161-163</u>, <u>165-166</u>; /i-e/ <u>158-159</u>; /i-e-ɛ/ 158, 179;
/ə-e-a/ 35, <u>40-41</u>, 155fn.4, 286-287; /e-∅/ <u>182-183</u>; /e-∅-o/
152, 179, 182

[ę]: 13, 154, <u>161</u>, 286; orthography 155, 286; [e-ę] 154;
/ę-ɛ/ 153

/E/: 13, 152

/ɛ/(English): 8, 76, 153; /eʲ-ɛ/ 266; /ɛ-ɛ/ <u>157-158</u>

/ɛ/: 7, 8, 13, 115, 152, 153, <u>157-158</u>, <u>161-164</u>, <u>165-166</u>; orthography
154-155; interferences 155-156; /eʲ-ɛ/ <u>157-158</u>; /ɛ-ɛ/ <u>157-158</u>;
[ɛ-ę] 153; /e-ɛ/ 152-153, <u>161-163</u>, <u>165-166</u>; /i-e-ɛ/ <u>158</u>, 179;
/ɛ-ɛ:/ 154; /ɛ-ɔ-œ/ 152, 179; /ɛn/ 129; /ɛ-ɛ̃/ 115-116, <u>120</u>, <u>132</u>

[ę]: 13, 153, <u>163-164</u>; orthography 155

/ɛ:/: 154

/ɛ̃/: 8, 9, 11, 115, <u>120-126</u>, 140; orthography 116-117, 129, 140; interferences 119; /œ̃ →ɛ̃/ 118, 130; /ɛ̃n/ <u>124-125</u>; /ɛ̃-ɛn/ 116-117, <u>123-</u>
<u>124</u>, <u>125</u>, <u>126</u>, <u>132</u>, 140; /ɛ̃~im/ 116fn.3

/eʲ/(English): 7, 8, 11, 12, 76, 89, 152, 155; /eʲ-ɛ/ 266;
/I-eʲ-e/ 153; /eʲ-ɛ/ <u>157-158</u>

<u>e</u> <u>caduc</u>: 8, **36-39**, <u>40-48</u>, 203, 206; orthography 35, 288;
interferences 38-39; deleted 35-38, <u>42-44</u>, <u>47-48</u>; geminates
caused by deletion 78, 252, <u>259-261</u>; inserted for practice
203, 252; law of three consonants 35-36, 205, 206; retained
35-38, <u>44-48</u>; /e-ə/ 38; /ə-e-a/ 35, <u>40-41</u>, 155fn.4, 286-287

elision: 268, 270

<u>enchaînement</u>: <u>see</u> linking of consonants, linking of vowels

est-ce que: intonation 50-51, 51fn.2, 57

exclamatory intonation: see intonation

- **F** -

/f/(English): 2, 5

/f/: 2, 3, 5, 25fn.1, 131, 140, 283

fricative consonant: **4**, 5, 240; see also /f/, /v/, /s/, /z/,
    /θ/, /ð/, /ʃ/, /ʒ/, /χ/, /ɣ/, /h/, /R/

front vowel: **6**, 8, 179, 227fn.1; see also /iʲ/, /I/, /eʲ/, /ɛ/,
    /æ/ (English, unrounded); /i/, /e/, /ɛ/, /a/ (unrounded),
    /y/, /ø/, /œ/ (rounded)

future tense: 36, 37, 46, 78, 205-206, 209-210, 252, 287; see also
    conditional tense

- **G** -

/g/(English): 5, 251, 256; unreleased [g⁻] 255

/g/: 2, 5, 119, 131, 141, 227, 243fn.4, 252, 252, 256-257, 283,
    285; orthography 253; /g-gw-gɥ/ 253, 285; /g→ŋ/ 255; /ks-gz/
    231; for the /ʒ/ of "gens", see the end of this index

geminate: **78**, 252-253, 259-262, 263-264; interferences 255

glide: **89**, 101, 102, 266; see also diphthong

glottal consonant: 4, 5; see also glottal stop and /h/

glottal stop /ʔ/: 2, 267, 270

grapheme: **1**

groupe rythmique: **63-65**, 68-75, 265, 267; interferences 67

- **H** -

/h/(English): 2, 4, 5, 77; inserted for practice 252

h aspiré: 268-270, 277-279, 280, 285

h non-aspiré: 268, 270, 277-279, 280

high vowel: **6**, 8, 179; see also /i^j/, /I/, /E/, /u^w/, /U/ (English) and /i/, /u/, /y/

higher-mid vowel: 8, 152, 179; see also /e/, /o/, /ø/

- **I** -

/i/: 7, 8, 9, 11, 89-90, 94-97, 102, 152, 192, 203, 204, 266;
orthography 90; interferences 92; /i^j-I-i/ 90; /I-i/ 93;
/i^j-i/ 93; /i→j/ 90, 205, 267fn.4; /i-e-ε/ 179; /i-e/
158-159; /i-u-y/ 102, 179

/I/(English): 8, 89-90, 96, 152; /I-ε/ 10; /i^j-I/ 266; /i^j-I-i/ 90;
/i^j-i/ 93; /I-e^j-e/ 153

[ɨ](English): 8

/i^j/(English): 8, 11, 12, 76, 89, 152; /i^j-ɨ/ 266; /i^j-I-i/ 90;
/i^j-i/ 93

imperfect tense: 37, 78, 153, 155, 163, 205, 206, 262, 210, 244,
248, 262

imploded consonant: 10; see also release of consonant

interdental consonant: **3**, 5, 6; see also /l/ ([ḻ]), /n/ ([ṋ]),
/θ/, /ð/ (English)

International French: viii , 26

interrogative intonation: see intonation

intervocalic (between vowels): 241

intonation (English): **50**; declarative 52, 65; exclamatory 52;
imperative 52; interrogative 50, 51

intonation: 50; declarative 52-53, 55-56, 58, 60-62, 65-67,
     68-75, 267; exclamatory 52, 55, 58; imperative 52, 55-56,
     58-59; interrogative (questions partielles) 51, 55-56, 59,
     (questions totales) 51-52, 55-56, 56-58, 59; interferences
     53-54, 67

inversion: intonation 50-51, 57, 59

- J -

/j/(English): 9, 13, 89, 102, 203, 206, 254; /j-j/ 203-204,
     208-209

/j/: 9, 37, 90, 203, 208-216, 254, 265, 266, 267fn.4; orthog-
     raphy 204-205, 283; interferences 206; /j-j/ 203-204;
     /j-dʒ/ 203; /j-ʃ,ʒ/ 203; /j-jj/ 206, 262; /i→j/ 90, 191;
     /i-j/ 205-206; /ij-j/ 206; /ij/ + V 205, 206; /ɲ-nj/ 118-119;
     /j-l/ 205fn.3, 218-219, 283; C + /j/ 209-210, 215;
     V + /j/ 213-215; V + /j/ + V 210-212, 215

juncture: 24; closed juncture 24-25; open juncture 24, 267

- K -

/k/(English): 2, 5, 227, 232-233, 251, 256; aspirated [kʰ]
     231; unreleased [k˺] 255

/k/: 5, 13, 36fn.2, 131, 141, 227, 230, 232-236, 238, 243fn.3,4,
     251, 252, 256; orthography 230-231, 283, 285; in liaison
     25fn.1; /ks-gz/ 231; /kw,kɥ/ 230-231, 285

- L -

/l/(English): alveolar (light) [l] 3, 5, 10, 12, 217, 219,
     220, 228, 254; velar (dark) [ɫ] 10, 12, 91, 217, 218,
     219, 255; syllabic [l̩] 2, 10, 217, 218, 219; interdental [l̪]
     254; /l-U/ 217-218; /l-l/ 217-218, 220-221

/l/: 3, 5,, 118, 217-219, 220-226, 251, 252, 254, 255; partly
  devoiced [l] 254; orthography 218-219, 283; interferences
  219; /l-j-∅/ 218-219, 283; /l-l/, /l-ł/ 220-221; /-l/ 221-225;
  /l/ + C, C + /l/ 224-225, 226; /d-t-l/ 220, 238

labialization: 4, 231, 253; see also /gw/, /gɥ/, /kw/, /kɥ/

labiodental consonant: 3, 5; see also /f/, /v/, and [ɱ] under /n/

lateral consonant: see /l/

law of three consonants: 36; see also e caduc

learnèd word: 230

length of consonant: see geminate

length of vowels: 14-16, 63-64, 265-266, 270, 271-273

liaison: liaisons facultatives 268-269; liaisons interdites 26,
  268-269, 277-279, 280; liaisons obligatoires 25-26, 28-34,
  117, 129, 140, 230, 242; interferences 27, 119, 270

light l: see /l/(English)

linking of consonants: 25, 28-34, 267; see also juncture and
  liaisons obligatoires

linking of vowels: 266-268, 273-280

lip formation: 6; see also rounded vowel and unrounded vowel

liquid consonant (l and r): 192; see /l/ and /R/; consonant +
  liquid cluster 16, 36, 192, 193

low vowel: 6, 8; see also /æ/, /ɑ/(English); /a/, /ɑ/, /ɑ̃/

lower-mid vowels: 8, 152, 167, 179; see also /ɛ/, /œ/, /ɔ/

- **M** -

/m/(English): 5

/m/: 5, 9, 118, 252, 254, 283; partly devoiced [m] 254;
  /ɑ̃m/ 129; /ɛ̃m-im/ 116fn.3; /imm-/ 218fn.1, 252; /-ɔm/ 118

major (maximal) peak: see continuité

manner of articulation: **4**, 255

metaphony (vowel harmony): **154fn.2**, 168fn.3

mid vowel: **6**, 8, 152, 167, 179; <u>see also</u> /eʲ/, /ɛ/, /oʷ/, /ɔ/
(English); /e/, /ȩ/, /ɛ/, /ɛ̱/, /ɛ̃/ (front unrounded), /ø/,
/ø̱/, /œ/, e <u>caduc</u> (front rounded), /o/, /õ/, /ɔ/ (back
rounded)

minimal pair: **9**, 154, 169

minor peak: <u>see</u> <u>continuité</u>

monophthong (a single vowel without a glide): **12**, 266

<u>mot phonétique</u>, <u>phonique</u>: <u>see</u> <u>groupe rythmique</u>

mute <u>e</u>: <u>see</u> <u>e caduc</u>

mute <u>h</u>: <u>see</u> <u>h non-aspiré</u>

- **N** -

/n/(English): alveolar [n] 3, 5, 217, 228, <u>236</u>, 254; labiodental
[ɱ] 6, 10, 131, 140, 254; interdental [n̪] 6, 10, 254;
velar [ŋ] 6, 10, 254; syllabic [n̩] 2; partly devoiced [n̥] 254

/n/: 3, 5, 118, <u>220</u>, 228, <u>236</u>, 252, 284; in liaison 26, 117,
<u>124-125</u>, 129, <u>136-137</u>, 140, <u>148-149</u>; /ān-/ 129; /ɛn/ 129;
/inn-/ 218fn.1, 252; /ɲ-nj/ 118-119

/ɲ/: 5, 118-119, 285

/ŋ/(English): 5, 6, 10, 131, 141

/ŋ/: 116fn.2, 119; /g→ŋ/ 255

nasal consonant: **4**, 5, 115, 116-117, 118-119, 129, 140; <u>see</u>
<u>also</u> /m/, /n/, /ɲ/, /ŋ/

nasal vowel: 8, **9**, 115-117, 128-129, 139-140, 265-266; <u>see</u>
<u>also</u> /ā./, /ɛ̃/, /õ/

nasalized vowel (English): 9, 10, 11, **115**, <u>120</u>; causing
interferences 11, 13, 117, 119, 131, 140, 141, 156, 170

neutralization of vowels: <u>see</u> deletion of vowels

- O -

/o/: 8, 11, 89, 91-92, 98-99, 167, 171-175, 176, 178, 266;
orthography 90-91, 168-169; interferences 92, 170;
/oʷ-ɔ-o/ 91; /oʷ-o/ 97-98, 171; /ɔ-o/ 97; /u-o-ɔ/ 172,
179; /o-ɔ/ 152, 167-168, 174-175; /o-ɔ-o:/ 265; [o-ɔ-ǫ]
168, 169; /e-o-ø/ 152, 179, 182; /o-ɔ-õ/ 139, 142

[ǫ]: 90, 168, 175; orthography 169

/õ/: 8, 9, 13, 139, 143-145; orthography 140; interferences
140-141; /o-ɔ-õ/ 139, 142; /õ-ɔn/ 139fn.1, 140, 145-146,
150; /õ-ã/ 146-147, 149-150; /ã-õ-ɛ̃/ 142-143, 148,
150-151; /õn⌣/, /ɔn⌣/ 148-149

/o:/: 265

/0/: 152

/oʷ/(English): 8, 11, 12, 76, 89, 90, 92, 141, 167fn.1, 170, 192;
/oʷ-ɔ/ 266; /oʷ-ɔ-o/ 91; /oʷ-o/ 97-98, 171

/ɔ/(English): 8, 10, 76, 89, 90,92, 167; /ɔ-ɑ/ 10, 167;
/oʷ-ɔ/ 266; /oʷ-ɔ-o/ 91; /ɔ-o/ 97; /ɑ-ɔ/ 171

/ɔ/: 7, 8, 90, 171-172, 174-178; orthography 169; interferences 92, 170; /ɑ-ɔ/ 171, /ɔ-ɑ-ɔ/ 167; /o-ɔ/ 152,
167-168, 169, 174-175, 177-178; [o-ǫ-ɔ] 168; /u-o-ɔ/
172, 179; /ɛ-ɔ-œ/ 152, 179; /-ɔm/ 118; /o-ɔ-õ/ 139,
142

/ɔ̃/: 139fn.1

/ɔʲ/: 89, 181

/ø/: 8, 179, 182-189; orthography 180; interferences 180-181;
/ø-œ/ 179-180, 187, 189; /ø-œ-ø:/ 265; /e-o-ø/ 152,
179, 182; /e-ø/ 182; /y-ø-œ/ 179; /y-ø/ 183; /o-u-ø/
182; /u-ø/ 183

[φ]: 180

/ø:/: 180, 265

/œ/: 8, 179; orthography 180; interferences 180-181;
/ɛ-ɔ-œ/ 152, 179; /ɛ-œ/, /ɔ-œ/ 186; /ø-œ-ø:/ 265;
/y-ø-œ/ 179; /ø-œ/ 179-180, 187, 189

/œ̃/: 118; orthography 118; /œ̃→ɛ̃/ 118, 130

/Œ/: 152

occlusive consonant: **227**; see also stop

open juncture: see juncture

open syllable: see syllable

open vowel: **152**, 167; see also /ɛ/, /ɔ/, /œ/

- **P** -

/p/(English): unaspirated [p] 10, 11, 227, 232-233; aspirated
    [pʰ] 5, 10, 11, 227, 232-233, 255; imploded (unreleased)
    [p⁻] 10, 251, 256

/p/: 5, 9, 13, 36fn.2, 131, 140, 227, 232-236, 238, 251, 252,
    256-257; orthography 228-229, 284; interferences 231

palatal consonant: **3-4**; see also /ʃ/, /ʒ/, /tʃ/, /dʒ/, /ɲ/

palatal semiconsonant: 9; see also /j/, /ɥ/

palatal vowel: see front vowel

palatalization: **4**, 13, 102-103, 104, 194, 203-204, 207,
    244, 247

peak: see continuité

phoneme: segmental phonemes **9**, 152, see also allophones;
    suprasegmental phonemes **9-10**, see also intonation and
    stress

phonemic transcription: 9, **10**, 12-13

phonetic symbol: **1**; list of consonant symbols 5, 282; list
    of semiconsonant symbols 282; list of vowel symbols 8,
    281-282

phonetic transcription: **10**, 12-13

pitch levels: **50**; see also intonation

plosive consonant: **4**; see also stop

point of articulation: **3-4**, 5, 254-255

postdental consonant: **3**; postdental trill 76fn.2; <u>see also</u>
 /d/, /l/, /n/, /s/, /t/, /z/

prosodic features: **9**; <u>see</u> intonation <u>and</u> stress

- **R** -

/r/(English): 76, 77, 79; <u>see also</u> /ɝ/

/R/: 5, 76-78, <u>80-88</u>, 252, 254, 265; tense [R̝] 254;
    orthography <u>78</u>; interferences 78-79; /R-RR/ 78, 252;
    /R-/ <u>83</u>, V + /R/ + V <u>81-83</u>; /-R/ <u>83-84</u>; /R/ + C <u>84-86</u>;
    C + /R/ <u>86-87</u>

<u>r</u>-coloring: 10

<u>r</u>-less area: 10, 76fn.1, 129

release of consonant: 10, 13, 79, 218, 251-252, 255; <u>256-259</u>,
    262

retroflex: **76**

rhythm (English): 14, 63, 266

rhythm: **63-64**; <u>see also</u>   groupe rythmique

root morpheme (base word for derivation): <u>see</u> derived form

rounded vowel: **6**, 8, 179; <u>see also</u> /uʷ/, /U/, /o/, /ɔ/
    (English); /y/, /ø/, /œ/ (front rounded); /u/, /o/,
    /ɔ/ (back rounded)

- **S** -

/s/(English): 5, 9, 103, 217, 240, 241, <u>245</u>

/s/: 5, 204, 240-242, 243fn.4, 244, <u>245</u>, 254, 284;
    tense [s̩] 254; orthography 240-242, 284; in liaison 25,
    27, 242; /s-z/ <u>245-247</u>, <u>249</u>; /s-ʃ/ 204, 244, <u>247-248</u>;
    /s-t/ 230, 241-242; /sj-zj/ <u>247-249</u>, <u>249-250</u>

/ʃ/(English): 5, 9, 103, 203, 244, <u>247</u>

/ʃ/: 5, 243, 247, 284; orthography 243, 284; /j-ʃ,ʒ/ 203; /s-ʃ/ 204, 244, 247-248

schwa (English): see /ə/ at the end of the index

segmental phoneme: **9**, 152; see also phoneme

semiconsonant: **9**, **191**, 205fn.2; see also /j/, /ɥ/, /w/

semivowel: see semiconsonant

stop: **4**, 277; see also /b/, /d/, /g/, /k/, /p/, /t/

stress (English): **9-10**, 14, 15, 17, 18, 63, 67, 266; primary, secondary, and weak 14; sentence-movable stress 50fn.1; stress-timed language 63; see also deletion of vowels

stress: 14-16, 17, 18-23, 63, 64, 265; interferences 16-17, 67

stress group: see groupe rythmique

stressed syllable: see syllable

suprasegmental phoneme (stress, pitch): **9-10**; see also phoneme

swallowing of final consonants: see release of consonant

syllable: **16**, 17, 24, 63, 119; closed syllable 16, 153-155, 167-169, 179-180; open syllable 16, 153-155, 167-169, 179-180; stressed syllable (vowel) 15-16, 63, 101, 153-155, 167-169, 179-180; unstressed syllable (vowel) 15-16, 63, 153-155, 167-169, 179-180, 266, 268

- T -

/t/(English): unaspirated [t] 2, 3, 9, 10, 103, 217, 227, 228, 231, 232-233; aspirated [tʰ] 5, 10, 227, 232; unreleased [t⁻] 251, 255, 256; lax[t̬] 254

/t/: 3, 5, 13, 36fn.2, 91-92, 118, 204, 220, 227-228, 238, 251, 252, 254, 256-259, 284; lax [t̬] 254; orthography 229-230; interferences 231, 255; in liaison 25, 230, 237

/ts/: 244

/tʃ/(English): 5, 9, 103, 203, 204, 244

/tʃ/: 244; /tʃ-tj/ 204

trill: see vibrant

- U -

/u/: 7, 8, 11, 101, 102, 192, 193, 194; orthography 102;
     interferences 103-104; /uʷ-U-u/ 101, 105; /u-o-ɔ/ 172,
     179; /o-u-ø/ 182; /u-ø/ 183; /y-u/ 103, 110-111; /o-u/
     108, 109; /i-y-u/ 102, 106, 179; /u→w/ 103, 191, 193;
     /u-w/ 193, 195, 205

/U/(English): 8, 76, 101, 104, 180-181, 217-218, 219; /1-U/
     217-218; /uʷ-U/ 10, 266; /uʷ-U-u/ 101, 105

/uʷ/(English): 8, 9, 11, 12, 76, 89, 101, 102, 104, 180-181;
     /uʷ-U/ 10, 266; /uʷ-U-u/ 101, 105

unrounded vowel: 6, 8, 179; see also /iʲ/, /e/, /ɛ/, /æ/
     (English); /i/, /e/, /ɛ/, /a/

unstressed syllable: see syllable

uvular consonant: 4; see also /R/

- V -

/v/(English): 2, 3, 5, 8

/v/: 5, 8, 25fn.1, 131, 140, 265

velar consonant: 4, 5; see also /g/, /k/, /ŋ/, /χ/, /ɣ/

velar semiconsonant: 9; see also /w/

velar vowel: 6; see also back vowel

vibrant: 4, 76fn.2

vocal cords: 2, 240, 266

voiced consonant: **2**, 5, 240

voiceless consonant: **2**, 5, 240

voicing: 2, 5, 229, 240, 254, <u>262</u>

vowel: **6-9**; symbols 8, 281-282; <u>see specific phonetic sym-
bols in this index</u>

vowel harmony: <u>see</u> metaphony

- **W** -

/w/(English): 9, 76, 89, 101, 191, 192, 193, <u>195</u>, 219

/w/: 9, 102, 192, <u>195-196</u>, 205; orthography 192-193;
interferences 193-194; /u→w/ 103, 191, 193; /u-w/
193, <u>195</u>, 205; /w-v/ 193fn.1; /w-ɥ/ <u>197-199</u>, <u>201</u>

word boundary: 24, 27, 267, 270; <u>see also</u> juncture

- **X** -

/χ/(voiceless velar fricative): 77

- **Y** -

/y/: 8, 9, 11, 102, <u>106-108</u>, <u>112-113</u>, 180fn.3, 191, 193,
194; orthography 103; interferences 103-104; /i-u-y/ 102,
<u>106</u>, 179; /i-y/ <u>106</u>; /u-y/ 103, <u>110-111</u>, <u>113</u>; /y-ø-œ /
179; /y-ø/ <u>183</u>; /y→ɥ/ 103, 191-192, 267fn.4; /y-ɥ/
192, <u>195</u>, <u>199-200</u>, 205

/ɥ/: 9, 103, 191, <u>195-201</u>, 205; orthography 191; interferences
193-194; /y→ɥ/ 103, 191-192, 267fn.4; /y-ɥ/ 192, <u>195</u>,
<u>199-200</u>, 205; /ɥi/ 192, <u>196-199</u>, <u>200-201</u>, <u>211</u>; /w-ɥ/
<u>197-199</u>, <u>201</u>

yod: **203**; <u>see also</u> /j/

- Z -

/z/(English): 2, 5, 6, 9, 103, 217, 245, 254

/z/: 5, 204, 240-242, 244, 247, 265, 284; orthography 242;
     interferences 244; in liaison 25, 27, 242; /s-z/ 245-247,
     249; /sj-zj/ 247-250; /z-ʒ/ 204, 247

OTHER PHONETIC SYMBOLS

[ə](English): 8, 35, 91, 181, 218

/ə/: see e caduc

[ɚ]: 8, 76, 181

/ɔ/: see /ɔ/ listed immediately after /oᵂ/ in this index

[ɝ]: 8, 76, 181

/ʌ/: 8, 35, 180-181

/ʒ/(voiced palatal fricative, English): 5, 11, 13, 103, 203, 243, 244,
     247

/ʒ/: 5, 11, 243, 254, 265; orthography 243; tense [ʒ̂] or [ʃ] 37, 44,
     254, 262; /j-ʃ,ʒ/ 203; /dʒ-ʒ/ 243; /z-ʒ/ 247

/θ/(voiceless interdental fricative): 3, 5, 240, 241

/ð/(voiced interdental fricative): 3, 5, 240

/ɣ/(voiced velar fricative): 77

/ʔ/(glottal stop): see glottal stop